# DA ESCOLA PARA O MERCADO DE TRABALHO

Dados Internacionais de Catalogação na Publicação (CIP)
(Câmara Brasileira do Livro, SP, Brasil)

Pollak, Lindsey
  Da escola para o mercado de trabalho : 90 dicas para conseguir um bom emprego / Lindsey Pollak ; [tradução Silvana Vieira]. – São Paulo : Summus, 2008.

  Título original: Getting from college to career : 90 things to do before you join real world

  ISBN 978-85-323-0516-9

  1. Estudantes universitários – Estados Unidos – Guias de experiência de vida  2. Estudantes universitários – Orientação vocacional – Estados Unidos  I. Título.


08-06601                                              CDD-378.198

Índice para catálogo sistemático:
1. Estudantes universitários : Mercado de trabalho :
     Guias : Educação superior         378.198

Compre em lugar de fotocopiar.
Cada real que você dá por um livro recompensa seus autores
e os convida a produzir mais sobre o tema;
incentiva seus editores a encomendar, traduzir e publicar
outras obras sobre o assunto;
e paga aos livreiros por estocar e levar até você livros
para a sua informação e o seu entretenimento.
Cada real que você dá pela fotocópia não autorizada de um livro
financia o crime
e ajuda a matar a produção intelectual de seu país.

Lindsey Pollak

# DA ESCOLA PARA O MERCADO DE TRABALHO

90 dicas para conseguir
um bom emprego

summus
editorial

Do original em língua inglesa
*GETTING FROM COLLEGE TO CAREER*
*90 things to do before you join real world*
Copyright © 2007 by Lindsey Pollak
Direitos desta tradução adquiridos por Summus Editorial

Editora executiva: **Soraia Bini Cury**
Assistentes editoriais: **Bibiana Leme e Martha Lopes**
Tradução: **Silvana Vieira**
Adaptação à edição brasileira: **Rafael Villas Bôas**
Capa: **Alberto Mateus**
Projeto gráfico e diagramação: **Crayon Editorial**

**Summus Editorial**
Departamento editorial:
Rua Itapicuru, 613 – 7º andar
05006-000 – São Paulo – SP
Fone: (11) 3872-3322
Fax: (11) 3872-7476
http://www.summus.com.br
e-mail: summus@summus.com.br

Atendimento ao consumidor:
Summus Editorial
Fone: (11) 3865-9890

Vendas por atacado:
Fone: (11) 3873-8638
Fax: (11) 3873-7085
e-mail: vendas@summus.com.br

Impresso no Brasil

Para mamãe,
papai, Rob e Laura

# Agradecimentos

Agradeço primeiro ao apoio e entusiasmo da equipe da Collins Business: Marion Maneker, Sarah Brown, Helen Song, Anne Greenberg, Angie Lee, Felicia Sullivan, Beth Mellow, Nyamekye Waliyaya, Janina Wong e Leah Carlson-Stanisic. Sou grata especialmente a Knox Huston pelo apoio e pela confiança que me ofereceu desde o início.

Não tenho palavras para expressar minha gratidão ao meu agente, Ben Salmon, que me ajudou, me apoiou e me ouviu em cada passo do caminho. Não há ninguém como você. E agradeço à prestativa e generosa equipe do Rights Unlimited.

Sou muito grata ainda aos estudantes e profissionais que compartilharam comigo sua experiência e seus conselhos — eu não teria escrito este livro sem vocês. Agradeço a todos os alunos que conheci pelo país e que me inspiraram dia após dia. Continuem mandando e-mails com um só ponto de exclamação!

Tenho a grande sorte de contar com uma excepcional rede de apoio formada por mulheres que me inspiram, aconselham e incentivam na carreira e na vida pessoal — muitas vezes por e-mail, à meia-noite. Obrigada aos mentores e amigos Diane K. Danielson, Carol Frohlinger, Mignon Lawless, Maggie Mistal, Susan Phillips Bari, Fiona Sharkie, Mary Carlomagno, Nicole Williams, as Divas, as Artsy Girls e todas as incríveis mulheres do Tara.

Meu agradecimento e afeto aos meus grandes amigos Derek Billings, Danielle Martin, Gillian Baudo, Laura Baird, Cassandra Krause, Solana Nolfo, Jason Criss, Cheryl Duffield e Natasha Hoehn. Agradeço por ter vocês na minha vida. E obrigada, Evan, por seu amor, sua sabedoria, suas mensagens de texto engraçadas e pelo excelente trabalho como instrutor em cursos sobre liderança.

Aqueles que me conhecem sabem que devo muito ao sushi para viagem, à Coca diet e ao sorvete de iogurte com cobertura crocante, que me acompanharam enquanto escrevia este livro.

E, finalmente, agradeço o apoio e o amor da minha família — Bernstein, Raho, Goodman, Ramsay e Pollak. Agradecimentos especiais a minha mãe, meu pai, Rob, Anne e Laura. Amo vocês.

# SUMÁRIO

*Apresentação à edição brasileira* · · · · · · · · · · · · · · · 13
*Introdução* · · · · · · · · · · · · · · · · · · · · · · · · · · · · · 15
*Como aproveitar ao máximo este livro* · · · · · · · · · · · 23

## 1 HORA DE COMEÇAR

1. Comece onde estiver · · · · · · · · · · · · · · · · · · · · 25
2. Conheça os números · · · · · · · · · · · · · · · · · · · 27
3. Evite o pior de todos os erros · · · · · · · · · · · · · 30
4. Aceite o seu estereótipo · · · · · · · · · · · · · · · · · 31
5. Supere o seu estereótipo · · · · · · · · · · · · · · · · · 33
6. Organize-se · · · · · · · · · · · · · · · · · · · · · · · · · · · 35
7. Não ignore o óbvio · · · · · · · · · · · · · · · · · · · · · 38
8. Assine um jornal diário · · · · · · · · · · · · · · · · · 40
9. Conheça o seu bairro · · · · · · · · · · · · · · · · · · · 44
10. Use seu "helicóptero" · · · · · · · · · · · · · · · · · · 46

## 2 DEIXE DE SER ESTUDANTE E PASSE A AGIR COMO PROFISSIONAL

11. Use meios de contato adequados · · · · · · · · · · 51
12. Mande e-mails como profissional · · · · · · · · · 54
13. Providencie cartões · · · · · · · · · · · · · · · · · · · · 57
14. Limpe sua imagem na internet · · · · · · · · · · · 58
15. Brilhe na web · · · · · · · · · · · · · · · · · · · · · · · · 61
16. Conheça a sua área de atuação · · · · · · · · · · · 64

## 3 DECIDA O QUE QUER... E O QUE NÃO QUER FAZER

17. Comece uma Lista Bem Grande · · · · · · · · · · 70
18. Livre-se do "eu deveria" · · · · · · · · · · · · · · · · 72

19. Nada de pegar carona: faça um teste vocacional · · · · · · · · · 75
20. Vá fundo no que você gosta · · · · · · · · · · · · · · · · · · · 78
21. Avalie a importância do dinheiro · · · · · · · · · · · · · · · · 81
22. Cole em alguém que faz o que você quer fazer · · · · · · · · 83
23. Cole em alguém pela internet · · · · · · · · · · · · · · · · · · 86
24. Que tal ter um consultor de carreira? · · · · · · · · · · · · · · 87
25. Cultue seus ídolos · · · · · · · · · · · · · · · · · · · · · · · · 90
26. Procure um mentor · · · · · · · · · · · · · · · · · · · · · · · 95
27. Relaxe: emprego não é alma gêmea · · · · · · · · · · · · · · 100

## 4 FALE. OUÇA. REPITA (OU SEJA, FAÇA NETWORK)

28. Fale. Ouça. Repita · · · · · · · · · · · · · · · · · · · · · · · 104
29. Saiba apresentar-se aos outros · · · · · · · · · · · · · · · · · 105
30. Faça network com seus vizinhos · · · · · · · · · · · · · · · · 110
31. Agende entrevistas informativas · · · · · · · · · · · · · · · · 114
32. Aproveite ao máximo as entrevistas informativas · · · · · · 118
33. Contate um grupo de ex-alunos... antes mesmo de se formar · · 125
34. Filie-se a uma associação · · · · · · · · · · · · · · · · · · · · 129
35. Relacione-se com a diversidade · · · · · · · · · · · · · · · · 131
36. Participe de eventos · · · · · · · · · · · · · · · · · · · · · · 133
37. Seja bem-sucedido em todos os eventos de networking · · · · 137
38. Coisas que não devem ser feitas em eventos de networking · · 140
39. Seja o primeiro a retomar o contato · · · · · · · · · · · · · · 141
40. Mantenha contato · · · · · · · · · · · · · · · · · · · · · · · 142

## 5 GANHE EXPERIÊNCIA PROFISSIONAL

41. Seja um líder · · · · · · · · · · · · · · · · · · · · · · · · · · 148
42. Participe de atividades extracurriculares · · · · · · · · · · · · 151
43. Estágios: comece cedo e passe por vários · · · · · · · · · · · 154
44. Oito regras para se dar bem no estágio · · · · · · · · · · · · 158

45. Trabalhe como temporário · · · · · · · · · · · · · · · · · · **163**
46. Trabalhe como voluntário · · · · · · · · · · · · · · · · · · **166**
47. Faça algo diferente nas férias · · · · · · · · · · · · · · · **171**
48. Faça do emprego de meio-período uma estratégia de carreira · · **172**
49. Torne-se um empreendedor · · · · · · · · · · · · · · · · · · **174**
50. Trabalhe em uma campanha política · · · · · · · · · · · · · **176**
51. Use a globalização a seu favor · · · · · · · · · · · · · · · **179**
52. Saiba lidar com o fracasso · · · · · · · · · · · · · · · · · **185**

## 6 AUMENTE SUA VANTAGEM

53. Amplie seus horizontes · · · · · · · · · · · · · · · · · · · **187**
54. Não pare de aprender · · · · · · · · · · · · · · · · · · · · **189**
55. Estude a China · · · · · · · · · · · · · · · · · · · · · · · **191**
56. Conquiste prêmios · · · · · · · · · · · · · · · · · · · · · **192**
57. Aprenda a falar em público · · · · · · · · · · · · · · · · · **194**
58. Encare um desafio físico · · · · · · · · · · · · · · · · · · **197**
59. Libere sua veia cômica · · · · · · · · · · · · · · · · · · · **198**
60. Tenha um hobby · · · · · · · · · · · · · · · · · · · · · · · **202**
61. Trabalhe como guia turístico · · · · · · · · · · · · · · · · **204**
62. Assista aos melhores filmes de todos os tempos · · · · · · · **205**
63. Diga "om" · · · · · · · · · · · · · · · · · · · · · · · · · **207**

## 7 PONHA-SE NO PAPEL

64. Reformule o seu currículo · · · · · · · · · · · · · · · · · **211**
65. Teste seu currículo antes de enviá-lo · · · · · · · · · · · **218**
66. Capriche na carta de apresentação · · · · · · · · · · · · · **220**
67. Monte o seu portfólio · · · · · · · · · · · · · · · · · · · **223**

## 8 BUSQUE OPORTUNIDADES

68. Siga todo arco-íris que aparecer · · · · · · · · · · · · · · **229**
69. Aceite doces de estranhos · · · · · · · · · · · · · · · · · **232**

70. Não pense apenas nas grandes empresas · · · · · · · · · · **236**
71. Busque o melhor · · · · · · · · · · · · · · · · · · · · · **240**
72. Que tal ser funcionário público? · · · · · · · · · · · · · **241**
73. Trabalhe para mudar o mundo · · · · · · · · · · · · · · · **242**
74. Envolva-se em um projeto · · · · · · · · · · · · · · · · · **246**
75. Saiba usar a web · · · · · · · · · · · · · · · · · · · · · **247**
76. Não restrinja suas opções · · · · · · · · · · · · · · · · · **249**

## 9 PREPARE-SE PARA AS ENTREVISTAS

77. Pesquise sobre a empresa · · · · · · · · · · · · · · · · · **252**
78. Valorize-se · · · · · · · · · · · · · · · · · · · · · · · · **255**
79. Aprenda a equilibrar trabalho e vida pessoal · · · · · · · **258**
80. Compre um terno escuro · · · · · · · · · · · · · · · · · · **261**
81. Não esqueça das boas maneiras · · · · · · · · · · · · · · **266**
82. Simule entrevistas · · · · · · · · · · · · · · · · · · · · **270**
83. Nunca, nunca mesmo chegue atrasado
    a uma entrevista de emprego · · · · · · · · · · · · · · · **275**
84. Seja gentil com recepcionistas · · · · · · · · · · · · · · **276**
85. Siga a maré · · · · · · · · · · · · · · · · · · · · · · · **277**
86. Esteja disponível · · · · · · · · · · · · · · · · · · · · **279**
87. Seja persistente · · · · · · · · · · · · · · · · · · · · · **281**

## 10 ANTES DE ENTRAR NO MUNDO REAL

88. Peça ajuda sempre que precisar · · · · · · · · · · · · · · **285**
89. Torne-se um expert na busca da felicidade · · · · · · · · **286**
90. *Não limite seu entusiasmo* · · · · · · · · · · · · · · · **287**

*Nota da autora* · · · · · · · · · · · · · · · · · · · · · · · **289**
*Fontes interessantes* · · · · · · · · · · · · · · · · · · · · **291**

# APRESENTAÇÃO À EDIÇÃO BRASILEIRA

Adquiri o livro de Lindsey Pollak às vésperas de uma viagem Nova York—São Paulo. Devorei as primeiras sessenta páginas — das trezentas do original inglês — no vôo e comecei a considerar importante traduzi-lo para o mercado brasileiro.

Conversei com minha parceira profissional, a consultora Fernanda Lopes de Macedo Thees — que orienta jovens na busca de oportunidades de trabalho —, e chegamos a um acordo: Fernanda se encontraria com Lindsey em Nova York. Eis o relato de Fernanda sobre a reunião: "Marcamos às 11h no escritório dela. Lindsey me atendeu com um belo sorriso e muita simpatia. Nossa conversa foi descontraída e ela provou ser uma pessoa agradável, aberta e objetiva. Eu disse a ela que tínhamos adorado o livro *Getting from college to career* e gostaríamos de trazê-lo para o Brasil. Ela demonstrou interesse imediato pelo negócio e pelo nosso país. Ao final da conversa, eu já tinha o OK dela; então, passei a bola para o Nelson".

Daí a encontrar uma excelente editora nacional foi um passo. Bati às portas da Summus Editorial, que acreditou em minha avaliação positiva e concordou quanto à lacuna existente no mercado nacional, tanto no que se refere a jovens universitários e de nível técnico quanto a profissionais que procuram recomeçar. E aí está o livro.

Para Lindsey, também não foi fácil realizar o sonho de ser escritora e conferencista profissional. Inicialmente, estudou Direito e estagiou de graça em uma organização sem fins lucrativos. Um rotariano direcionou-a para uma bolsa de estudos fora do país. Lindsey seguiu a orientação dele e depois de algum tempo voltou aos Estados Unidos para recomeçar, considerando-se, até então, quase fracassada. Tirou suas lições de tudo que tentou e compendiou-as nesta afirmação: "Insisto obsessivamente na importância de partir para a ação, tentar coisas novas, conhecer novas pessoas e ter uma ampla variedade de experiências".

Do começo ao fim, o livro impulsiona os leitores à ação. Com cuidado, porém, pois Lindsey endossa a informação da consultoria americana Human Resource Executives de que 85% dos candidatos ao primeiro emprego estão mal preparados para o processo de procurar trabalho. Os 85% valem também para o Brasil?

Os leitores têm pela frente uma coletânea de noventa dicas que incluem aconselhamento, estratégias bem boladas e advertências com o propósito de tornar a busca do emprego menos penosa e mais produtiva.

O livro responde a perguntas de milhões de jovens que podem ser também as suas: como descobrir o que fazer da vida? Onde e como conseguir emprego sem experiência e experiência sem nunca ter trabalhado? O que acontecerá se eu tomar uma decisão errada? Todos parecem pedir ajuda. É o que Lindsey oferece nesta obra.

Recomendo aos leitores que não deixem de ler, como aperitivo inicial, as orientações da própria Lindsey — "Como aproveitar ao máximo este livro" —, nem deixem de consultar a parte final — "Fontes interessantes" —, riquíssima em referências.

Esta é uma obra sem igual no Brasil, tanto quanto ao conteúdo como à forma coloquial da autora, preservados cuidadosamente pela tradução. Obra necessária a jovens que buscam o primeiro emprego e a todos aqueles que desejam redirecionamento profissional.

*Nelson Leocádio*
CONSULTOR ORGANIZACIONAL

# INTRODUÇÃO

Não é fácil decidir o que queremos ser quando crescer.

Na faculdade, eu tinha certeza de que seria advogada. Mas antes pensava em ser professora do ensino médio ou superior. Quando tinha 5 anos, queria ser cobradora de pedágio.

Como foi que acabei virando escritora? Vou contar aqui uma versão rápida dessa história, porque senão, como acontece com os relatos de carreira da maioria das pessoas, ela ocuparia o livro inteiro.

Mais ou menos no segundo ano da faculdade, comecei a me dar conta de que, quando finalmente me formasse, teria de dar outro rumo à minha vida além de me dedicar aos estudos. A faculdade de Direito parecia ser a melhor opção para alguém especializado em Estudos Americanos com foco em literatura e nenhuma experiência anterior — e era o que a maioria das pessoas dizia que eu devia fazer, por isso me inscrevi para prestar o exame prático LSAT[1] e comprei um guia de estudos. Mas todos os temas jurídicos contidos no guia eram tão maçantes para mim que decidi deixá-lo de lado e enfrentar o exame com a cara e a coragem. "Sou inteligente", pensei. "Todos acham que eu devo fazer Direito. Talvez eu tenha um talento natural. Não pode ser assim tão difícil."

Hãhã!

Nunca contei a ninguém que fiz o tal teste. As perguntas pareciam impossíveis. Todas as respostas eram plausíveis. Chutei a metade das alternativas e não consegui terminar dentro do horário marcado. Jamais voltei para saber o resultado; apavorava-me a idéia de ter tido o pior desempenho da história do LSAT.

Se o fato de eu não me interessar tanto assim por Direito a ponto de encarar o guia de estudos não tivesse sido sinal suficiente, a experiência com o LSAT foi. A advocacia estava fora de questão.

---

[1] Sigla em inglês para Legal Scholastic Aptitude Test, teste de aptidão aplicado aos estudantes que se candidatam ao curso de Direito nos Estados Unidos. [N. T.]

Então pedi ajuda aos meus pais, e mamãe me falou de uma associação comercial para mulheres, sem fins lucrativos, onde ela fizera um curso para aprender a iniciar e administrar seu pequeno negócio. Ela achava que seria um bom lugar para eu conhecer pessoas de vários setores diferentes. Por acaso, a associação estava precisando de um estagiário, e me ofereci para a função (não remunerada). Naquele verão, provei pela primeira vez o sabor da experiência profissional. Foi divertido. Eu fazia pesquisa, arquivava documentos, trazia saladas com molho à parte para os outros três integrantes da equipe na hora do almoço e desfrutava de um benefício importante: acompanhava a equipe aos eventos de networking empresarial que aconteciam na comunidade.

Certo dia, uma pessoa da equipe me levou a uma reunião do Rotary Club local, onde um senhor gentil sentou-se ao meu lado e começou a puxar papo. "Então, Lindsey, o que você pretende fazer depois da faculdade?", perguntou ele finalmente, como todo mundo sempre fazia.

"Não tenho a menor idéia", respondi. "Pensei em cursar Direito, mas não tenho certeza ainda."

"Já pensou em estudar no exterior? O Rotary oferece bolsas de estudo internacionais a recém-formados, e acho que você seria uma boa candidata."

Na Dica 68, "Siga todo arco-íris que aparecer", recomendo que você explore uma ampla variedade de opções para encontrar o caminho certo para a sua carreira, pois nunca se sabe qual deles levará ao pote de ouro. Aquele homem, aquele momento no Rotary Club, estavam ali para mim.

Assim que me informei sobre o programa de bolsa de estudos do Rotary, que lhe permite cursar uma pós-graduação no país de sua escolha, me inscrevi imediatamente. Durante duas semanas, não fiz outra coisa senão escrever artigos, reunir históricos escolares, solicitar cartas de referência e pensar na possibilidade de passar alguns anos em glamouroso exílio. Resolvi aprender mais sobre mulheres empresárias, e assim me inscrevi no programa de mestrado de estudos sobre as mulheres. Queria viver num lugar divertido e mais quente que a costa leste dos Estados Unidos, onde eu passara minha vida toda, por isso escolhi a Austrália.

Por alguma razão que não sei explicar, tive um estalo e me veio a certeza de que estudar fora era exatamente o que eu queria fazer depois da faculdade. Apenas um dia antes, eu não fazia a menor idéia do que queria. Mas, quando ouvi falar dessa oportunidade, logo soube que era o certo a fazer. Um ano e meio depois, quando me vi em Melbourne, na Austrália, entrevistando mulheres empresárias, fazendo registros diários toda manhã, oferecendo-me como voluntária para coordenar uma série sobre leituras e escrevendo minha dissertação de mestrado dia e noite, eu estava a caminho de uma carreira como escritora profissional.

Foi o destino que me levou a conhecer aquele homem que mudou minha vida? Talvez. Mas, se eu tivesse adoecido naquela manhã e não pudesse ter ido à reunião do Rotary, acredito que tudo acabaria acontecendo de alguma outra maneira. A questão é que eu não tinha ao certo um plano de carreira até o momento em que pude vê-lo, ouvi-lo e tocá-lo. É por isso que ao longo deste livro, como você verá, insisto obsessivamente na importância de partir para a ação, tentar coisas novas, conhecer novas pessoas e ter uma ampla variedade de experiências. Você precisa sair e ver o que há por aí. Quais são as possibilidades. O que o atrai. Não acredito que se possa planejar uma carreira sem sair do quarto, empenhando só o pensamento.

Sei que a estratégia de sentar-se no quarto e ficar pensando não funciona porque, infelizmente, foi o que tentei fazer quando voltei para casa, após dois anos e meio incríveis na Austrália. Embora eu adorasse entrevistar pessoas e escrever, e tivesse acabado de regressar de uma extraordinária aventura internacional, trazendo comigo o título de mestre, não conseguia decidir que tipo de trabalho procurar agora que retornara aos Estados Unidos. Afinal, eu ainda não tivera um Emprego de Verdade. Estava triste porque minha aventura além-mar havia terminado, sentia que meus amigos estavam anos-luz à minha frente no mercado de trabalho, e ter de decidir em que cidade morar, a que cargos me candidatar, qual direção tomar estava sendo um peso para mim. E, assim, naturalmente, travei.

Durante quatro meses, mais ou menos, fiquei morando na casa dos meus pais e passava horas na frente do computador digitando dados como "escritora" e "experiência internacional" num website de empregos, à espera de que a carreira dos meus sonhos de repente saltasse da tela. Sinto dizer que isso não aconteceu, e na verdade nunca acontece. Os empregos não vêm até você. Planos de carreira não crescem em árvores. E a ajuda de pais e amigos bem-intencionados só vai até certo ponto.

Fechada na minha concha, o único diagnóstico científico que eu podia fazer sobre minha situação após o retorno da Austrália era de fracasso total. Houve dias em que desejei voltar para Melbourne e encontrar outra pós-graduação para fazer. Houve dias ruins em que enviava um e-mail praticamente infrutífero pela manhã e passava o resto do dia assistindo à tevê e tomando sorvete. E houve dias bastante ruins em que me sentia infeliz e derrotada, vendo passar os melhores anos da minha vida, enfiada o dia inteiro debaixo das cobertas.

Até que finalmente, por puro tédio, talvez, ou pela necessidade de sair e comprar mais sorvete, comecei a sair de casa, pegar o telefone e tomar pequenas iniciativas. Liguei para algumas pessoas da associação em que trabalhara como estagiária durante a faculdade. Liguei para outras que conhecera por meio do Rotary Club e pedi para participar de uma reunião. Inscrevi-me em algumas sessões com um consultor de carreira. Iniciei uma lista dos meus interesses, contatos e objetivos de vida. Minha mãe me comprou um terninho. A cada poucos dias, eu fazia um novo movimento e, lentamente e com certa dificuldade, comecei a ganhar impulso.

A ação sempre traz recompensas.

A minha chegou por meio de um fax — enviado pela Fran, que havia sido minha chefe na associação comercial para mulheres. Tratava-se de um artigo de uma página, publicado na revista *BusinessWeek*, sobre um website para mulheres empresárias, lançado pelas fundadoras da revista *Working Woman*. A manchete do artigo estava assinalada com um círculo, e junto havia uma anotação de Fran: "Ligue pra eles!"

Foi o que eu fiz.

Telefonei para a central de informações da cidade de Nova York e pedi o número da revista *Working Woman*. Digitei o número imediatamente e pedi para falar com alguém de recursos humanos. A recepcionista transferiu a ligação e, quando a mulher atendeu, contei-lhe que vira o artigo recente na *BusinessWeek*, que acabara de concluir o mestrado em estudos sobre as mulheres, que minha dissertação tratava de mulheres empresárias e que eu adoraria saber se eles estavam contratando pessoas. Ela pediu para eu enviar um fax com meu currículo e, no dia seguinte, me chamou para uma entrevista. Algumas semanas depois, me ofereceram um trabalho no novo website.

Recapitulemos como foi que eu consegui o meu primeiro emprego no Mundo Real: tentando coisas para as quais eu não tinha nenhuma aptidão (Direito), abrindo-me para todo tipo de experiência que eu pudesse (estágio), seguindo meu entusiasmo e meus instintos (Austrália), estabelecendo e mantendo relacionamentos (Fran), participando de associações profissionais (Rotary Club), seguindo dicas (o fax) e vendendo meu peixe (o telefonema para a *Working Woman*). Nenhuma estratégia isolada teria funcionado. Nenhum desses itens foi a varinha mágica. O sucesso veio de uma combinação de fatores, ações e conexões. O desafio é que nunca se sabe qual combinação acabará dando certo, por isso você tem de tentar todas elas.

É esse o tema deste livro: começar a agir e tentar várias coisas para encontrar seu primeiro emprego no Mundo Real. A maioria dos livros sobre carreira destinados a estudantes — estejam na faculdade ou cursando um curso técnico — ou recém-formados ensina a redigir um currículo e o que dizer numa entrevista de emprego. Isso é ótimo, mas eles esquecem de mencionar todo o trabalho que você precisa fazer *antes* disso para ter coisas significativas a incluir no seu currículo, experiências para contar nas entrevistas de emprego e, talvez o mais importante, confiança e preparo para tirar o máximo proveito das oportunidades que surgirem.

*Da escola para o mercado de trabalho* é o livro que eu desejaria ter encontrado quando estava na faculdade. É o livro que eu recomendaria aos meus irmãos caçulas. É uma coletânea de todas as dicas, idéias, conselhos, segredos, estratégias e advertências que eu nem sabia que não conhecia. É o livro que pode ajudar você a atravessar essa fase estranha — repleta de dúvidas, transições e decisões — da maneira menos dolorosa e mais produtiva possível.

De acordo com a empresa de consultoria Human Resource Executives, 85% dos candidatos a primeiro emprego nos Estados Unidos estão mal preparados para o processo de procurar trabalho. É uma estatística assustadora, mas não me surpreende nem um pouco. Eu me sentia completamente despreparada para o mundo profissional quando era estudante. E hoje, como escritora e conferencista especializada em aconselhamento de carreira para iniciantes no mercado de trabalho, converso regularmente com grupos de alunos que me fazem a mesma pergunta: como faço para decidir o que devo fazer da minha vida? Onde vou conseguir um emprego que não exige experiência? E se eu errar? Você pode me ajudar?

Em poucas palavras, respondo o seguinte: para se decidir, faça muitas perguntas e experimente diversas coisas diferentes. Você tem muito mais experiência do que imagina. Você com certeza vai errar, e isso é bom. E, sim, quero ajudar. De fato, não descansarei até lhe passar noventa estratégias para você experimentar.

Com o espírito de fazer deste livro uma leitura indolor (e, espero, divertida), os capítulos são apresentados na forma de dicas fáceis de ler. Você notará que muitas delas incluem um boxe de exercício intitulado "Mãos à obra". O objetivo desses boxes é que você adapte a dica à sua situação pessoal e conheça truques e atalhos úteis para não perder a motivação. No final de cada exercício, você encontrará um quadradinho com a palavra "Feito!", onde poderá marcar um grande, gordo e gratificante X quando tiver concluído a ação.

Você também encontrará ao longo do livro os boxes "Créditos extras", nos quais vários especialistas incluíram, a meu pedido, informações mais detalhadas sobre certos tópicos. Os boxes "Sucesso na prática" trazem relatos verídicos sobre jovens bem-sucedidos em sua primeira tentativa de escolher uma profissão, como Matthew Little, que participou do City Year[2] e descobriu, com essa experiência, que queria seguir carreira em Educação; Erin Berkery, que fez de um trabalho temporário na área edi-

---

[2] Organização não-governamental americana que tem projetos na área educacional e de construção da cidadania. [N. E.]

torial o emprego dos seus sonhos; e Bobby Lopez, que escreveu uma carta de fã para Stephen Sondheim[3] quando estava no colégio, teve um emprego temporário na Pfizer e depois foi co-autor do musical *Avenue Q*, ganhando o Tony Award aos 20 anos. E, para terminar, os boxes "Na real" contêm citações de pessoas que sobreviveram à busca de emprego depois da faculdade e agora contam como foi.

Será um prazer acompanhar você em sua jornada da escola para a carreira profissional. Bem-vindo, desde já, ao Mundo Real. Acho que você vai gostar dele aqui.

---

[3] Famoso compositor americano, responsável por dezenas de musicais e ganhador de vários prêmios na área. [N. E.]

# **COMO APROVEITAR** AO MÁXIMO ESTE LIVRO

Com respeito aos conselhos que você encontrará neste livro, minha orientação é bem simples: concentre-se nas dicas que, a seu ver, terão o efeito mais imediato. Você pode ler cada página ou pular as dicas que parecerem inadequadas à sua situação. Este livro não oferece um guia passo a passo de todas as coisas necessárias para conseguir um emprego. Ele traz, na verdade, as melhores sugestões que consegui reunir sobre diversos tópicos para ajudá-lo a se destacar da multidão e fazer uma transição bem-sucedida da escola para a carreira profissional. Tentei oferecer a maior variedade possível de itens e as melhores recomendações que pude encontrar, mas, se determinada dica não fizer sentido para você, pule-a e vá para informações mais relevantes. Ou leia a dica para se inspirar e ter novas idéias, mas aplique as ações sugeridas à sua maneira. O mais importante é você descobrir os recursos e ferramentas de que necessita para manter o foco no que quer fazer, acumular experiência e iniciar contatos, e ser contratado pelo empregador dos seus sonhos.

Não espere mais nem um minuto para começar a trabalhar na transição da escola para o mercado de trabalho no Mundo Real: há noventa dicas aqui esperando por você!

### FAÇA ESTE LIVRO VALER A PENA

A coisa de que mais gosto quando vou ao cinema são os trailers. Eu poderia passar o dia inteiro vendo-os; gosto de ter uma idéia do filme antes de gastar dinheiro e duas horas para assistir a ele. Por isso, gostaria de lhe oferecer essa mesma oportunidade. Embora todas as dicas deste livro se apliquem a todos, aqui vão algumas instruções especiais para leitores específicos:

- Se você não tem a menor noção da carreira que deseja seguir, preste especial atenção às Dicas 19, 22, 23 e 25. Como deve ter percebido ao ler a minha história, dificilmente você saberá qual é a melhor área ou emprego para você antes de experimentá-lo. É ótimo sentar e pensar nas coisas que poderiam lhe interessar, mas o caminho mais rápido para chegar a uma decisão é sair de casa e experimentá-las.

- Se você é tímido(a) e acha que isso pode atrapalhar sua busca de emprego, confira as Dicas 23 e 37. Encontrar gente e conversar é a medida mais eficaz para descobrir a carreira certa. Mas não é preciso ser a pessoa mais sociável do mundo para fazer isso.
- Se você se identifica com um grupo minoritário, pode ser que enfrente desafios adicionais ao iniciar sua busca de emprego após a faculdade ou o curso técnico. Mas você tem também certas vantagens e oportunidades. Dê uma olhada nas Dicas 26, 35, 70 e 71 para conhecer estratégias especiais.
- Se você nutre uma grande paixão mas não tem certeza de que poderá ganhar a vida com ela, vai gostar das Dicas 20, 21 e 76. Saiba que sou totalmente a favor de que você vá atrás do que lhe faz feliz, por isso de mim você receberá todo o incentivo.

# 1. HORA DE COMEÇAR

Este primeiro capítulo é totalmente dedicado a como se preparar para descobrir sua carreira ideal e ir atrás dela. Tenho absoluta certeza de que você pode encontrar um emprego excelente, gratificante e prazeroso que o lançará no caminho de uma carreira feliz e bem-sucedida. Mas antes você precisa acreditar que isso é realmente possível. Aconteça o que acontecer, não deixe que nada — nem seus pensamentos nem seus medos — o impeça de avançar rumo ao seu futuro.

## 1. Comece onde estiver

Entre a minha primeira busca de emprego e a pesquisa para este livro, li praticamente todos os livros disponíveis sobre aconselhamento de carreira para alunos de faculdade ou de cursos técnicos. E todos trazem a mesma recomendação inicial para conseguir um bom emprego ao terminar os estudos: comece cedo.

É sem dúvida um bom conselho, e sinceramente concordo com ele. Se você é um calouro, ou está no segundo ou penúltimo ano do curso, então este é o momento. Mas...

E se você não começou cedo? E se estiver, na verdade, muito, muito atrasado? Se estiver no segundo semestre do último ano? Se — ufa! — já fizer um ou dois anos que concluiu a faculdade e ainda não encontrou um emprego nem se decidiu por uma carreira?

Não tem problema.

Concordo com todos os outros livros que o ideal é começar a pensar no plano de carreira o mais breve possível, mas sei também que, na realidade, nem todo mundo faz isso, e de pouco adianta dizer a um veterano que ele deveria ter começado a fazer estágios quando estava no primeiro ano. Asseguro que este livro contém estratégias para quem está começando cedo (bem-vindos, calouros!) e para quem está começando tarde.

Nunca é cedo nem tarde demais. Mas uma coisa é essencial: inicie o seu planejamento e a sua busca *agora mesmo*, onde quer que você esteja. A estratégia mais inteligente para quem procura emprego é reconhecer e aceitar o seu ponto de partida. Sua tarefa será maximizar as vantagens de sua situação presente e se empenhar em minimizar os obstáculos. Quase todas as dicas deste livro se aplicam a pessoas que estão em qualquer etapa do processo.

Mas quer você esteja no primeiro, no segundo, no terceiro ou no último ano, quer tenha acabado de se formar ou tenha se formado já faz algum tempo, há algo que precisa fazer antes de mais nada:

Comprometa-se, desde já, a começar a batalhar por uma grande carreira. Os terapeutas e os gurus da auto-ajuda dizem que a felicidade é uma questão de escolha; bem, acho que ter uma grande carreira também é uma questão de escolha. Você pode fazer acontecer. E, lendo este livro, com certeza fará.

Como verá em muitos dos relatos a seguir, se estiver disposto a se dedicar um pouco, correr alguns riscos e pôr em prática alguns bons conselhos, você poderá conseguir um excelente emprego e desenvolver um plano de carreira inteligente. Não se preocupe com o que poderia ou deveria ter feito até agora. Simplesmente comece já.

Sua primeira tarefa: marque um grande, gordo e gratificante X no quadradinho abaixo. O caminho para a carreira dos seus sonhos espera por você.

[MÃOS À OBRA]
Comprometa-se a batalhar por sua carreira desde hoje.

☐ Feito!

## 2. Conheça os números

Quando você está prestes a se formar e ingressar no mercado de trabalho, parece às vezes que *todo mundo* está conseguindo emprego antes de você ou que *ninguém* está voltando para a casa dos pais. Bem, é hora do teste de realidade. A verdade é que, todo ano, mais de 1 milhão de pessoas nos Estados Unidos conclui a faculdade. **No Brasil, segundo dados oficiais do Ministério da Educação, em 2006, 736 mil alunos se formaram em cursos de graduação presenciais e 25 mil em cursos de graduação a distância.**[1]

Por isso eu garanto que, seja qual for a sua situação, existem muitas e muitas pessoas no mesmo ponto em que você está. Faça este teste rápido para conhecer as reais estatísticas sobre os recém-formados e o mercado de trabalho:

1. Quanto tempo leva, em média, para que um recém-formado consiga um emprego?
   a. Menos de 3 meses
   b. 3 a 9 meses
   c. Mais de um ano

RESPOSTA: b. Segundo a revista Money e várias outras fontes, geralmente leva meses para se conseguir o primeiro emprego, então não estranhe se não conseguir uma colocação da noite para o dia. **No Brasil, o recém-formado também demora meses para conseguir um emprego na área depois de concluir o curso superior. Mas os universitários trabalham cada vez mais em nosso país. Segundo dados do Instituto Nacional de Estudos e Pesquisas Educacionais Anísio Teixeira (Inep), o aumento de 61,9% no número de ingressos no ensino superior entre 2000 e 2006 deveu-se, principalmente, à procura de novos universitários considerados adultos e com mais de 25 anos. Em 2000 eles representavam 35,81% dos calouros das universidades, e em 2006 eram 39,73%. Esse fato elevou o número de universitários que afirmavam trabalhar. Em 2004, 25% diziam trabalhar ou já ter trabalhado em tempo integral. Em 2006, esse índice era de 53,7%.**

---

1 A fim de tornar este livro ainda mais útil e interessante, incluímos dados brasileiros sempre que possível. As inserções aparecerão sempre em negrito. [N. E.]

2. Qual é a percentagem de recém-formados que voltam para a casa dos pais depois da graduação?
   a. 17%
   b. 32%
   c. 48%

**RESPOSTA:** c. O levantamento feito pela MonsterTRAK dos graduados de 2006 revelou que quase metade deles volta para a casa dos pais. Essa percentagem tende a crescer quando os alunos se formam durante um ano em que a economia está fraca. Não há problema algum, e é perfeitamente normal, voltar a morar com os pais por um tempo para poupar algum dinheiro e se assentar profissionalmente. **A realidade do Brasil é outra. Aqui, dos respondentes do Exame Nacional de Desempenho dos Estudantes (Enade) em 2004, cerca de 66% moravam com os pais ou outros parentes.**

3. Quanto tempo a maioria dos recém-formados planeja ficar no primeiro emprego?
   a. 3 a 6 meses
   b. 2 anos
   c. No mínimo 5 anos

**RESPOSTA:** c. O levantamento da MonsterTRAK também mostrou que 60% dos graduados de 2006 planejavam ficar no primeiro emprego por dois anos ou menos. Se você é como a média dos americanos recém-formados, é bastante improvável que o seu primeiro empregador seja o seu último. Embora seja recomendável buscar uma empresa em que você queira permanecer por um bom tempo, não há nenhum problema em tomar sua decisão com base apenas no que pretende fazer nos próximos anos.

4. Quanto dinheiro a mais uma pessoa com curso superior consegue ganhar ao longo da vida em relação a outra com apenas o ensino médio?
   a. 25% a mais

b. 50% a mais

c. 75% a mais

RESPOSTA: c. Segundo relatório do U.S. Census Bureau, durante o período típico de quarenta anos, a pessoa com curso superior ganha em média 75% a mais. Isso equivale a cerca de 1 milhão de dólares ou mais. **Em 2004, o salário médio dos trabalhadores que tinham completado o ensino superior era de R$ 2.342. Já os que tinham apenas diploma de nível médio era de R$ 857. A diferença é de R$ 1.485. Se tomarmos como base trinta anos de trabalho (multiplicados por treze salários ao ano) e projetarmos essa diferença na Previdência Social, podemos afirmar que essa diferença de renda será de R$ 1 milhão ao longo da vida.** Então, sim, o curso superior vale a pena!

5. Quantos empregos uma pessoa tem, em média, ao longo da vida?
    a. 5 a 7
    b. 12 a 15
    c. 20 a 25

RESPOSTA: b. De acordo com o Bureau of Labor Statistics, o trabalhador médio passa atualmente por dez empregos diferentes antes de chegar aos 40 anos, e as projeções indicam que esse número deve aumentar. O Forrester Research prevê que os profissionais jovens — entre eles, você — terão de doze a quinze empregos ao longo da vida. Mas nada de pânico — não serão empregos assim tão diferentes que você tenha de repetir todo esse processo de busca a cada um ou dois anos! **No Brasil, o tempo médio de permanência dos trabalhadores no mesmo emprego é de dois anos. Na Europa, esse tempo é de dez anos; no Japão, de até quinze anos.** Esses números resultam de uma pesquisa da Central Única dos Trabalhadores (CUT) apresentada em 2007 à Comissão de Trabalho, de Administração e Serviço Público da Câmara dos Deputados (CTASP). **Novamente, se projetarmos o tempo de trabalho em trinta anos, podemos afirmar que um trabalhador passará por quinze empregos ao longo da vida. Se ele tiver começa-**

do a trabalhar aos 20 anos, terá passado por dez empregos antes dos 40 anos.

## 3. Evite o pior de todos os erros

"Não há perguntas idiotas" — não era isso que sempre diziam os bons professores? Bem, eu acrescentaria que nada é idiota quando se trata de ganhar experiência e procurar emprego. A única coisa idiota é não fazer nada.

Isto sim; o pior erro que você pode cometer é não tomar ação alguma. Como sei disso? Foi o que eu fiz. Como você viu na Introdução, quando voltei da pós-graduação na Austrália para o meu velho quarto na casa dos meus pais, passei quase um mês debaixo das cobertas. Não fiz absolutamente nada, exceto torcer o tornozelo, quando por fim me aventurei a sair para caminhar um dia. O que significou mais um mês sem fazer coisa nenhuma.

Tenho certeza de que, se continuasse desse jeito, eu não encontraria emprego. Quando comecei a dar telefonemas, sair para almoçar com algumas pessoas e enviar meu currículo, ganhei impulso e as oportunidades apareceram. No momento em que tomava uma atitude — qualquer atitude —, as coisas começavam a acontecer.

Sempre que estiver paralisado, frustrado, nervoso, sem noção do que fazer, confuso, desanimado ou se sentindo derrotado, a melhor saída, segundo a minha experiência, é sempre a ação. Faça algo. É por isso que este livro se organiza em dicas voltadas para a ação. Toda página aponta um caminho para você seguir em frente, não importa em que ponto esteja do processo de planejar sua carreira. Recomendo que, a cada dia, você inicie pelo menos uma ação relacionada com sua profissão.

Esse é um propósito a ser mantido em cada etapa da sua carreira. Contanto que não esteja parado, esteja certo de que seus sonhos e objetivos estão cada vez mais próximos.

## 4. Aceite o seu estereótipo

Sei que você é uma pessoa especial, com muitas qualidades singulares que vamos explorar e expandir por meio das dicas contidas neste livro. Ao mesmo tempo, você é também absolutamente comum. Quero dizer com isso que você não é a primeira, nem a última, nem mesmo a qüinquagésima milionésima pessoa a atravessar essa fase da vida.

Juntamente com o bebê que soluça, a noiva que ruboriza e o homem de meia-idade em crise que compra um carro esporte novo, o formando do tipo "estou pronto para ganhar o mundo assim que decidir o que vou fazer no ano que vem e pelo resto da minha vida" é um conhecido estereótipo. Todos sabem o desafio que é, e também como é empolgante, deixar o campus para entrar no Mundo Real, mas espero que lhe sirva de consolo saber que quase todo mundo que freqüentou a faculdade ou um curso técnico já passou por isso, de um jeito ou de outro. Você já deve ter notado isso pelo número de vezes que ouviu os adultos dizerem, ora no bom ora no mau sentido: "Lembro bem de como é estar na sua situação!"

Em vez de torcer o nariz toda vez que lhe disserem isso, tire proveito disso. Sempre que contar a alguém — um parente, um professor, um desconhecido qualquer na fila do metrô — que está procurando seu primeiro emprego e a pessoa responder "Puxa, ainda bem que não estou no seu lugar" ou "Espera só pra ver quando tiver três filhos e aluguel pra pagar; você dará tudo pra voltar a essa fase da sua vida", contenha o seu riso amarelo. Em vez disso, sorria de verdade, respire fundo e encare a situação como uma oportunidade. Aproveite os conselhos gratuitos. Aposto que ficará surpreso com as respostas que vai ouvir e com as idéias ou indicações de emprego reais que podem surgir. Se for educado e demonstrar interesse genuíno, a maioria das pessoas dedicará alguns minutos a ajudar um universitário ou recém-formado sério.

O que exatamente perguntar nessas situações? Eis algumas perguntas boas e simples para qualquer um que manifeste interesse pelo momento que você está vivendo:

- Qual é a sua melhor dica para procurar emprego?
- Como foi seu primeiro emprego? Você acha que foi uma boa escolha?
- Na sua opinião, quais são as melhores empresas para trabalhar nessa área?
- Você sabe de algum jovem que tenha conseguido um bom emprego durante ou logo após a faculdade?
- O que você gostaria de ter sabido quando tinha a minha idade?

Perguntas como essas podem ajudá-lo a reunir dicas, sugestões e recomendações realmente úteis. Por exemplo, se nove das dez pessoas que você encontrar por aí disserem que gostariam de ter se informado melhor sobre sua carreira antes de mergulhar nela, então talvez seja uma boa idéia levar a sério essa sugestão. Se os seus pais, seu irmão mais velho e seus três primos quase choram ao contar quanto lamentam ter adiado a procura de emprego depois da faculdade, é provável que você se sinta motivado a começar o mais rápido possível.

Lembre-se: existem muitas oportunidades de pesquisa por aí que não lhe custarão nada. Há uma enorme quantidade de informações, experiências e conhecimentos à sua disposição, em qualquer etapa da sua busca do primeiro emprego e pelo resto da vida. Portanto, comece a perguntar, preste atenção às respostas e anote tudo que puder.

Além de conseguir boas informações, esse exercício é importante por outra razão: é bom você se habituar a falar regularmente de seu plano de carreira, sua busca de emprego, seus objetivos futuros e sua necessidade de networking; assim você ficará cada vez mais à vontade com esses assuntos. Isso será útil mais tarde, quando começarmos a falar da importância do networking.

Para que você saia na frente, contatei uma centena de profissionais de várias áreas e perguntei o que gostariam de ter sabido quando estavam nessa fase da vida. Veja algumas das respostas mais reveladoras:

"Gostaria de ter sabido que o sucesso não vem da noite para o dia."

DEREK BILLINGS, GERENTE COMERCIAL DE UMA EMPRESA DE DESIGN GRÁFICO/DESIGN DE INTERIORES E ARTISTA NAS HORAS VAGAS

"Não há erros, e mesmo um trabalho que parece ter sido um erro ou uma escolha infeliz pode nos levar ao próximo passo — as pessoas que conhecemos, a experiência que adquirimos etc."

CALI WILLIAMS YOST, ESCRITORA E CONSULTORA NA ÁREA DE RECURSOS HUMANOS

"Se tiver paciência, seus maiores sonhos podem se realizar. O sucesso nem sempre chega rápido como um relâmpago, nem da maneira que você esperava. Não perca de vista os seus sonhos, mas mantenha-se flexível."

MAGGIE JACKSON, COLABORADORA DO JORNAL *BOSTON GLOBE*

[MÃOS À OBRA]
Durante esta semana, pergunte a pelo menos três pessoas: O que você gostaria de ter sabido sobre sua carreira quando tinha a minha idade? Anote as três sugestões que considerar mais úteis:

1. _____

2. _____

3. _____

Agora se comprometa a incorporar essas sugestões a seu plano de carreira e sua busca de emprego.

☐ Feito!

## 5. Supere o seu estereótipo

Lembra-se do estereótipo positivo do recém-formado com cara de novo que vimos na última dica? Pois bem, ele tem o seu lado negativo. Algumas pessoas não têm uma boa impressão dos jovens que acabaram de sair da faculdade. Chamo isso de síndrome da irritação com "os jovens de hoje!" (frase geralmente dita enquanto a pessoa torce o nariz). Assim como seus pais e avós lhe dirão que tinham de percorrer longas distâncias a pé para chegar à escola, outros lhe dirão que os recém-formados de sua época eram mais educados, respeitosos e diligentes que os jovens de hoje.

O fato é que, bem... há certa verdade nisso.

Os jovens de hoje em dia — chamados de Geração Y ou milenários — não desfrutam exatamente da melhor reputação no ambiente de trabalho. Eis alguns comentários que ouvi de executivos de recursos humanos e outros profissionais da geração do *baby boom*, ou Geração X, que entrevistam e contratam candidatos ao primeiro emprego. Minha pergunta a eles foi simples: "Qual é a sua impressão sobre os recém-formados no mercado de trabalho atual?" Entre as respostas menos positivas destacam-se estas:

- "Eles se acham cheios de mérito, mas não têm habilidades que respaldem sua confiança."
- "Não demonstram interesse em crescer na carreira."
- "São preguiçosos."
- "Querem retorno e gratificação instantâneos."

Muitas dessas pessoas disseram coisas boas também, e nenhum estereótipo é totalmente verdadeiro, mas é importante saber que essa percepção circula por aí. Por que estou contando isso? Não é para que você se sinta mal, mas porque acredito que, da mesma maneira que é possível tirar proveito do estereótipo positivo, você pode também converter a impressão negativa sobre a sua geração em algo extremamente vantajoso. Como? *Não* reforce esse estereótipo.

Pense nisto: se a maioria das pessoas — sobretudo as que entrevistam candidatos a emprego — acredita que os jovens são preguiçosos, pretensiosos e mal-educados —, então você pode se destacar se trabalhar com afinco e agir com respeito e boas maneiras. Se um recrutador telefona para quinze candidatos e você é o único que na mensagem da secretária eletrônica parece um profissional, quem você acha que conseguirá a entrevista? Se cumprimenta a entrevistadora como Sra. Stewart enquanto todos os demais se apressam a chamá-la de Martha, quem causará a melhor primeira impressão? Cortesia e humildade contam. Aliás, Elizabeth Ricciardelli, vice-presidente de recrutamento do Citigroup, me disse que a melhor maneira de um candidato iniciante se distinguir dos outros é simplesmente ser educado.

## 6. Organize-se

Quando ou onde quer que você comece a trabalhar no seu plano de carreira, recomendo que lide com o processo como se estivesse fazendo um curso sobre esse assunto. Não haverá provas, mas exigirá muita leitura, informação, anotações e estudo. Isso significa que você precisa de um sistema de organização. Para sua sorte, sou uma virginiana tipo A, que sonhava um dia organizar sua estante de livros em ordem alfabética (é embaraçoso, mas verdade). Portanto, você está aprendendo com uma profissional. Eis as ferramentas que considero necessárias para você não perder de vista seu plano de carreira e a busca de emprego. Esse sistema pode ser implementado em qualquer etapa do processo, não importa quando foi que você começou.

1. Antes de mais nada, você precisa de um **caderno** para anotar idéias, pesquisas, planos e outras informações. Recomendo um cuja capa lhe inspire sentimentos alegres e positivos — energia boa não faz mal, certo? A partir de então, ande sempre com seu caderno de planejamento de carreira. Nunca se sabe quando vai surgir uma idéia nova ou dica sobre alguma empresa ou programa que interesse. Concentrando todas as suas anotações num só lugar, fica mais difícil perder idéias ou informações. Prefiro aqueles cadernos-fichário, para poder anexar anotações feitas à parte e artigos que imprimo, mas os de espiral também servem. Se você for do tipo obstinado, pode deixar seu caderno na mesinha de cabe-

ceira para o caso de ser assaltado por grandes idéias enquanto está embarcando no sono à noite.

2. Em seguida, crie um **sistema de arquivo** para guardar documentos, formulários de inscrição, brochuras, recortes de jornal, currículos, convites para eventos etc. Abra uma pasta para cada oportunidade que você tem em vista, assim fica mais fácil acessá-la quando precisar. Para ser ainda mais organizado, você pode agrupar os arquivos em categorias. Dependendo de seus interesses específicos, as categorias podem incluir: Oportunidades de estágio; Empresas potenciais; Formulários de cursos no exterior; Contatos de networking; Organizações de trabalho voluntário; Artigos para ler; Eventos de que participei; Associações; Cópias de cartas de apresentação; Cartas de recomendação; Bilhetinhos de incentivo da mamãe.

3. Compre uma **agenda** (ou utilize uma das que se encontram na internet) e anote o prazo final de cada inscrição, eventos de networking, entrevistas informativas e tudo o mais relacionado com sua procura de emprego. Registre todos os seus compromissos, relacionados ou não com a procura de emprego, numa única agenda, para não correr o risco de marcar uma entrevista no mesmo dia em que combinou um almoço com sua avó ou da prova de biologia. Se estiver seguindo a recomendação de tomar pelo menos uma iniciativa por dia em prol do seu plano de carreira ou procura de emprego, anote-as na agenda para acompanhar o seu progresso.

4. Quando estiver mergulhado pra valer na procura de emprego, será útil manter um **registro no caderno ou numa planilha eletrônica** de todas as interações que teve com as empresas em que se candidatou. Anote a data em que enviou o currículo, a data das entrevistas agendadas, a data em que mandou uma nota de agradecimento, a data do telefonema de acompanhamento e todas as outras interações pessoais ou por telefone. Registre também comentários rápidos sobre cada interação. Por exemplo, "A Sra. Healy está de férias — o assistente disse para ligar de novo na próxima semana" (e então marque isso no calendário), ou "Mandei e-mail com uma carta de apresentação e um cur-

rículo para o departamento de recursos humanos da XYZ Ltda. Também postei o currículo no banco de dados do RH". Quando está se candidatando a vários empregos, é fácil perder de vista quem é quem e a que se refere o quê. Não confie na sua memória quando se trata de informações importantes.

5. Crie um **sistema de banco de dados para seus contatos**. É necessário manter um registro de cada pessoa que você conheceu ao longo do caminho durante o seu planejamento de carreira, como contatos de networking, consultores de carreira, amigos, ex-alunos, recrutadores de empresas. Sua rede de conhecidos é extremamente importante para sua carreira, por isso você não vai querer perder de vista nenhum deles. Escolha entre um sistema informatizado (como Microsoft Outlook, Palm, entre outros), um arquivo de cartões comerciais ou a velha agenda de endereços (com informações escritas a lápis, pois os dados de contato estão sempre mudando). O sistema utilizado não importa, desde que ele funcione. Se escolher um programa de computador, tenha o cuidado de imprimir sua lista de contatos de vez em quando e de manter um becape do arquivo, para o caso de seu computador pifar ou você perder seu laptop. Recomendo, aliás, que não mantenha seus contatos exclusivamente no celular ou no palmtop, para evitar problemas caso o aparelho quebre ou se extravie.

De acordo com Mary Carlomagno, proprietária da Order, uma empresa de organização (www.orderperiod.com), e autora de *Give it up! My year learning to live better with less*, [*Abrindo mão! O ano em que aprendi a viver melhor com menos*] um aspecto importante para se manter organizado é atualizar sempre os seus contatos. "Um bom teste é o seguinte: se não puder identificar quem é a pessoa olhando o cartão comercial, você corre o risco de perder o contato com ela", aconselha Mary. Como você vai se lembrar de todos os recrutadores e outros novos contatos que conhece ao procurar emprego? Mary recomenda usar um "gancho" de memória: "Ao encontrar alguém pela primeira vez, anote depois onde se deu o encontro ou o assunto que conversaram". Isso deve ajudá-lo a se recordar mais tarde.

> **› NA REAL ‹**
> "O que eu sei hoje e gostaria de ter sabido quando me formei? Guardar os dados de contato de todas as pessoas que conheci, em todos os lugares, com anotações!"
>
> KARLIN SLOAN
>
> **PRIMEIRO EMPREGO DEPOIS DA FACULDADE:**
> ASSISTENTE DO PRESIDENTE DE UMA EMPRESA DE TELECOMUNICAÇÕES
>
> **EMPREGO ATUAL:**
> CEO DA KARLIN SLOAN & COMPANY, CONSULTORIA EM DESENVOLVIMENTO DE LIDERANÇA

A coisa mais importante no que diz respeito a organizar-se no planejamento da carreira e na busca de emprego é desenvolver um sistema que funcione para você. Definir o seu plano de carreira e procurar um emprego já são tarefas bastante difíceis; não deixe que uma gaveta abarrotada de currículos manchados de Coca diet ou um post-it perdido com o telefone de um recrutador dificultem ainda mais as coisas.

Lembre-se ainda de que a pesquisa e a organização que você mantém agora virão a servir mais tarde na sua carreira. Tenho certeza de que essa não será a única vez que você vai procurar emprego, por isso pense que as informações que está coletando agora são o início do seu acervo pessoal, personalizado e superorganizado, de pesquisa profissional.

## 7. Não ignore o óbvio

Não saia da faculdade sem antes dar uma passada no departamento de orientação profissional.

Os alunos costumam ignorar esse recurso quando não se interessam pelas empresas que fazem recrutamento no campus, ou então criticam o departamento por ter pouco a oferecer. Um dos alunos que responderam à minha pesquisa comentou: "Para ser sincero, gostaria que o departamento de orientação profissional tivesse cuidado um pouco melhor de todos nós". Outro disse o seguinte: "O departamento de orientação profissional, na minha escola ao menos, se preocupava mais em orientar sobre os empregos oferecidos no campus. Dedicava mais atenção aos alunos de Administração. Quem estivesse cursando Artes Plásticas tinha de se virar por conta própria, o que não era nada fácil".

Talvez você tenha queixas semelhantes e totalmente justificadas. De acordo com um estudo feito em 2006 pela CareerDNA & Teenage Research Unlimited, 65% dos formandos americanos dizem que nunca se deram ao trabalho de buscar o centro de orientação profissional da faculdade. Admito que eu mesma mal cheguei a pôr os pés nesse departamento antes de me formar. E digo que lamento muito essa decisão. Agora que faço parte do Mundo Real, e sobretudo porque meu trabalho é ajudar as pessoas a construir sua carreira, sei bem dos benefícios que esse departamento tem para oferecer. Para quem está cursando a faculdade ou acabou de se formar, a maioria dos serviços é inteiramente gratuita.

Mesmo que não tenha interesse em nenhuma das empresas que fazem recrutamento no campus, garanto que você vai se beneficiar se aproveitar pelo menos um dos seguintes serviços, se não todos:

- teste de avaliação
- comentários sobre o currículo
- banco de oportunidades de trabalho como estagiário/aprendiz e de experiências como executivo-sombra
- treinamento para entrevistas e entrevistas simuladas (geralmente com videoteipe)
- orientação vocacional
- bancos de emprego e eventos de recrutamento
- workshops, seminários e palestras com especialistas
- networwing com a equipe do departamento de orientação profissional. Pense nisto: eles conhecem todos os empregadores!

A questão é a seguinte: esses recursos não virão ao seu encontro. Você terá de caminhar até o departamento de orientação profissional, passar pela porta e usar o acervo de recursos. Terá de cadastrar seu e-mail para ser avisado pelo departamento dos eventos no campus com a presença de especialistas. Terá de se inscrever para as entrevistas simuladas, a consulta com o orientador vocacional e a análise do currículo. Pelo menos, visite o website do departamento — a maioria deles oferece recursos on-line que podem ser muito úteis durante o planejamento e a procura de emprego.

Se eu tivesse de fazer tudo de novo, entraria no departamento de orientação profissional logo no meu primeiro ano de faculdade e aproveitaria toda assistência gratuita que pudesse obter. A boa notícia, para mim e para quem já se formou, é que, segundo o levantamento feito em 2005 pela National Association of Colleges and Employers em faculdades e universidades dos Estados Unidos, 96,3% dos departamentos de orientação profissional estendem seus serviços aos ex-alunos que estão procurando emprego, geralmente sem cobrar nada. **Embora não haja dados oficiais sobre esse assunto, podemos afirmar que no Brasil esse número é muito menor. E, infelizmente, diversas universidades, além de não se relacionar com seus ex-alunos, cancelam seu acesso a serviços como biblioteca e departamentos de orientação profissional.**

## 8. Assine um jornal diário

Essa é uma lição de casa que você terá pelo resto da vida (sim, a lição de casa continua depois que você se forma). Para dizer a verdade, essa é, a meu ver, a principal dica sobre procura de emprego e planejamento de carreira, e nunca deixo de mencioná-la nas minhas palestras: leia o jornal todos os dias. Recomendo um jornal de circulação nacional, como o *New York Times* ou o *Wall Street Journal* — **que no Brasil equivalem à *Folha de S.Paulo* e ao *Estado de S. Paulo*** —, mas um jornal local, particularmente se for de uma grande região metropolitana, também é um bom recurso. Essa dica mudará a sua vida — tanto pessoal quanto profissional.

Veja por quê:

**Você ficará sabendo das novas oportunidades.** Lerá sobre empresas que acabaram de entrar no mercado, setores "aquecidos" que estão se expandindo, inauguração de lojas, novas equipes administrativas, eventos e, é claro, encontrará a lista de classificados. Esse tipo de informação pode abrir a perspectiva de um emprego real, e você vai querer ser o primeiro a saber.

**Sempre terá o que dizer numa situação de recrutamento, em eventos de networking, piqueniques com ex-alunos — ou até mesmo num encontro.** Estando por dentro das notícias, você vai se sentir à vontade para conversar com qualquer pessoa sobre os últimos acontecimentos. "Você viu o novo filme de que os críticos estão falando tão bem?", "O que acha dessa voga dos alimentos orgânicos que os jornais andam comentando?", "Você soube do rapaz de 18 anos que foi eleito prefeito?" O bate-papo é uma parte importante do Mundo Real, e quem lê jornal leva vantagem no universo da conversa fiada.

**Evitará equívocos perigosos.** Lendo o jornal diariamente, sobretudo a seção de negócios se estiver interessado numa carreira corporativa, você saberá se a empresa que vai visitar para uma entrevista apareceu em algum artigo do dia. Assim, nunca cairá no erro de elogiar um CEO que acabou de ser indiciado por fraudes. Além disso, ficará sabendo das campanhas publicitárias veiculadas pela empresa e poderá fazer comentários sobre os novos produtos, caso tragam o assunto à discussão durante a entrevista. Se tiver interesse numa carreira política ou de relações públicas, ambos setores obcecados com os acontecimentos correntes, ler jornal — e os websites que dão notícias 24 horas — é sem dúvida essencial.

**Você poderá se avaliar se não tiver certeza do seu rumo profissional.** Durante a leitura diária do jornal, observe quais artigos chamam naturalmente a sua atenção. Folheie as páginas (especialmente a edição volumosa de domingo) e perceba que seções ou matérias você ignora e quais lê do começo ao fim. Que parte lê primeiro? Que artigos emocionam você? Observe o que mais o atrai e identifique padrões nos seus interesses. Talvez você se sinta atraído por artigos sobre ciência, filantropia ou julgamentos. Isso é um indício dos caminhos profissionais que você deveria explorar.

**Por fim, você poderá usar o jornal como fonte de inspiração e idéias.** Os jornais estão repletos de histórias sobre pessoas de sucesso, pessoas heróicas, pessoas criativas, pessoas equilibradas e pessoas ambiciosas. Recorte as histórias que o motivam e guarde-as numa pasta chamada "Quero ser assim!", que poderá ser consultada sempre que a procura de emprego deixá-lo frustrado ou abatido. Conheço uma mulher que decidiu adotar uma criança chinesa por causa de um artigo que leu no jornal. Fiz doações a instituições de caridade cujo trabalho mereceu destaque no jornal. E algumas dicas deste livro vieram de estratégias de carreira que encontrei — adivinha só! — lendo o jornal.

[MÃOS À OBRA]
Ler o jornal todo dia pode parecer uma grande idéia hoje. E amanhã. E no dia seguinte. Talvez até por uma ou duas semanas. Mas o que acontece quando você começa a trabalhar no primeiro turno do seu emprego de meio-período e não tem mais tempo de dedicar meia hora ao café-da-manhã enquanto folheia as notícias? O que acontece quando você se muda para um apartamento novo e não passa mais por nenhuma banca de jornal no caminho para a faculdade? Ou quando sai de casa e não pode mais xeretar o periódico que seus pais assinam?
Eis algumas dicas para garantir que você mantenha o hábito de ler o jornal diariamente:

- **Receba manchetes de jornais diretamente na sua caixa de e-mail.** A maioria dos jornais oferece boletins eletrônicos gratuitos que trazem as principais matérias de cada seção do jornal do dia. Se estiver com dificuldades de tempo ou dinheiro, essa é uma excelente opção. Bastam alguns minutos para percorrer a lista de manchetes e ler pelo menos o primeiro parágrafo de cada matéria para ficar por dentro das notícias. Ao consultar seu e-mail pela primeira vez, de manhã, abra antes essa mensagem para garantir que vai manter esse hábito. No mínimo, faça do website de um grande jornal a sua página inicial e dê uma olhada nas manchetes do dia quando abrir o seu navegador.

- **Dê folga aos olhos.** Outra opção é ouvir o noticiário em vez de lê-lo. Por uma pequena taxa anual, você pode baixar o resumo das notícias de grandes veículos nacionais no seu iPod ou no micro. **No Brasil, esse serviço é oferecido por jornais e emissoras de rádio como *Folha de S.Paulo* e CBN.**
- **Leia o jornal enquanto pratica outra atividade diária.** Se preferir ler o jornal impresso, autêntico, a melhor maneira de persistir no hábito é combinar a leitura com outra coisa de que você realmente goste ou costuma fazer todos os dias. Por exemplo, se vai à academia todas as manhãs, leia o jornal enquanto se exercita na bicicleta ou na esteira. (Requer um pouco de equilíbrio, mas garanto que é possível!) Se come um sanduíche no parque durante o intervalo de trinta minutos para o almoço, gaste quinze minutos desse tempo folheando o jornal enquanto come. Se vai para o trabalho de trem ou ônibus, use esse tempo para ler o jornal em vez de cochilar ou ficar sonhando acordado.
- **Leve o jornal para a classe.** Essa dica foi dada por Felice Nudelman, gerente de marketing em faculdade do *New York Times*. Felice recomenda que os alunos, principalmente os que não têm o hábito de ler jornal regularmente, percorram as manchetes do dia e escolham alguma relacionada com sua aula. Pergunte ao professor de que maneira a disciplina dele

se relaciona com o assunto corrente. Por exemplo, se vir um artigo sobre aquecimento global, você pode discuti-lo com o professor de química ou biologia. Segundo Felice, a leitura do jornal não precisa ser uma atividade solitária. "Na verdade, é uma das coisas mais sociais que se pode fazer", diz ela. "Use o jornal para discussão e debate. Introduza-o nas conversas."

- **Não se apavore se passar um dia sem ler o jornal.** Se estiver se preparando para uma entrevista e ficar preocupado porque não leu as notícias de ontem, dê uma olhada na seção "Cartas", que traz comentários sobre os artigos do dia anterior.

☐ Feito!

## 9. Conheça o seu bairro

Uma das coisas boas de trabalhar num escritório profissional são as facilidades que temos à nossa disposição: laptops, escâners, copiadoras coloridas, telefones com ramais, refrigeradores, pacotinhos individuais de café aromatizado e, o mais importante, o pessoal de TI e de manutenção que vem consertar as máquinas quando elas quebram.

Quando você está na faculdade ou acabou de se formar, é mais difícil ter acesso a muitas dessas máquinas e serviços profissionais. Mas, se quiser conseguir emprego numa empresa, você vai precisar utilizar os mesmos serviços que eles têm ao alcance das mãos. Para procurar emprego, é preciso encontrar maneiras de enviar fax, copiar seu currículo, tirar cópias de documentos importantes e muitas outras coisas mais. Essa dica se refere às providências que você deve tomar para ter acesso a todos os serviços de que necessita para se candidatar a um bom emprego. Dependendo do tamanho da sua escola, pode ser que, como aluno, você tenha alguns desses serviços à sua disposição; do contrário, terá de procurá-los em outro local.

Estes são os recursos que você precisa ter à mão:

- **Serviço postal expresso.** Seja FedEx ou Correios, saiba exatamente onde ir para enviar uma carta ou encomenda expressa. Em algum momento, a maioria dos candidatos tem de despachar rapidamente seu currículo, histórico escolar ou requerimento de estágio, por isso descubra onde fazer isso antes de ser atropelado pela situação. Anote o último horário da coleta de encomendas expressas — garanto que essa informação será útil no futuro. Para a correspondência regular, mantenha em casa um bom estoque de selos — a agência do correio geralmente tem horários limitados, por isso certifique-se de poder enviar um requerimento sempre que surgir uma oportunidade.
- **Suporte técnico.** Quem você pode chamar se o seu computador quebrar às 2 da manhã? Quem pode resolver o problema da impressora quando uma carta de apresentação importante fica presa nela? Tenha sempre à mão o telefone de um amigo, uma pessoa da família ou outro serviço para o caso de vir a ter alguma dificuldade técnica.
- **Lavanderia expressa.** "Entrega em poucas horas" soará como música aos seus ouvidos se você derramar café no seu melhor terno de entrevista ou for convidado de última hora para um evento de networking com traje formal. Houve dias em que nenhuma relação da minha vida foi tão importante quanto conhecer uma lavanderia que fornecesse serviços especiais. Se essa não for uma boa saída para você, então compre um tira-manchas eficaz e exercite suas habilidades com o ferro de passar.
- **Lanchonete adequada para reuniões.** Embora as reuniões geralmente ocorram em escritórios (porque assim é mais conveniente para o profissional que você está contatando), pode ser que lhe peçam para indicar um ponto de encontro. É bom ter um local agradável para recomendar em tais situações. Como identificar um lugar "adequado para reuniões"?

- Abre cedo e fecha tarde. Encontre um lugar onde você possa marcar um encontro antes ou depois do trabalho.
- Sempre há mesas disponíveis. Não há nada mais desconfortável do que ficar aguardando em pé, com uma pessoa que você acabou de conhecer e um café fumegando de quente na mão, à espera de que desocupem uma mesa.
- É relativamente tranqüilo. Uma biblioteca, evidentemente, não é uma boa escolha, já que os usuários vão ficar mandando vocês se calarem durante toda a reunião. Mas evite também lugares com música ao vivo ou som ambiente muito alto. (Acredite, mais de uma vez já estive em reuniões de networking em que mal dava para ouvir a voz da outra pessoa.)
- Fica em caminho conhecido. Tenha o cuidado de escolher um lugar fácil de achar, pois pode ser que a pessoa nunca tenha estado lá. Pontos de encontro localizados no meio de uma quadra da faculdade ou no edifício de alojamento dos alunos podem ser de difícil acesso para quem não conhece. Você deve saber o endereço exato de sua lanchonete preferida e como se faz para chegar lá de carro ou transporte público, para o caso de lhe perguntarem.
- O café é bom. Concordo, isso não é essencial, mas que ajuda, ajuda.

Planejar a carreira e sair à caça de emprego são motivos de estresse suficientes. Embora não seja possível atender a cada solicitação de última hora ou emergência de guarda-roupa, você pode se antecipar aos problemas mais comuns, como os que mencionei anteriormente. Se houver outros serviços ou recursos importantes para sua situação específica, cuide de providenciá-los também. Nunca é demais estar preparado.

## 10. Use seu "helicóptero"

Você já ouviu dizer que a geração dos milenários é chamada, às vezes, de geração "helicóptero"?

Sabe por quê?

Porque alguns pais dessa geração ficam "pairando" sobre os filhos. (E os mais exagerados, os pais superprotetores, são apelidados de "falcões negros".)

A meu ver, pais e mães (assim como padrastos e madrastas), tanto os que fazem questão de participar de tudo como os que observam a distância, podem desempenhar um papel importante e valioso na vida dos filhos quando eles estão procurando emprego. Se você se sente à vontade para pedir ajuda aos seus pais nas decisões sobre sua carreira, há muita coisa que eles podem fazer para apoiá-lo nessa fase. Por que não usar todos os recursos à sua disposição — especialmente aqueles que amam você?

A questão é a seguinte: em muitos aspectos a ajuda que os seus pais podem oferecer no seu planejamento de carreira e busca de emprego vem bem a calhar e é totalmente favorável, e várias dicas deste livro contam com o apoio deles. Ao mesmo tempo, há situações em que a interferência dos pais é inteiramente inadequada. Portanto, tenha cuidado! Na dúvida, pergunte a uma pessoa que não seja da família (como alguém do departamento de orientação profissional da escola, um professor ou um amigo de confiança do seu meio profissional) para saber se a ajuda dos pais seria recomendável. Veja a seguir algumas orientações básicas.

## Quando aceitar a ajuda dos pais

A assistência mais benéfica e adequada que seus pais podem oferecer no seu planejamento da carreira e na busca de emprego é apoiá-lo em situações como as seguintes:

- **Rever suas avaliações com você.** Quando fizer testes de avaliação — on-line, com um consultor de carreira ou num livro —, seus pais podem ser de grande ajuda na hora de examinar as respostas. Eles conhecem bem suas aptidões e talentos e podem ajudá-lo a entender resultados que talvez lhe pareçam confusos. Por exemplo, podem lembrá-lo das atividades de que você gostava quando era criança e, embora tenha esquecido, aparecem como pontos fortes no seu teste de avaliação.

- **Ensaiar para entrevistas.** Da mesma forma que os pais podem ser nossos maiores incentivadores, podem também ser nossos maiores críticos, porque desejam o melhor para nós. Muitos estudantes pedem a ajuda dos pais para se preparar para entrevistas: eles podem fazer perguntas, ajudar a escolher uma roupa ou gravar o ensaio. Recomendo que você pratique também com outras pessoas (veja a Dica 82, "Simule entrevistas") — quanto mais praticar, melhor.
- **Revisar textos.** Currículo, cartas de apresentação e outras correspondências profissionais nunca dispensam revisão, e, quanto mais pessoas o ajudarem nisso, melhor. Se os seus pais são bons em gramática e ortografia, peça que eles revisem alguns dos seus textos relacionados com a carreira.
- **Networking.** Seus pais fazem parte da sua rede de contatos. Pergunte a eles se estariam dispostos a sentar com você e fazer um brainstorm de todas as pessoas que conhecem que poderiam ajudá-lo. Você ficará impressionado com a quantidade de gente de que eles conseguem se lembrar quando se põem a pensar nisso. E suspeito que muitos pais nem saibam exatamente os tipos de contato que seus filhos estão procurando.

Foi o que aconteceu comigo. Como já disse, durante a faculdade eu pensava em me formar em Direito e contei isso aos meus pais. Acabei indo parar na Austrália por dois anos e meio, e quando voltei para casa meus interesses haviam mudado: agora eu queria escrever. Poucos anos depois, quando consegui minha primeira co-autoria num livro, fiz o que toda boa filha costuma fazer — liguei para os meus pais para lhes contar a novidade. Quando meu pai atendeu ao telefone, eu disse: "Papai, tenho excelentes notícias! Fechei meu primeiro contrato para escrever um livro!" Ao que ele respondeu: "Isso é ótimo, querida! Vai ajudá-la a entrar na escola de Direito!"

Acho que não tinha dito claramente a ele que meu sonho profissional mudara um pouco. E é possível que ele, como professor de inglês, tivesse alguns contatos na área editorial que pudessem me ajudar, mas nunca pensei em lhe perguntar.

Algumas pessoas não se sentem à vontade para pedir ajuda aos pais. Se você é uma delas, tudo bem; há muitas outras relações a que você pode recorrer. Mas se o networking com seus pais não for problema, então, no seu lugar, eu os colocaria no topo da sua lista de contatos.

- **Cobrar compromissos.** Peça aos seus pais que acompanhem o seu progresso na busca de emprego. É fácil adiar as coisas quando não há ninguém para nos cobrar. Estabeleça objetivos na sua agenda e peça para eles controlarem com você compromissos específicos, como as atividades do "Mãos à obra" deste livro.
- **Dar apoio emocional.** Essa é uma estratégia vital que aprendi com minha mãe. Sempre que estou prestes a fazer algo assustador — como tomar a iniciativa de fazer o primeiro contato com alguém que não me conhece, negociar preços, ter uma conversa difícil com um colega —, ligo para minha mãe antes para tomar impulso e ganhar confiança. Daí então faço o que tenho de fazer. Depois, ligo de novo para ela contando como foi. Ouvi dizer que essa estratégia se chama "preparar um sanduíche" — envolver a ação assustadora em dois pedaços de pão calorosos e amigos. Recomendo que você a utilize quando tiver de dar um telefonema difícil, ir a uma entrevista, visitar um balcão de empregos ou qualquer outra coisa para a qual necessite de apoio.

## Quando recusar a ajuda dos pais

Em todas as situações acima, a ajuda dos pais fica nos bastidores: é invisível para os possíveis empregadores ou recrutadores. Esse é o lugar que pais e mães devem ocupar no processo dos filhos de buscar emprego. Do contrário, o empregador vai questionar sua maturidade, independência, profissionalismo e ética profissional. Ouvi de recrutadores muitas histórias sobre pais que vão a balcões de emprego no lugar dos filhos porque estes "estão muito ocupados com o estudo" ou "fazendo uma entrevista em outro lugar e não puderam comparecer". Isso tem o efeito de um sinal vermelho para o empregador.

Os pais nunca devem se envolver em coisas como:

- **Ligar para um recrutador ou empregador, por qualquer razão que seja** — elogiar você como bom empregado, perguntar por que não lhe deram o emprego, servir de referência, ou seja lá o que for. Isso vale para empregos temporários, estágios, intercâmbios no exterior, qualquer coisa. Seus pais jamais devem conversar com potenciais empregadores sobre sua carreira.
- **Acompanhar você a uma entrevista de emprego ou balcão de empregos.** Se precisar da mamãe ao seu lado para conseguir o emprego, como vai se virar sem ela quando começar a trabalhar? Eu não levaria meus pais nem mesmo à sala de espera de uma entrevista. Você deve ser totalmente independente.
- **Enviar currículos.** Seu currículo, assim como toda a correspondência relacionada com sua carreira, deve sempre partir do seu endereço de e-mail. Nunca peça a seus pais que enviem coisa alguma em seu nome. Repito: isso fará você parecer dependente e imaturo.

Quando tiver dúvidas sobre se deve ou não envolver seus pais em algum aspecto da sua busca de emprego, é melhor pecar pela cautela. Você terá de se virar sozinho no Mundo Real, por isso esta é uma boa hora para começar a se defender por conta própria. Incentive seus pais a apoiá-lo, mas não a agir por você.

## 2. DEIXE DE SER ESTUDANTE E PASSE A AGIR COMO PROFISSIONAL

Para conseguir emprego no Mundo Real, você precisa ter as ferramentas, os hábitos e o profissionalismo esperados no Mundo Real.

No momento em que envia o primeiro currículo, se apresenta no primeiro estágio ou comparece ao primeiro evento de recrutamento, você começa a construir sua mensagem no mercado de trabalho. E hoje em dia essa imagem abrange desde a reputação que você tem pessoalmente até aquela que veicula na internet. Tenho certeza de que você não ficará surpreso ao saber que, quando se trata de arranjar emprego, a sua imagem on-line é tão importante quanto a que você transmite em pessoa.

Ainda bem que a sua imagem profissional, tanto na rede como fora dela, depende antes de tudo de você. Há muitas coisas que você pode fazer para assegurar uma boa impressão no mercado de trabalho, e até mesmo pequenas mudanças podem fazer grande diferença. Os recrutadores e empregadores sabem que você é, na verdade, um estudante, mas querem ver se você se adaptará ao ambiente profissional depois que se formar. As dicas desta seção vão lhe mostrar o que eles esperam ver.

### 11. Use meios de contato adequados

Se a saudação gravada na caixa postal do telefone que você pretende fornecer para contato não for, digamos, adequada (um hip-hop tocando no fundo ou um simples "Deixaí sua mensagem"), grave uma nova. "Oi, aqui é Laura Roberts. Por favor, deixe seu recado que retornarei assim que possível." Isso é tudo de que você precisa. Basicamente, os empregadores devem ter a sensação de que estão ligando para uma das mesas do escritório onde trabalham, porque é exatamente ali que você deseja ser encontrado no futuro. É uma mudança simples que pode fazer enorme diferença.

O mesmo vale para o seu e-mail. LittleRoo (o e-mail da minha irmã antes de eu convencê-la a mudá-lo), FlorzinhaMágica e fanaticoporbola não inspiram confiança quando aparecem num currículo ou num site de busca de empregos. Mantenha seu endereço favorito para uso pessoal, mas, para propósitos profissionais, registre uma combinação simples do seu primeiro nome (ou a primeira inicial) e sobrenome em algum serviço de e-mail gratuito da internet, como Gmail, Yahoo! ou Hotmail. Se a sua escola fornece um endereço com seu nome ou suas iniciais, também serve.

Convém ainda acrescentar uma assinatura, com todos os seus dados para contato, no final das mensagens de e-mail enviadas. A maioria dos programas de e-mail permite configurar um campo de assinatura que é inserido no fim de todas as mensagens que você escreve. Ele geralmente tem o seguinte formato:

---

Seu Nome
(55) 555-1212
Seu.Nome@gmail.com

Ou, se você preferir, pode incluir mais alguns detalhes:

---

Seu Nome
Universidade XYZ, curso de Zootecnia
(55) 555-1212
Seu.Nome@UniversidadeXYZ.com.br

Todos os profissionais que conheço fazem isso, e recomendo que você siga o exemplo. Além disso, com seus dados para contato disponíveis em cada e-mail, se alguém quiser lhe responder imediatamente por telefone ou carta será fácil encontrar suas informações. E até mesmo encaminhar seu endereço de e-mail para outras pessoas, como é comum acontecer quando uma empresa compartilha os currículos recebidos com vários departamentos. Jamais, em hipótese nenhuma, se arrisque a perder uma oportunidade porque alguém não conseguiu encontrar facilmente seus dados para contato.

[MÃOS À OBRA]
Esta é fácil. Basta fazer as mudanças a seguir uma única vez e pronto.

1. Grave uma saudação profissional na caixa postal do telefone que pretende usar para fazer contatos e procurar emprego, ou no telefone informado no seu currículo.

☐ Feito!

2. Se ainda não tem uma conta de e-mail para uso profissional, abra uma com seu nome ou suas iniciais, dispensando todo tipo de gracinha.

☐ Feito!

3. Crie um campo de assinatura para todas as mensagens de e-mail enviadas e configure-o para aparecer toda vez que você escrever uma nova mensagem.

☐ Feito!

## 12. Mande e-mails como profissional

Agora que falamos do tipo de endereço de e-mail adequado a um jovem que aspira a candidatar-se a um emprego, vejamos como deve ser o conteúdo desses e-mails. Como esse é o principal meio que você vai utilizar para se comunicar com sua rede de contatos, possíveis empregadores e todas as demais pessoas durante a fase de planejamento de carreira e busca de emprego, procure saber como mandar e-mails como o profissional que pretende ser.

A maior parte dos estudantes e recém-formados tem vasta experiência com e-mail, mas não com e-mails *profissionais*. Lembre-se de que cada interação que tiver com um possível contato ou empregador, ou o assistente deste, contribuirá para sua imagem e suas chances de conseguir um emprego.

Quais são as regras a que um jovem profissional inteligente deve obedecer ao enviar mensagens, respondê-las, incluir alguém em cópia e anexar documentos? Eis algumas dicas do que você deve ou não fazer para garantir que suas mensagens importantes não terminem na lixeira do destinatário:

- **Não use acrônimos engraçadinhos em e-mails profissionais.**
  Você não sabe se o destinatário conhece essas abreviações. Por exemplo, alguns anos atrás, minha irmã Laura costumava usar "LOL" em muitos dos e-mails que mandava para mim. Como ela é minha irmã caçula, eu achava que isso significava "Lots of Love".[1] Bem, quando um conhecido da minha rede de contatos me escreveu um e-mail acrescentando "LOL" após um comentário brincalhão, fiquei desnorteada. Será que eu tinha interpretado mal nossa relação profissional? Ele estava me paquerando? Por sorte, minha irmã me explicou que "LOL", na linguagem de e-mails, significa "Laugh Out Loud".[2] Opa! Mas lembre-se de que as pessoas para quem

---

[1] Em português, "Com muito amor". [N. T.]
[2] Em português, "Morra de rir". [N. T.]

está enviando o e-mail, especialmente as mais velhas, podem não ter a menor idéia do que se trata, assim como aconteceu comigo.

- **Use corretamente as maiúsculas e a pontuação.** a coisa que mais me irrita em alguns e-mails que recebo de estudantes é que tudo vem escrito com letra minúscula e pouca pontuação às vezes nenhuma acredite isso não tem graça é uma falta de profissionalismo portanto por favor não faça isso.
- **Não use emoticons em e-mails profissionais.** As carinhas do Smiley são fofas, mas guarde-as para seus amigos.
- **Não abuse dos pontos de exclamação!** Essa é outra coisa irritante para os profissionais mais velhos que conheço!!! Os jovens mandam e-mails carregados de pontos de exclamação!!! Um ou dois num e-mail é mais do que suficiente; do contrário, dá a impressão de que você é muito novo e um tipo meio chato!!!! (Uma boa regra é limitar-se a um ponto de exclamação por e-mail.)
- **Não deixe em branco o campo do assunto.** Hoje em dia, com as caixas de entrada superlotadas, muita gente ignora ou deleta as mensagens que parecem spam; por isso, é essencial informar claramente qual é o assunto. Em situações profissionais, sou fã da objetividade na descrição do assunto, como, por exemplo, "Jovem recém-formado solicita contato" ou "Requerimento de estágio anexo". Se um profissional recebe um e-mail de alguém que não conhece, com o campo do assunto em branco, é provável que o delete.
- **Contenha o seu sentimento de urgência.** Use com parcimônia o ponto de exclamação vermelho, "Prioridade Alta". A pessoa que está recebendo seu e-mail não tem nenhuma urgência particular no currículo que você enviou ou na entrevista que solicitou.
- **Releia as mensagens importantes mesmo depois de ter conferido a ortografia.** Verifique se o nome do destinatário foi escrito corretamente, se algum número importante que você mencionou está certo, e o tom geral da mensagem (seu sarcasmo pode soar como grosseria para uma pessoa ocupada que lê rapidamente o e-mail).

- **Deixe o endereço do destinatário *por último*.** Para evitar que sem querer você acione o botão "Enviar" ou remeta a mensagem para a pessoa errada, deixe em branco o campo "Para" até ter certeza de que a mensagem está pronta para ser enviada. Deixe para escrever o endereço do destinatário pouco antes de clicar em "Enviar". Não há pior sensação que a de mandar um e-mail e logo em seguida se dar conta de que houve um engano.
- **Jamais envie mensagens instantâneas a um contato profissional.** Não há nenhuma razão que justifique mandar uma mensagem instantânea para alguém numa situação profissional, a menos que você trabalhe regularmente com a pessoa e ela o convide a fazer isso. Conheço o dono de uma pequena empresa que postou uma oportunidade de estágio na web e recebeu uma MI de um estudante interessado na vaga. O empresário considerou essa atitude extremamente intrusiva e nem sequer cogitou contratar o estudante. Não há motivo para usar mensagens instantâneas quando o assunto é a busca de emprego.
- **Não encaminhe piadas sujas.** Algumas empresas demitem os funcionários que fazem isso; portanto, se você tem o hábito de enviar piadas por aí, chegou a hora de parar com isso. Ambiente de trabalho não é lugar de piadas, mesmo que sejam aparentemente inofensivas. Enquanto estiver atrás de emprego, é melhor evitar mandar piadas, até mesmo para os amigos. Como os programas de e-mail têm uma função que completa automaticamente os endereços quando se começa a digitá-los, você pode acidentalmente acabar mandando uma piada de cunho político para John Smith, gerente de contratação de uma empresa em que você gostaria de trabalhar, em vez de John Smithson, seu melhor amigo.

A questão é que o e-mail parece muito mais informal do que realmente é. Uma mensagem redigida de maneira profissional pode ser tão eficaz quanto uma carta comercial formal, e um bilhete informal escrito às pressas pode ser tão perigoso quanto uma pichação na parede de um possível empregador. Na dúvida, peça a alguém de sua confiança que revise uma mensagem de e-mail importante. É sempre melhor ter cuidado do que ser barrado pelo antispam.

## 13. Providencie cartões

Toda vez que recomendo cartões comerciais a um estudante, sempre ouço a mesma resposta preocupada: "Mas ainda não estou trabalhando. O que vou colocar no cartão?"

Não é preciso ter um título, um nome de empresa, um número de fax ou um endereço para fazer um cartão comercial. Basta o seu nome, o número do seu telefone (que pode ser um celular) e o endereço de e-mail profissional. Se é estudante, vale incluir também o nome da sua universidade e o ano da graduação, mas não é necessário. E está pronto. Seja como for, você precisa de um meio para deixar seus dados para contato com as pessoas quando as encontra. Anotar o número do telefone num guardanapo de papel ou num comprovante do caixa eletrônico pode ser a solução numa festa, mas transmite uma impressão errada quando estamos fazendo contatos profissionais. Mostre que você está preparado para encontrar as pessoas tendo à mão os seus cartões. Quando encontro algum estudante que tem cartão, fico muito bem impressionada. Isso revela maturidade, perspicácia e vontade de ter ferramentas para o mundo do trabalho.

Nunca vou a lugar nenhum — academia, casamentos, praia ou banheiro — sem meus cartões. Sempre os trago comigo na carteira, na bolsa e no escritório. Por que sou tão obcecada com isso? Porque não quero perder a oportunidade de manter contato com alguém pelo fato de estarmos ambos sem caneta.

Quanto à etiqueta do cartão comercial, antes de oferecer o seu pergunte à pessoa se ela tem um cartão. Diga apenas "Você poderia me deixar o seu cartão?", e, quando ela o entregar, é de bom tom lê-lo antes de guardá-lo no bolso, na carteira ou no porta-cartões.

O cartão deve ser da melhor qualidade possível, de acordo com o que você puder pagar, mas não precisa ser luxuoso. Recomendo utilizar uma fonte clara, legível (corpo 10, pelo menos, para facilitar a leitura), de cor escura sobre fundo branco ou creme. Você pode encomendá-lo numa loja de material de escritório, numa gráfica ou em algum dos vários websites que oferecem esse serviço (como www.cartaoexpress.com.br). Sugiro pedir, para começar, de 250 a 500 cartões, o que não deve sair muito caro. Ou pode comprar folhas de cartão comercial para impressora e criá-los você mesmo no seu computador. Embora não tenham a mesma qualidade que os cartões impressos por uma empresa especializada, é melhor ter cartões feitos por você do que não ter nenhum.

E, quando conseguir seu emprego e não precisar mais dos seus cartões pessoais, sempre poderá usá-los como marcadores de livro, etiquetas de identificação de bagagem, ou picá-los para fazer confete.

[MÃOS À OBRA]
Faça os seus cartões hoje. Peça a um amigo de confiança ou a alguém da sua família que leia o cartão antes de imprimi-lo, para ter certeza de que ele tem um aspecto profissional e não contém erros de digitação.
Se você tem um nome difícil de pronunciar, talvez valha a pena incluir entre parênteses a pronúncia fonética. Do mesmo modo, se o seu nome for muito comum, inclua a inicial do segundo nome para diferenciar-se: John K. Brown ou Jane M. Smith.

☐ Feito!

## 14. Limpe sua imagem na internet

Enquanto escrevia este livro, fui jantar com uma velha amiga dos tempos da faculdade que hoje é professora de psicologia numa universidade muito bem-conceituada da costa leste. Estava contando a ela como é comum, hoje em dia, que as pessoas procurem emprego, networking e referências na internet — muito diferente da época em que saímos da faculdade, dez anos antes.

"Tenho um caso para lhe contar", ela disse.

E começou a me falar da experiência que tivera no semestre anterior ao entrevistar estudantes para empregos remunerados em seu laboratório. Cerca de dez minutos antes de uma entrevista com um rapaz, ela resolveu procurá-lo na internet para saber mais sobre ele. Digitou seu nome no Google e encontrou muito mais do que esperava. Ao clicar no segundo ou terceiro link da lista, saltou da tela uma grande foto do aluno postada no site pessoal de outro estudante. A legenda da foto trazia o nome dele e ao lado: "vulgo Peidorreiro".

Peidorreiro!

Como você pode imaginar, minha amiga precisou se conter para não rir durante a entrevista. O aluno veio vestido adequadamente, de terno, e respondeu corretamente a todas as perguntas, mas ela não conseguia parar de pensar nele como o Peidorreiro. Como ela poderia contratar o Peidorreiro? (E note que minha amiga é uma pessoa jovem e de mente aberta. Imagine qual seria a reação de um pomposo executivo de recursos humanos de uma corporação.)

Nem sempre você pode controlar as informações a seu respeito que aparecem na web, mas muitas vezes é possível, sim — por exemplo, pedindo ao seu amigo para retirar da página dele uma legenda de foto comprometedora.

Também é possível controlar a imagem que você mesmo veicula no ciberespaço. Os executivos de RH, os pequenos empresários e outros empregadores costumam visitar websites como Orkut e MySpace para pesquisar os candidatos a emprego ou estágio. Um levantamento de recrutadores feito em 2006 pelo CollegeRecruiter.com mostrou que 77% dos empregadores usaram os mecanismos de busca da internet para descobrir informações sobre algum candidato, e 35% eliminaram candidatos por causa das informações que encontraram on-line. **Pes-**

quisa recente do Viadeo — site de relacionamento profissional global, com página em língua portuguesa — realizada com 2 mil consumidores e mais de seiscentos empregadores na internet revela que um em cada cinco empregadores faz esse tipo de busca e 59% deles afirmam que o "dossiê" levantado após uma pesquisa no Orkut pode influenciar na seleção de um profissional. Não pense que você estará seguro se tiver um perfil "privado" (desses que não podem ser acessados por pessoas que não pertencem àquela comunidade da web) — muitas empresas têm contas nesses sites; algumas inclusive emprestam endereços de e-mail ".edu" para ter acesso a sites exclusivos de estudantes.

Nem é preciso dizer que você dificilmente vai impressionar um recrutador se citar um filme pornô como seu favorito ou a bebida como o seu principal hobby. Não há problema em ter o perfil num site de relacionamento, mas saiba que tudo que postar pode ser lido por um possível empregador. A única maneira de impedir que ele veja algo comprometedor é não ter nada comprometedor sobre você na rede. Uma coisa é certa: quando se está procurando emprego, evitar os sites de relacionamento é a estratégia à prova de tolos. Você não precisa evitá-los para sempre, mas pense em dar um tempo enquanto estiver buscando emprego ou certifique-se de que seu perfil seja adequado para qualquer faixa etária. Por mais que adore o seu perfil, será tanto assim a ponto de pôr em risco o seu objetivo de conseguir um emprego? Conforme declarou um jovem (que decidiu pegar leve no seu blogue) num artigo que li recentemente no jornal: "Eu não queria que minha carreira corresse nenhum risco. Minha vida real é mais importante para mim que a minha vida on-line".

Muitos aspectos na busca do emprego não dependem totalmente de você; esse é um deles. Ter uma imagem comprometedora na internet é um erro que se pode perfeitamente evitar.

Na dúvida, faça este teste simples: se é algo que você não faria, diria nem usaria em público, não o faça, nem diga, nem use on-line. E ponto final.

[MÃOS À OBRA]

Busque-se no Google. Pense nisso como uma verificação de antecedentes gratuita. Leva dois segundos para você digitar seu nome no Google ou em outro mecanismo de busca da web (lembre-se também de digitar grafias diferentes do seu nome caso seja fácil confundi-lo), e os resultados encontrados podem poupá-lo de constrangimentos ou, ainda pior, do risco de perder uma oportunidade. Não esqueça de pesquisar também as imagens. Se encontrar alguma coisa que possa comprometê-lo, como uma velha postagem sobre uma ex-namorada, remova as fotos ou o conteúdo ofensivo, se você mesmo puder fazê-lo, ou entre em contato com o administrador do site. As páginas de mídia não mudarão nada do que publicaram, mas amigos, listas de discussão, grêmios e redes sociais provavelmente concordarão em fazê-lo.

☐ Feito!

## 15. Brilhe na web

Agora que você já sabe o que não deve fazer na internet, vamos falar do que você *pode* fazer para garantir que muitas coisas boas a seu respeito apareçam na web. Ter uma imagem comprometedora na rede pode acabar com as suas chances de conseguir um bom emprego, mas não ter imagem alguma também pode ser problemático.

Por quê? Já ouvi dizer que se uma pessoa não existe no Google ela simplesmente não existe.

É cruel, mas nos dias de hoje não deixa de ser verdade.

O bom é que você pode melhorar sua visibilidade no Google (ou em qualquer outro mecanismo de busca) para que os outros, ao procurarem informações a seu respeito na internet, encontrem o que estão procurando. E, para conseguir o emprego dos seus sonhos quando terminar os estudos, é possível tomar algumas medidas para assegurar que sua imagem na web seja profissional e cause boa impressão à sua rede de contatos e a possíveis empregadores. Você leva vantagem sobre os profissionais mais velhos: está acostumado desde cedo a veicular sua imagem na internet e a estabelecer relações por meio dos sites de relacionamento. E o melhor de tudo é que você pode pôr em prática essa dica sem sair do quarto, a qualquer hora e qualquer dia, sem precisar telefonar para ninguém, nem comparecer a nenhum evento.

Dependendo do tipo de oportunidade de emprego que você está buscando, é possível marcar presença na web colaborando com sites, revisando material on-line e postando informações a seu respeito em fóruns profissionais. Assim como você pode fazer parte de uma agremiação estudantil ou de uma comunidade do seu município, o objetivo aqui é construir sua reputação na vasta comunidade virtual. Eis algumas boas idéias de como fazer isso:

- Se você pertence a algum clube de estudantes ou associação profissional, e principalmente se atua num comitê ou ocupa uma posição de liderança, ofereça-se para escrever um breve artigo sobre algum tópico relacionado com sua área de conhecimento e, em seguida, peça que seja postado no website da organização. A maior parte dos clubes, associações e grupos estudantis adora receber conteúdo gratuito, e de bom grado lhe dará os créditos.
- Faça resenhas de livros em livrarias virtuais ou envie sua resenha para um blogue relacionado com o seu setor de atuação. (E, se você estiver realmente interessado em construir sua imagem na web, crie um blogue.) Uma estudante que conheço costuma ler os livros empresariais que figuram na lista dos mais vendidos e postar comentários na sua página pessoal e em dois outros importantes sites dedicados a livros. Ela imprime suas resenhas e leva para as entrevistas de emprego, a fim de mostrá-las caso algum dos livros seja mencionado na conversa. Para uma boa exposição, lembre-se de se registrar com seu nome verdadeiro no site em que pretende postar comentários, em vez de usar um nome de usuário fictício.

- Crie um perfil em algum site de relacionamento profissional, **como o Via6 (www.via6.com) e o Viadeo (www.viadeo.com/pt/ connexion)**. Essas são as versões profissionais de sites de relacionamento como MySpace e Orkut, e permitem que você crie um perfil que consiste basicamente num currículo extenso on-line. Na maioria desses sites é possível deixar seu perfil visível ao público (o que significa que ele será identificado pelos mecanismos de busca). Esses perfis on-line oferecem bastante espaço para você postar informações sobre o que está fazendo atualmente, o que já fez, escolas que freqüentou, organizações de que participa e aspirações profissionais. Você também pode convidar profissionais — seu chefe, ex-empregadores, professores e outros contatos de sua confiança — a postar em seu perfil testemunhos favoráveis.

Depois de construir sua imagem profissional na web, cuide para não ficar perdido no ciberespaço; você precisa direcionar as pessoas a encontrá-lo. Pense na possibilidade de incluir, no campo da assinatura, um link para os seus conteúdos favoritos na internet ou para o seu blogue ou site de contatos profissionais.

O último passo para brilhar na web é zelar por sua presença on-line. Assim como a própria internet, a construção de sua imagem virtual é um trabalho incessante. Embora não seja preciso monitorar sua identidade on-line a cada minuto, é necessário conferi-la regularmente. Isso é importante sobretudo antes de se aventurar em entrevistas informativas ou entrevistas de emprego formais, quando é mais provável que pesquisem sobre você na internet.

### CRÉDITOS EXTRAS

Diane K. Danielson, CEO da DowntownWomensClub.com e especialista em sites de relacionamento, oferece estas dicas adicionais:

- **Revise tudo.** Verifique a gramática e a ortografia de tudo que você postar na internet, tal como faria com currículos ou cartas de

apresentação. Se eu encontrasse um erro no seu perfil on-line, pensaria duas vezes antes de contratá-lo.
- **Inclua as atividades de que participa na escola.** Mesmo num site de relacionamento profissional, fico impressionada com estudantes que ocupam posição de liderança na escola ou participam de grupos de recém-formados. É muito bom mostrar que você é ativo na escola, mesmo que ainda não tenha experiência profissional.
- **Fotografe-se tendo em vista o emprego que você procura.** Se pretende publicar uma foto sua on-line, cuide para que sua aparência seja a de um profissional que as pessoas gostariam de contratar e ter na equipe. Não é preciso um fotógrafo profissional para isso — um amigo pode fazê-lo. Apenas tenha o cuidado de se vestir de acordo com o tipo de trabalho que está procurando.

[MÃOS À OBRA]
Uma boa maneira de definir o tipo de imagem profissional que você gostaria de veicular na internet é dar uma olhada em como figuram na web algumas pessoas que você admira — outros estudantes, ex-alunos da sua escola, amigos da família ou pessoas bem-sucedidas nas áreas em que pretende trabalhar. Faça uma pesquisa sobre cada uma e veja onde elas aparecem. Talvez você possa colaborar com os mesmos websites ou se registrar nos mesmos diretórios ou comunidades virtuais que elas.

☐ Feito!

## 16. Conheça a sua área de atuação

Como você já sabe, uma das minhas recomendações favoritas a quem pretende avançar na carreira é a leitura diária do jornal. Esta última dica, que encerra o capítulo sobre como agir como um profissional, está estreitamente relacionada com isso. Esse hábito diário será útil não só durante a procura do seu primeiro emprego, mas também na pesquisa de empregos futuros e pelo resto da sua carreira.

Conheça a sua área de atuação. Por que não ler as mesmas notícias sobre o setor em que deseja atuar que as pessoas que já trabalham nele?

Assim que escolher a profissão que pretende seguir (ou algumas opções, caso ainda não saiba com certeza), comece a ler tudo e qualquer coisa que puder estar relacionada com essa área. Conheça as publicações que são leitura essencial, as empresas que estão no noticiário, os executivos cujo perfil está em destaque, os lugares onde se realizam conferências, o jargão utilizado e, é claro, as oportunidades de emprego. Você pode encontrar essas informações em diversas fontes, como publicações e revistas especializadas, blogues escritos por líderes do setor e analistas especialistas na área e — minha fonte preferida — boletins eletrônicos.

Esses boletins geralmente são gratuitos e não exigem esforço algum: basta você assiná-los e magicamente aparecem na sua caixa de entrada, prontos para compartilhar com você todas as informações que trazem. Também são uma forma de poupar tempo. Geralmente contêm artigos curtos ou sinopses de artigos, que permitem reunir uma série de informações sem perder muito tempo. Assino cerca de duas dúzias de boletins eletrônicos e levo apenas alguns minutos para ler cada um deles. Dedico meus primeiros vinte minutos do dia a ler todos eles, e assim fico por dentro do que está acontecendo na minha área. Vinte minutos — só isso.

Por que é tão importante conhecer o setor em que você pretende ingressar? Porque, ao participar de eventos de networking, iniciar estágios, escrever cartas de apresentação e ser entrevistado para alguma oportunidade de emprego, você vai gostar de falar a mesma língua e ter os mesmos pontos de referência (nomes de empresas, líderes do setor, lançamento de novos produtos, perspectivas futuras do setor etc.) que as pessoas com quem deseja trabalhar um dia.

Preste atenção também aos e-mails que costuma deletar ou salvar para ler depois ou nunca mais. Pode ser um sinal de que esses setores, empresas ou assuntos não sejam tão interessantes quanto você imaginava. Quando mal pode esperar para abrir e ler o boletim de determinado setor ou as informações divulgadas na imprensa por alguma empresa, isso pode ser um forte indício de que essa área seria adequada para você.

Veja a seguir uma relação de websites que oferecem boletins eletrônicos gratuitos ou atualizações por e-mail sobre certas áreas:

| **Área** | **Endereço na internet** |
|---|---|
| Publicidade | www.ccsp.com.br |
| | www.portaldapropaganda.com |
| Mercado editorial | www.publishnews.com.br |
| Negócios (em geral) | www.portalexameabril.com.br |
| | www.epocanegocios.globo.com |
| | www1.folha.uol.com.br/folha/dinheiro |
| Finanças | www.investnews.com.br |
| Mídia | www.meioemensagem.com.br |
| | www.gm.org.br |
| Sem fins lucrativos | www.ethos.org.br |
| Ciência/saúde/tecnologia | http://cienciahoje.uol.com.br |

Se você não encontrou sua área de interesse na lista acima, acesse o seu site de busca favorito na internet e digite, na linha de pesquisa, os termos "atualizações por e-mail" ou "boletins eletrônicos" e a área que deseja pesquisar — imóveis, recursos humanos, moda, beleza, ciências ambientais, consultoria, arte, fisioterapia, hotelaria etc. Lembre-se: todos eles são gratuitos, por isso assine quantos quiser. Uma alternativa é perguntar aos profissionais que você admira quais boletins eles recebem e assiná-los.

Se estiver interessado em trabalhar para um site na internet, como webdesigner, por exemplo, ou para algum boletim eletrônico, você vai precisar ler o máximo possível de informações. Conversei com o webdesigner do meu site, Paul Jarvis, da empresa de design Twothirty, e ele me disse o seguinte: "Como passo o dia inteiro on-line, leio centenas de blogues por dia". Sou capaz de apostar que essa é a norma nessa área.

Outra dica quente é programar um alerta de notícias, ou RSS. **Ao usar o RSS, você fica sabendo imediatamente quando uma informação de seu interesse é publicada — sem que tenha de navegar até o site de notícias. Por exemplo, você pode programar um alerta com a palavra-chave "Itaú" para receber as notícias diárias que mencionam a empresa. A maioria dos sites de notícias e blogues permite a assinatura de conteúdo RSS.**

Sites como Google e Yahoo!, entre outros, permitem programar tais alertas gratuitamente. Tenho vários alertas relacionados com assuntos de carreira para universitários e jovens profissionais, e os considero uma fonte de informação inestimável para estar sempre por dentro do que acontece na minha área.

**[MÃOS À OBRA]**
Assine pelo menos um boletim eletrônico gratuito ou um alerta com palavras-chave relacionados com o setor ou empresa que possam interessá-lo profissionalmente.

☐ Feito!

## 3. DECIDA O QUE QUER... E O QUE NÃO QUER FAZER

Se conseguir um emprego depois de formado é um desafio, um dos motivos é porque se trata do primeiro desvio do plano prescrito que você vem seguindo ao longo da vida. É verdade que você pôde escolher os cursos ou a faculdade que queria freqüentar, mas o conceito geral era bastante claro: ir à escola. Isso durante dezoito anos, mais ou menos. Agora você tem diante de si um mundo inteiro de possibilidades — mais opções que qualquer outra geração até hoje. E todos continuam a lhe fazer esta pergunta aparentemente fácil, mas talvez a mais difícil que você já teve de responder na vida:

*O que você realmente quer fazer?*

(Veja bem: a frase acima não significa "O que seus pais querem que você faça?" nem "O que você acha que *deve* fazer?", tampouco "O que as pessoas de sua área de especialização costumam fazer?")

A maioria dos alunos que conheci considera essa a parte mais difícil do processo de definir uma carreira. Não é raro que se sintam paralisados de medo e indecisão. Se você também se sente assim, garanto que não é o único.

Que antídoto recomendo para o baixo-astral da indecisão?

Ação.

Não acho mesmo que você vai conseguir escolher o melhor plano para o seu futuro se ficar enfurnado no quarto só pensando e pensando. Pensar e refletir sobre si mesmo são, com certeza, parte da equação, mas você vai aprender muito mais a seu respeito — e bem mais rápido — se combinar a reflexão com a ação. Esse é o tema deste capítulo: tomar ações que o ajudem a descobrir o que quer fazer nos primeiros anos da sua carreira e, talvez ainda mais importante, o que não quer fazer.

Este capítulo se concentra em atividades específicas que vão auxiliá-lo a dirigir seu foco para o que é bom para você. Seja paciente — pouquíssimas pessoas sabem exatamente que carreira seguir nessa idade. Seu objetivo agora é definir alguns setores, empregos ou ambientes que correspondam aos seus interesses e necessidades. É só o que você precisa fazer por ora. Não se trata de traçar um plano de carreira para o resto da vida no momento em que sai da faculdade ou conclui o curso técnico. Na verdade, vou lhe contar um segredo: mesmo que você tente planejar toda a sua carreira agora, a vida é cheia de mudanças e surpresas, por isso seu caminho definitivo provavelmente será muito diferente do que imaginar.

## 17. Comece uma Lista Bem Grande

Tenho certeza de que você já tem alguma idéia das empresas em que gostaria de trabalhar, dos estágios que pensa em fazer, dos empregos que parecem interessantes, ou das pessoas com quem pretende conversar para obter orientação e contatos. Agora é hora de pôr tudo isso no papel. Comece uma lista no seu caderno de todas as possíveis carreiras que vêm à sua mente. Procure não se censurar; apenas escreva. Sua Lista Bem Grande será útil para várias coisas, tanto ao longo deste livro como durante o seu plano de carreira e busca de emprego:

- **Sua Lista Bem Grande estabelecerá tarefas para você.** Sempre que se sentir inspirado a trabalhar em seu plano de carreira, ela servirá como uma lista de tarefas para as oportunidades a pesquisar. Quando começar a reunir informações sobre alguma idéia da lista, abra uma pasta para manter o registro de tudo que encontrar.

- **Sua Lista Bem Grande ajudará você a fazer contatos.** Leia-a ao se preparar para uma entrevista informativa, um evento de networking ou uma reunião com um consultor de carreira na faculdade. Melhor ainda, leve-a com você. As pessoas que encontrar talvez conheçam as empresas ou os nomes da sua lista ou saibam como entrar em contato com elas. Com a lista em mãos, o seu vago pedido "Você pode me ajudar a arranjar um emprego?" se converterá numa solicitação específica de indicações específicas de organizações ou setores específicos.
- **Sua Lista Bem Grande ajudará você a se avaliar.** À medida que a lista for aumentando, você começará a reconhecer padrões dos tipos de oportunidade que o atraem. Talvez perceba que muitos itens da lista apontam para trabalho criativo, empresas pequenas, atividade política, viver em uma metrópole, fazer diferença, cursar uma pós-graduação etc. Ou pode ser que você constate uma miscelânea de interesses — o que também é bom. Não pense que uma lista abrangente é frustrante; ao contrário, ela indica que há muitas coisas que poderão fazê-lo feliz.

[MÃOS À OBRA]
Se você ainda não tentou aplicar nenhuma outra dica deste livro, por favor, *de verdade*, crie sua Lista Bem Grande. Ela será um recurso valioso à medida que você avança mais e mais pelo caminho de planejar sua carreira e procurar um emprego. De fato, aposto que se voltar a essa lista daqui a vinte anos ficará surpreso com a quantidade de oportunidades que ainda lhe interessam (ou se relacionam com sua eventual profissão). Você terá de recorrer à sua Lista Bem Grande em vários pontos deste livro, por isso mantenha-a por perto enquanto estiver lendo.

☐ Feito!

## 18. Livre-se do "eu deveria"

Antes de fazer uma avaliação precisa a seu respeito e definir a carreira que pretende seguir, um passo importante é livrar-se do que as outras pessoas dizem que você *deveria* querer.

Você talvez não perceba que muitas das suas idéias sobre procurar emprego e as implicações das várias escolhas profissionais são predeterminadas e têm o poder de influenciá-lo. Em outras palavras, grande parte do que você pensa sobre o mundo profissional e seu lugar nele pode não ser verdade. Por que não? Porque os seriados cômicos da tevê, os filmes, as revistas e até mesmo amigos, professores e parentes nem sempre sabem do que estão falando — ou dão conselhos com base em seu próprio conhecimento ou experiência, muitas vezes sem considerar o que é melhor para você. Além disso, as tendências profissionais mudam com o tempo, e é evidente que as impressões de algumas pessoas podem estar equivocadas.

Talvez você se interesse por certo tipo de emprego ou carreira simplesmente porque conhece alguém, ou ouviu falar de alguém, que trabalha nessa área. É ótimo seguir os passos de uma pessoa que admiramos, mas talvez você não queira limitar suas opções às carreiras das pessoas que são uma referência próxima — ou aos empregos que hoje você sabe como funcionam. Garanto que há milhares e milhares de profissões, empresas e funções de que você nunca ouviu falar. Uma delas pode ser exatamente o seu bilhete premiado.

Eis a seguir alguns mitos comuns que você talvez precise derrubar antes de ir em frente e pensar seriamente no tipo de emprego que deseja:

**MITO:** Você deve arranjar um emprego diretamente relacionado com sua especialização.

**FATO:** Há bacharéis em Língua Inglesa que recebem ofertas de emprego de bancos de investimento. Há estudantes de cursos preparatórios com ênfase em Medicina que mudam de idéia e vão para a faculdade de Direito. Pessoas formadas em Filosofia encontram oportunidades de trabalho fora do meio acadêmico. Embora algumas áreas exijam que você faça cursos extras para provar que é capaz de realizar o trabalho requerido, sua especialização não deve impedi-lo de seguir a carreira que você julga adequada.

**MITO:** Você deve tentar conseguir o emprego mais bem remunerado que puder.
**FATO:** Bem, é verdade. Você deve tentar conseguir o emprego mais bem remunerado que puder... desde que seja algo que realmente queira fazer. Ter um emprego que paga bem mas não lhe interessa é um grande erro — e muito comum por aí. Agora é hora de começar de baixo e fazer carreira em algo que lhe agrade. Acredite: daqui a dez anos será muito mais difícil desistir de um alto salário para trabalhar em algo de que você goste do que fazer isso agora. Não é vergonha aceitar agora um emprego que paga pouco para seguir carreira numa área que lhe atrai. Não se preocupe em acompanhar seus amigos que trabalham em setores mais lucrativos.

**MITO:** Você não deve tentar um emprego numa área cheia de glamour, a menos que seu sobrenome seja Spielberg ou Chanel.
**FATO:** É mais difícil conseguir emprego numa área glamourosa — como cinema, moda, revistas, televisão ou esportes — do que, por exemplo, em telemarketing, mas não é nada impossível. A maioria desses setores não tem programas formais de recrutamento em faculdade, por isso você terá de se empenhar mais. Um fato importante sobre eles é que praticamente todo mundo começa de baixo, então o negócio é passar pela porta — qualquer porta que encontrar. Talvez você tenha dificuldade para convencer seus pais de que seu diploma está sendo bem empregado enquanto você serve bebidas em um bar e dirige curta-metragens, mas eles vão entender daqui a alguns anos, quando seu longa-metragem ganhar um prêmio no festival de cinema de Sundance.

**MITO:** Se você é bom em alguma coisa, esta deve ser a sua carreira.
**FATO:** É uma excelente idéia seguir seus talentos naturais, mas lembre-se: não é porque *pode* fazer algo que você *deve* necessariamente fazê-lo. A ver-

dade é que muitos universitários são bons numa série de coisas; foi por isso, aliás, que você entrou na faculdade. Você escreve bem. Sabe analisar uma equação matemática. É capaz de planejar um evento de arrecadação de fundos. Mas só porque pode fazer tudo isso não quer dizer que seria feliz se o fizesse profissionalmente. Para escolher uma carreira, é preciso aliar habilidades com interesses. Não há problema algum em ser bom em alguma coisa e não ganhar a vida com isso.

[MÃOS À OBRA]
Qual é o seu maior "eu deveria" quando pensa no emprego depois da faculdade? Que imagem fica rodando na sua cabeça? Seja lá o que for que anda dizendo a si mesmo, há uma coisa que você precisa fazer já: descubra se esses "eu deveria" são verdadeiros. Teste suas suposições. Pense em quais são seus maiores "eu deveria" e anote-os abaixo.
Alguns exemplos:

- Jamais conseguirei emprego numa cidade grande porque faço faculdade numa cidadezinha do interior.
- Não devo nem pensar em conseguir emprego numa grande empresa porque meus pais não fizeram faculdade e não conhecem pessoas desse meio.
- Devo ser professor porque é isso que fazem os bacharéis em Letras.
- Não devo tentar ser cantor profissional porque a maioria das pessoas fracassa.

Os seus "eu deveria":

1.

2.

3.

Agora saia e procure informações para saber se você precisa varrer essas crenças da cabeça. Pergunte aos professores. Pergunte aos funcionários do departamento de orientação profissional da faculdade. Pergunte a ex-alunos da escola. Poste essas questões em quadros de avisos da internet dedicados à consultoria de carreira. Leve suas indagações à próxima entrevista informativa. Se descobrir que alguma delas não tem fundamento, apague-a da mente. Meu palpite é que você vai descobrir que nenhum caminho é impossível, embora alguns sejam mais difíceis. Mas, assim que souber qual é o seu real desafio, você terá condições de tomar uma decisão mais consciente sobre o seu futuro.

☐ Feito!

## 19. Nada de pegar carona: faça um teste vocacional

Quando se trata de decidir o que fazer da vida, há poucos atalhos a tomar, mas certamente existe uma maneira de avançar alguns passos no caminho: você pode fazer um teste vocacional (não se preocupe: todos passam por isso). Fazer uma avaliação vocacional é o melhor jeito de estreitar o vasto universo de profissões possíveis em algumas poucas categorias fáceis de lidar, que combinem com seus interesses e aptidões. A avaliação é útil para qualquer pessoa, mas absolutamente essencial quando você reúne uma ampla variedade de talentos e predileções ou não tem muita certeza do que fazer.

Para informações a esse respeito, procurei Peggy Bier e Jerry Sturman, presidente e CEO, respectivamente, do Career Development Team, criadores do Career Portrait®, um abrangente processo de avaliação vocacional. Há mais de vinte anos, sua empresa tem ajudado as pessoas a decidir sobre a carreira ideal.

Eis como Jerry explica a importância do teste vocacional:

"Encontrar e gerir a carreira certa para você é como um jogo. Os jogos têm regras. Você não ia querer jogar pôquer a dinheiro sem conhecer bem as regras — do mesmo modo que não ia querer gerir sua carreira sem saber exatamente como fazê-lo. Bem, a primeira regra é esta: 'Faça uma avaliação vocacional completa'.

"Em qualquer nível, desde o momento que você começa até chegar a ser um CEO, a gestão da carreira depende de uma combinação daquilo que você faz melhor com aquilo de que mais gosta, para então se aprimorar o máximo que puder. Iniciar o processo de avaliação vocacional durante a faculdade ou a pós-graduação permitirá que você caminhe na direção certa."

> **› NA REAL ‹**
>
> "Gostaria de ter me conhecido melhor. Desenvolvemos várias competências na escola, mas dedicamos pouco tempo a aprender sobre nós mesmos: nossas preferências, valores, paixões e interesses. Acho que o autoconhecimento é o ingrediente mais importante para construir uma vida e uma carreira feliz e bem-sucedida."
>
> 
>
> **CELESTE BLACKMAN**
>
> **PRIMEIRO EMPREGO DEPOIS DA FACULDADE:**
> RECRUTADORA DE UNIVERSIDADE
>
> **EMPREGO ATUAL:**
> CONSULTORA SÊNIOR DA BUSINESS CONSULTANTS NETWORK INC.
>
> 

Segundo Jerry, há quatro coisas importantes que você precisa conhecer sobre si mesmo no que diz respeito à sua vida profissional. São essas coisas que a avaliação vocacional vai ajudá-lo a descobrir:

- seu estilo: como você faz o que faz
- sua motivação: por que faz o que faz

- suas aptidões: o que usa para fazer o que faz
- suas barreiras internas: o que o impede de fazer o que faz da melhor maneira possível

O teste vocacional completo analisa esses quatro aspectos, que ajudarão você a tomar decisões mais claras sobre escolhas profissionais e ao longo de toda a sua vida.

"Todos conhecemos pessoas que 'pegaram carona' na vida profissional", diz Jerry. "Elas saem da escola, esticam o polegar para fora e aceitam o primeiro emprego que lhes parece meio decente. Com raras exceções, são pessoas insatisfeitas, quando não claramente infelizes, com o trabalho. O emprego às vezes não oferece a motivação de que precisam na vida profissional. Talvez não estejam usando as aptidões em que se sobressaem ou que mais lhes interessam. Pode ser também que estejam na área errada, ou que não se dêem bem com o tipo de pessoas com que trabalham. Ou ainda que sejam incompatíveis com seu gerente.

"Saber como você é na relação com o mundo profissional vai ajudá-lo a encontrar e manter um emprego e desenvolver uma carreira gratificante e satisfatória."

**[MÃOS À OBRA]**
Pronto para fazer um teste vocacional e embarcar na carreira certa, em vez de "pegar carona" por aí? Existem diferentes tipos de teste oferecidos por departamentos de orientação profissional de universidades, consultores de carreira e vários livros no mercado. Qualquer um deles pode ser útil e fornecer informações valiosas para você aplicar na sua pesquisa de carreira.

☐ Feito!

## 20. Vá fundo no que você gosta

Uma jovem — que chamarei de Cheryl — veio correndo até mim depois de um workshop que fiz na universidade em que ela estudava. Era atirada, vestia jeans e um top de cor clara, e tinha um rosto simpático e franco. "Preciso da sua ajuda!", ela gritou quando me virei para cumprimentá-la.

Antes que eu dissesse qualquer coisa, Cheryl se pôs a falar sobre seu dilema profissional. "Estou no segundo ano e adoro cinema. Sempre gostei de cinema — já vi de tudo — e adoraria trabalhar em Hollywood. Sonho com isso desde criança. Mas sei que é muito difícil entrar nessa área, por isso estou pensando em estudar contabilidade para conseguir emprego numa das grandes empresas que fazem recrutamento aqui no campus. O que você acha?"

"Acho que você deveria procurar algum emprego ligado ao cinema", respondi.

"Mas é tão difícil! Eu não moro na Califórnia! E não pagam bem a quem está começando!"

"Está claro que é isso que você quer fazer."

"Sim, mas..."

"Está claro que é isso que você quer fazer."

Não sou paranormal ou coisa assim, mas juro que tive duas visões sobre o futuro de Cheryl: em uma, ela vestia um traje de gala assinado por um estilista, pronta para receber um Oscar daqui a quinze anos; em outra, ela estava sentada num escritório, rodeada de balancetes, enquanto ligava para um consultor de carreira para marcar uma entrevista e conversar sobre a difícil tarefa de mudar de profissão na meia-idade e trocar a contabilidade pelo entretenimento.

Infelizmente, conheci dúzias de pessoas em situação semelhante a essa última Cheryl do futuro. Ao longo dos anos, trabalhei e fui voluntária em várias organizações cuja missão era ajudar as pessoas a ter a carreira dos seus sonhos — quem dera eu tivesse ganhado um dólar de cada uma das que optaram por uma escolha "segura" quando jovens e agora desejavam correr atrás de uma antiga paixão. O problema é que, na casa dos 30 e dos 40 anos, essas pessoas tinham filhos, financiamento da casa própria para pagar e muita experiência em fazer algo que não queriam mais. E a perspectiva de começar tudo novamente como principiante não era muito atraente.

Não deixe que isso aconteça a você.

Se você tem alguma paixão evidente, por que não evitar essa crise na meia-idade e ir atrás do que gosta desde já? Esta é a fase de experimentar, perseguir seus sonhos e, se necessário, trabalhar por um salário menor para poder fazer algo que ama. Não há nada a perder. Vá em frente!

Investir no que você gosta agora — antes de ter dependentes, aluguel e anos de experiência vividos — deveria ser considerado uma *estratégia de carreira*. Levo isso muito a sério. Conheci pessoas, em vários estágios da carreira, que no fim chegaram à mesma conclusão: para ser derradeiramente felizes na profissão — que ocupa boa parte da nossa vida —, precisamos trabalhar em algo que nos dê prazer. Se você optar por algo que não o satisfaz inteiramente, é muito provável que mais tarde queira deixar a profissão para fazer algo que lhe desperte paixão.

No mínimo, acrescente uma paixão à lista de profissões que está pesquisando. Foi o que Cheryl finalmente decidiu fazer: procurar oportunidades tanto em contabilidade como em cinema e ver no que dava.

Torço para que ela vá trabalhar com cinema.

[MÃOS À OBRA]
Qual de suas paixões você poderia transformar em profissão? E como ganhar dinheiro com ela? Veja alguns passos que poderão ajudá-lo a investir no que você gosta e fazer disso sua profissão:

1. **Defina sua paixão (ou paixões).** Responda a esta simples pergunta: o que você faria da vida se dinheiro não fosse problema? Passaria o dia jogando futebol? Seria um estilista de moda? Abriria uma lanchonete? Viajaria pelo mundo? Escreveria roteiros? Pintaria? Inventaria brinquedos? Leria?

2. **Concretize-a.** Pesquise todos os empregos que se relacionem com a paixão (ou paixões) que acabou de definir. Uma vez que dinheiro é problema, descubra todas as maneiras reais de ganhar dinheiro fazendo o que você mais ama. Eis alguns exemplos:

- **Se a sua paixão é o futebol:** Considere as seguintes oportunidades: ser instrutor em uma escolinha; trabalhar em uma empresa de marketing esportivo; escrever para uma revista especializada em esportes; trabalhar numa empresa que desenhe ou produza equipamentos ou roupas para futebol.
- **Se a sua paixão é viajar:** Considere as seguintes oportunidades: trabalhar numa revista de turismo ou num programa de tevê a cabo relacionado com turismo; trabalhar numa agência ou num website de viagens; trabalhar numa companhia aérea, numa cadeia de hotéis, num resort, numa companhia de cruzeiros marítimos ou numa organização voltada para o turismo; trabalhar numa agência de publicidade especializada em clientes da área do turismo; trabalhar para o departamento de turismo da sua cidade, estado ou país.
- **Se a sua paixão é pintar:** Pense na possibilidade de vender suas telas pela internet ou em feiras locais de artes e artesanato, como atividade em tempo integral ou associada a qualquer outro trabalho ligado a pintura, como: trabalhar numa galeria de arte, museu ou escola de artes; ensinar pintura em escola pública, escola particular, escola de artes, centros comunitários, hospitais ou comunidades de aposentados; ser guia de um museu que tenha seus quadros favoritos; informar-se sobre as oportunidades de "pintar" com o computador e trabalhar numa empresa de design gráfico ou têxtil; trabalhar para o departamento de arte de uma empresa que patrocina exposições; trabalhar para uma agência de publicidade especializada em livros de arte; trabalhar em qualquer departamento de uma revista de arte ou design.

3. **Ande com pessoas apaixonadas.** A primeira lição que ensino aos aspirantes a escritor é a seguinte: comece a andar com outras pessoas que ganham a vida escrevendo — ou fazendo algo criativo. Se todos os seus amigos trabalham enclausurados dentro de empresas e você deseja ser atriz, é provável que se sinta mais frustrada do que se passasse o seu tempo com outros atores. Se ainda está na faculdade, procure desenvolver relacionamentos com alunos que pretendem se dedicar profissionalmente àquilo que gostam de fazer — isso será ótimo para trocar idéias sobre a profissão, obter apoio moral e aconselhamento.

☐ Feito!

## 21. Avalie a importância do dinheiro

Não há dúvida: emprego e dinheiro estão estreitamente relacionados. Embora as pessoas trabalhem para ser produtivas, se expressar, deixar um legado etc., todos trabalham também visando ao pagamento.

Cada estudante ou recém-formado vive uma situação diferente quando se trata de dinheiro: pode ser que você tenha obtido um financiamento educacional que pretende começar a pagar imediatamente; pode ser que desde criança sonhe em estar multimilionário quando chegar aos 30 anos; ou ainda que não ligue a mínima para dinheiro. Qualquer que seja a sua situação, é importante incluir suas idéias e objetivos com respeito ao dinheiro entre os fatores a considerar na sua decisão sobre a escolha profissional.

Note bem: o dinheiro deve ser *um* dos fatores, não *o* fator. Um dos resultados mais surpreendentes de minha pesquisa com profissionais foi o número de pessoas que comentaram que um emprego bem pago nem sempre é o melhor. Veja o que disseram algumas pessoas que aprenderam com a experiência:

> "Ao escolher uma profissão, pense se é isso que você quer fazer todos os dias da sua vida. Ganhar dinheiro é muito bom, mas odiar o que você faz diariamente não vale a pena."
>
> ANÔNIMO, GERENTE DE COMPRAS

> "Não se preocupe com o dinheiro. Empregue-se numa área com a qual você tenha afinidade natural. Isso lhe trará uma experiência de 'primeiro emprego' mais feliz, pois estará trabalhando numa área de que já gosta. O dinheiro virá com o tempo, à medida que você vá se desenvolvendo com sucesso."
>
> STEPHEN MÄTT, EXECUTIVO DE MARKETING

> "Não fique obcecado por ganhar muito dinheiro. Ao escolher um emprego e um rumo profissional, você precisa equacionar uma série de coisas, como salário, carga horária, e saber se realmente gostará do trabalho."
>
> ANÔNIMO, BANCÁRIO

> "Faça o que ama fazer, não por dinheiro. O dinheiro não faz ninguém feliz, apenas torna a vida um pouco mais fácil."
>
> ANÔNIMO, DIRETOR DE CONTAS DE MARKETING

"Espere aí", você pode pensar, "preciso pagar meu financiamento educacional. Neste momento, o dinheiro *é* o fator mais importante no meu processo de decisão."

Tudo bem. Se essa é a sua situação, não há dúvida de que o principal critério na escolha do seu primeiro emprego deve ser ganhar o melhor salário possível. Mas insisto em que se lembre de que o primeiro emprego não é o último. Se sentir que está sacrificando aquilo de que mais gosta, ou sua felicidade, por um salário maior num emprego que paga bem mas não é o ideal, ainda assim há coisas que você pode fazer para atender à sua necessidade financeira sem desistir de outros interesses ou sonhos que não têm que ver com dinheiro. Você pode ingressar em associações profissionais relacionadas com as áreas de seu interesse (mesmo que não esteja trabalhando nelas por enquanto), assinar revistas ou boletins eletrônicos ligados aos setores em que sonha trabalhar no futuro, ser voluntário em organizações cujo trabalho você aprecia ou fazer cursos que o mantenham estimulado e conectado aos seus interesses. Todas essas oportunidades de ganhar experiência, desenvolver aptidões e fazer contatos serão úteis se, e quando, você decidir se dedicar ao que gosta no futuro.

## 22. Cole em alguém que faz o que você quer fazer

Embora a maioria dos especialistas recomende que as pessoas saiam da sombra, meu conselho é que você entre nela — isto é, seja um executivo-sombra. A esta altura, espero que você já tenha alguma idéia dos tipos de carreira que podem lhe interessar, por isso não espere mais para começar a buscar informações sobre os empregos, empresas ou áreas que fazem parte da sua Lista Bem Grande. A estratégia do executivo-sombra é uma excelente maneira de fazer isso. O conceito é simples: você acompanha um profissional durante um dia inteiro (ou mais) para aprender como é a rotina de trabalho dele. O objetivo é conhecer como é na realidade a função dessa pessoa e a empresa em que ela trabalha, saber se você gostaria de estar no lugar dela algum dia.

Você pode acompanhar qualquer pessoa, em qualquer estágio da carreira, mas o mais interessante, na minha opinião, é que seja alguém que está se iniciando no tipo de emprego ao qual você se candidataria. A rede de ex-alunos da sua faculdade é um bom lugar para procurar essas pessoas. Outra opção é acompanhar um profissional responsável por contratar ou gerenciar iniciantes. Assim você pode observar o ambiente de trabalho da perspectiva de um possível futuro chefe — a pessoa que pode lhe mostrar o que a empresa requer de seus jovens empregados e que futuro profissional você pode esperar.

**No Brasil, a experiência como executivo-sombra é informal, ou seja, não existem empresas ou associações que oferecem esse "serviço".** Neste caso, basta que você pergunte a alguém se pode acompanhá-lo por um dia para conhecer seu trabalho. Seja como for, você pode aproveitar ao máximo sua experiência se seguir estas instruções:

- **Saiba exatamente o que quer aprender.** Quando pedir para acompanhar um profissional, informe precisamente o que deseja observar e o que lhe interessa com respeito ao trabalho dele e de sua empresa. Talvez você queira observar as reuniões internas, o trabalho técnico, a interação com clientes, os testes com pesquisas, as visitas a clientes, os treinamentos ou alguma outra coisa relacionada com o tipo de emprego e de empresa. Sabendo claramente o que você quer, o profissional pode escolher o melhor dia para transmitir o máximo possível das informações relevantes.
- **Ofereça alguma coisa.** Como essa pessoa está fazendo algo por você, é uma boa idéia convidá-la para iniciar o dia com um café-da-manhã, ou para um almoço ou um café depois do expediente (por sua conta, é claro). Assim você demonstra sua maturidade e profissionalismo e também garante uma oportunidade de conversar a sós com ela para perguntar coisas específicas que não foram respondidas durante o dia. E ainda uma chance de estabelecer um contato pessoal e contar um pouco mais sobre você e seus objetivos.
- **Faça a lição de casa.** Antes de iniciar seu dia como executivo-sombra, pesquise tudo que puder sobre a pessoa que você vai acompanhar, o departamento em que ela trabalha e a própria empresa. Se estiver bem preparado, ela não gastará muito tempo com explicações sobre os produtos ou serviços oferecidos pela empresa, e a maior parte do dia ficará reservada para você conhecer a cultura daquele ambiente de trabalho e aprender como ele funciona.
- **Vista-se adequadamente.** Lembre-se de que esse dia como executivo-sombra é também uma oportunidade para mostrar a todos que conhecer nessa ocasião que você é um jovem sério que pretende ter uma carreira de sucesso. Não apareça com trajes de

estudante desleixado; vista-se como alguém que poderia ser um funcionário da empresa. Ligue antes e pergunte à pessoa que você vai acompanhar qual é a roupa adequada.

- **Ouça.** Como meu avô costumava dizer, não é à toa que temos duas orelhas e uma boca: escute mais do que fale. No seu dia de executivo-sombra, passe 90% do tempo ouvindo e prestando atenção a cada detalhe de informação, desde a atmosfera geral da empresa e os desafios comerciais que ela enfrenta até uma conversa informal na sala de espera. Leve um bloco de anotações para registrar eventuais perguntas e então, quando estiver a sós com a pessoa que está acompanhando, compartilhe-as com ela.
- **Use sua visão periférica.** Passar o dia dentro de uma empresa é um ótimo meio para recolher informações que você não conseguiria obter conversando com alguém ou visitando o website da empresa. Preste atenção a tudo: qual a idade da maioria dos funcionários? Eles saem para almoçar ou comem na mesa de trabalho? O escritório é silencioso ou barulhento? Os computadores são novos? As pessoas têm fotos de filhos e amigos, ou as paredes são nuas? O ritmo de trabalho é lento ou acelerado? Como as pessoas se vestem? A que horas chegam e a que horas saem? Estão curtindo o que fazem?
- **Seja específico.** Vá preparado com uma lista de perguntas sobre as oportunidades para iniciantes ou estagiários, ou sobre a empresa em geral. A pessoa que você vai acompanhar sabe que o motivo de você estar ali é o seu desejo de trabalhar numa empresa ou cargo semelhante, por isso ela terá prazer em ajudá-lo. Contudo, se o dia se tornar muito atarefado e ela se mostrar tensa, é melhor solicitar outro momento para acompanhá-la, quando ela tiver mais tempo.
- **Mantenha-se em contato**. A pessoa que você acompanhou faz parte agora de sua rede de relacionamentos e é um bom contato para você. Mantenha contato com ela e, sobretudo, informe-a se por acaso conseguiu um estágio ou emprego inspirado por sua experiência como executivo-sombra. As pessoas gostam de saber que contribuíram para a carreira de alguém. Note ainda que, se

conseguir uma colocação na empresa onde você foi executivo-sombra, ou na mesma área, essa pessoa poderá se tornar um bom mentor ou conselheiro para sua futura carreira.

## 23. Cole em alguém pela internet

Se você é muito tímido ou não tem tempo para passar um dia como executivo-sombra (ou simplesmente prefere passar algumas horas de pijama na frente do computador), existe uma alternativa: ser um executivo-sombra virtual. Essa pode ser uma boa opção para quem deseja conhecer uma ampla variedade de profissões num curto espaço de tempo.

Mesmo que você adore sair, um pouco de pesquisa na internet pode revelar uma vasta gama de cargos, funções, departamentos, áreas e oportunidades de que você nunca ouviu falar. Ninguém conhece todos os tipos de emprego que existem. A recrutadora de uma empresa que está entre as quinhentas melhores, segundo lista publicada anualmente pela revista *Fortune*, me confidenciou recentemente que nem mesmo conhece todos os cargos que existem dentro da própria corporação em que trabalha!

> **› NA REAL ‹**
>
> "Quem dera eu soubesse antes que havia outras profissões além das que todos conhecem (advogado, médico, professor etc.), e de que maneira as pessoas que se dedicam a elas chegaram às posições que hoje ocupam. Em muitas áreas, há ótimos cargos para quem está começando, mas quando me formei não tinha noção das oportunidades de crescimento que cada profissão oferece."
>
> ANÔNIMO
>
> **PRIMEIRO EMPREGO DEPOIS DA FACULDADE:**
> JOGADOR DE BEISEBOL PROFISSIONAL
>
> **EMPREGO ATUAL:**
> PROCURADOR

(Aliás, essa é uma grande dica de que não basta mostrar à pessoa de recursos humanos que você é inteligente e esperar que ela saiba em que departamento da empresa você se daria melhor. Pesquise isso você mesmo.)

Por sorte, a web (como sempre) está repleta de informações à sua disposição. **No Brasil, o principal guia de profissões é o** *Guia do Estudante*, **da Editora Abril, que tem uma versão on-line: http://guiadoestudante.abril.com.br. Outra ferramenta bastante completa pelo número de profissões que contempla é o Guia de Profissões da Catho: www3.catho.com.br/guia/.**

De modo algum a pesquisa pela internet ou a experiência virtual como executivo-sombra substituem os contatos pessoais e as vivências de trabalho reais, mas podem ser um complemento valioso para suas outras atividades.

## 24. Que tal ter um consultor de carreira?

Se precisasse de ajuda numa disciplina ou para um exame de admissão num curso de pós-graduação, você procuraria um orientador. Se quisesse aprender a tocar um instrumento musical, procuraria um professor. Se quisesse entrar em forma, contrataria um *personal trainer*. Por que não usar a mesma estratégia ao planejar sua carreira?

O aconselhamento de carreira é cada vez mais comum entre empresários e executivos, tendo, recentemente, se estendido para o universo dos estudantes do ensino superior e recém-formados. Embora a consultoria particular seja cara (afinal, é um serviço profissional), alguns estudantes consideram extremamente útil ter um consultor de carreira experiente para ajudá-los a alcançar seus objetivos profissionais. E quase todos os departamentos de orientação profissional escolares oferecem aconselhamento pessoal e gratuito a alunos e jovens ex-alunos. **Essa é a realidade norte-americana. No Brasil, as faculdades e universidades carecem de departamentos de aconselhamento – que não são obrigatórios**

**para todas as instituições. E muitos desses departamentos não oferecem serviços a egressos ou ex-alunos.**

Para quem prefere um consultor particular, Randi Bussin, fundadora da Aspire!, empresa de consultoria de carreira, recomenda que se procure alguém especializado em trabalhar com pessoas que estão nessa fase da vida. "Escolha um consultor que tenha trabalhado com alunos do ensino superior, que saiba se relacionar com grupos da sua faixa etária e orientá-los", ela sugere.

O que exatamente um consultor pode fazer por você? De acordo com a International Coach Federation, associação de profissionais da área, os "consultores são treinados para ouvir, observar e adaptar sua abordagem às necessidades individuais dos clientes. Eles procuram levar o cliente a encontrar as próprias soluções e estratégias; acreditam que o cliente é naturalmente criativo e apto a resolver seus problemas. O trabalho do consultor é fornecer suporte ao cliente para que as aptidões, os recursos e a criatividade que ele já tem ganhem realce". Para ser mais precisa:

- O consultor o ajudará a avaliar suas aptidões e talentos para que assim você possa definir que carreira, ou carreiras, seguir. Muitos consultores são treinados para fazer uma análise completa dos resultados dos testes vocacionais.
- O consultor o ajudará a estabelecer prioridades, auxiliando-o a determinar os passos a ser dados para definir sua estratégia de carreira e busca de emprego — e em que ordem dar esses passos.
- Segundo Randi Bussin, da Aspire!, um consultor especializado em universitários pode ajudar você a pôr em prática muitos dos tópicos tratados neste livro: esclarecer objetivos profissionais, redigir o currículo, fazer contatos, preparar-se para entrevistas e acompanhar progressos. O consultor será um parceiro que lhe cobrará as ações que você sabe que precisa tomar.
- O consultor o desafiará a sonhar alto. Maggie Mistal, consultora de carreira com quem trabalhei, gosta de perguntar aos clientes: "O que você faria se soubesse que não poderia falhar?" Em

seguida, trabalha com eles para ajudá-los a realizar seus sonhos aparentemente impossíveis. Segundo Maggie, "as pessoas geralmente não se permitem correr atrás dos sonhos". O consultor incentiva você a fazer isso. Maggie acredita que esse aspecto é particularmente importante para os jovens. Ela encoraja seus clientes mais novos a se arriscar. "Quando faz uma coisa assustadora, você quer fazer outra coisa assustadora", diz ela. "Acostume-se a isso desde já. Se fracassar quando for jovem e inexperiente, a queda será pequena!" (Dá para perceber por que gosto de trabalhar com Maggie.)

[MÃOS À OBRA]
Se estiver interessado em encontrar um consultor para orientá-lo no planejamento de carreira e na busca de emprego, aqui estão cinco sugestões:

- Visite o departamento de orientação profissional da sua escola e informe-se sobre como obter consultoria pessoal.
- Confira o serviço on-line de indicação de consultores oferecido pela International Coach Federation em www.coachfederation.org.
- Procure indicações em sua região. Você pode pedir referências em eventos de networking ou por meio de algum website voltado para a discussão de carreiras. As recomendações feitas por pessoas que você conhece geralmente são a melhor fonte de referência.
- **No Brasil, não existe uma organização como a International Coach Federation. Por isso, todas as dicas que você receber de conhecidos são válidas e pertinentes. Lembre-se de que a principal ferramenta de relacionamentos do país é o Orkut, e de relacionamentos profissionais, o Via6.**

> - **Desconfie de sites que prometem colocação profissional cobrando uma taxa à vista. As empresas sérias cobram pela publicação de seu currículo ou cobram depois da conquista do emprego.**
>
> ☐ Feito!

## 25. Cultue seus ídolos

Outra boa maneira de decidir o que quer fazer na vida é pensar nas pessoas que você mais admira e com quem deseja aprender. Essas pessoas têm o que você quer, e quando sabe o que quer você pode preparar o caminho para consegui-lo.

Esse exercício pode ser aplicado a qualquer aspecto da sua vida, mas, tendo em vista nosso propósito, você deve se concentrar nas pessoas cuja carreira admira. Por meio desse simples processo de três etapas, você pode transformar o culto a seus ídolos numa estratégia de carreira que poderá aplicar tanto na faculdade como depois dela.

### Primeiro passo: Identifique seus ídolos

Faça uma lista das pessoas cuja carreira você admira — os seus ídolos. A lista pode incluir seus pais, sua família, amigos, celebridades, pessoas sobre as quais leu no jornal, professores, ex-alunos da sua escola, políticos, altos executivos, personalidades históricas — qualquer um. Recomendo que selecione pelo menos três pessoas, mas sinta-se à vontade para listar quantas quiser, inclusive aquelas que o deixam intrigado de alguma maneira, mesmo que não saiba ao certo o que o atrai nessa carreira, ou ainda que apenas um aspecto dela o motive. Em seguida, ao lado do nome de cada pessoa, anote o que você admira nela. Eis um modelo simples para ajudá-lo a começar:

| Ídolo | Por que admiro essa pessoa |
|---|---|
|  |  |
|  |  |
|  |  |

## Segundo passo: Siga as pegadas deles

Agora que identificou algumas pessoas cuja carreira você admira (e, portanto, alguns caminhos profissionais que poderia seguir), aprofunde um pouco mais a sua pesquisa: quantos títulos acadêmicos receberam? Qual foi o primeiro emprego que conseguiram? Que prêmios ganharam? Com quem se relacionavam? Quem foram seus mentores? Faziam parte de alguma rede ou organização de profissionais? Em que empresas trabalharam? Obtenha o máximo de informação que puder e depois a utilize para criar uma lista de oportunidades, estágios, empresas e pessoas que você poderia procurar para conseguir seu primeiro emprego depois da faculdade (acrescente essas idéias à sua Lista Bem Grande).

Procure também identificar padrões que poderiam lhe dar uma pista do que fazer: seus ídolos têm MBA? Trabalharam para o governo em algum momento? Começaram de baixo e depois subiram na carreira? Exerceram alguma função ligada à diminuição das injustiças sociais? Seus ídolos podem lhe apontar um caminho profissional e indicar escolhas que talvez sejam úteis ao longo dessa trajetória.

## Terceiro passo: Entre em contato com eles

O quê? Se estou brincando? Isso não era para ser apenas um pequeno exercício de auto-avaliação sem compromisso, e não uma *experiência real*? Bem, as duas coisas, na verdade. Identificar e pesquisar seus ídolos é um excelente exercício de avaliação, além de uma tática concreta de planejamento de carreira e busca de emprego — se você der o passo final e fizer contato direto com eles. Isso requer um pouco de coragem, mas garanto que pode lhe trazer muitos benefícios.

Pergunte a Bobby Lopez, que ganhou um Tony Award aos 20 anos como co-autor das canções do musical *Avenue Q*, estrelado na Broadway.

Bobby queria ser músico e, quando cursava o ensino médio, escreveu uma carta para um de seus ídolos, Stephen Sondheim. Como freqüentava uma escola na cidade de Nova York e fazia parte da comunidade teatral, encontrou uma pessoa que conhecia Sondheim e o ajudou a entrar em contato com ele.

"Sou tímido", conta Bobby. "Escrevi uma carta e pedi a essa pessoa que conhecia Sondheim para entregá-la a ele. Descobri que as pessoas de fato respondem a cartas de desconhecidos. Todos os que você respeita e admira chegaram onde chegaram graças à ajuda de alguém que admiram. Todos estão dispostos a 'retribuir'. As pessoas sabem quanto significa uma palavra de incentivo. Sondheim levou cinco minutos para responder, mas, para mim, foi como receber uma resposta de Deus."

Agora que Bobby construiu reputação na área de musicais, é ele que recebe cartas: "Respondo a todos que me escrevem. Gosto de receber cartas", diz. "Incentivo todo mundo que está na faculdade a escrever para seus ídolos. Não escreva cartas que pareçam distantes, nem formais ou frias, mas algo que reflita seu real interesse pela área ou pelo trabalho dessa pessoa. Escreva algo genuíno, que expresse sua admiração. Peça conselhos, ou pergunte o que quer saber, ou simplesmente diga que adoraria almoçar com ela um dia desses."

Bobby conta que John Tartaglia, o astro original de *Avenue Q*, escreveu uma carta para Jim Henson, criador dos Muppets, quando tinha 15 ou 16 anos, dizendo que sonhava um dia poder manipular um Muppet. Infelizmente, Jim Henson faleceu logo depois, mas Kevin Clash, o principal manipulador do personagem Elmo, encontrou a carta e convidou Tartaglia para um teste. Aos 18 anos, Tartaglia foi chamado para trabalhar na *Vila Sésamo*.

Não pense que essa tática só funciona para gente que trabalha na área de criação. Certa vez escrevi uma carta para um de meus ídolos, a editora-chefe da revista *Cosmopolitan*, Kate White, depois que ela lançou um livro que adorei, *Why good girls don't get ahead but gutsy girls do* [Por que moças boazinhas não vão pra frente mas as ousadas vão]. Disse-lhe que desejava ser escritora e trabalhar com questões relacionadas com carreira, e pedi que me desse umas dicas de como entrar no mundo editorial. Algumas semanas mais tarde, recebi minha carta de volta, com anotações de Kate manuscritas nas margens oferecendo respostas para minhas perguntas. Não nos tornamos propriamente grandes amigas, mas recebi orientações reais de uma estrela real da área em que trabalho hoje.

## SUCESSO NA PRÁTICA

Veja um trecho da lista de ídolos de Tammy Tibbetts, formada em Jornalismo pelo The College of New Jersey:

| Ídolo | Por que admiro essa pessoa |
|---|---|
| Katharine Graham, editora-executiva do *Washington Post* | Jornalista e editora que combinava a modéstia com a liderança assertiva. Graham, que morreu em 2000, mudou as expectativas com relação ao sexo feminino. |
| Dana Canedy, jornalista ganhadora do prêmio Pulitzer e assistente do editor-geral do *New York Times*. | Conheci Dana Canedy numa conferência dirigida a estudantes de Comunicação realizada pela New York Women in Communications. Admiro a profundidade de suas reportagens e seu estilo de escrever, principalmente quando trata de questões polêmicas. |

| | |
|---|---|
| Anna Quindlen, escritora, jornalista, colunista | Concluímos o ensino médio na South Brunswick High School e fomos co-editoras do jornal estudantil *Viking Vibe*. O fato de ela ter ganho um prêmio Pulitzer e escrever para o *New York Times* me dá esperanças de que as semelhanças em nossa trajetória não parem por aí. |
| Oprah Winfrey, apresentadora de talk show, fundadora de revista | Apesar de não ser jornalista, Oprah Winfrey tem meu respeito por seu impressionante talento para fazer entrevistas e pela bem-sucedida *O*, considerada a revista de maior sucesso lançada nos últimos tempos. |

Tammy sabe muito bem a carreira que pretende seguir — jornalismo de revista —, mas é difícil entrar nesse meio, por isso sua lista de ídolos foi extremamente útil para ajudá-la a manter seu olhar no horizonte e o foco nos seus sonhos. Mas ela foi mais além: não só fez a lista de seus modelos como a publicou, com fotos e tudo, numa página do seu website pessoal. É aqui que a história começa a ficar mágica.

Um dia, depois de postar essa lista de modelos no seu website, Tammy recebeu um e-mail — acredite se quiser — de uma das mulheres ali citadas! Eis uma cópia do e-mail:

Assunto: Estou honrada
De: Dana Canedy
Para: Tammy Tibbetts

---

Olá, Tammy,
Minha irmã, que de vez em quando parece não ter o que fazer, navega pelo Google para ver as últimas informações postadas a meu respeito. Ela

encontrou seu website e a lista em que você me inclui entre seus modelos. Você não imagina como fiquei tocada com isso. Por favor, ligue ou escreva a qualquer hora, se achar que eu posso ajudá-la a iniciar-se na carreira jornalística. Seria uma honra para mim. Obrigada por fazer meu dia valer a pena.

Tudo de bom,

Dana

Melhor que isso, impossível — seu ídolo entrar em contato com você e oferecer-se para apoiar a carreira dos seus sonhos! É claro que Tammy aceitou a generosa oferta de Dana Canedy, e, além de modelo para Tammy, Canedy se tornou sua mentora. Com certeza você não ficará surpreso de saber que Tammy já fez estágios na revista *Jane* e no *Ladies' Home Journal*, e é evidente que ela conseguirá emprego numa grande revista quando se formar.

"Eu diria que metade do que faço vem da minha motivação interior, e a outra metade vem do apoio e da inspiração dos meus modelos, mentores, professores, pais (que me levam todos os dias até o ponto de ônibus enquanto estou fazendo estágio)", diz Tammy. "Então, este é o maior conselho que posso dar aos meus colegas: saiam por aí e vão ao encontro das pessoas que podem lhes servir de exemplo."

Não há dúvida de que Tammy Tibbetts será o ídolo de alguém um dia.

## 26. Procure um mentor

Como transformar um ídolo em um conselheiro de verdade? Cultive um mentor.

O mentor é um conselheiro profissional que aceita transmitir conhecimentos a seus protegidos para ajudá-los a construir uma carreira bem-sucedida, desenvolver talentos e experiência e formar uma rede de contatos. Os mentores são valiosos em qualquer carreira, e a maioria das pessoas de sucesso, ao longo da história e em qualquer área, cita um ou mais mentores como importantes fatores em suas conquistas. Sócrates foi mentor de Platão, Haydn de Beethoven, Johnny Carson de Jay Leno, Whitney Houston de Brandy.

Mas não pense que os mentores são apenas para pessoas muito talentosas que desejam ser superastros. De acordo com a Peer Resources, organização educacional canadense sem fins lucrativos, "é falsa a idéia de que é raro conseguir um mentor e que isso só acontece a meia dúzia de pessoas incríveis. O mentoreamento informal é provavelmente o método mais freqüente de transmitir conhecimentos e saberes na sociedade; quase todos já o vivenciaram". Por meio de uma relação mais formalizada entre mentor e protegido, você terá acesso a um fórum mais regular para ampliar seus conhecimentos e o que já sabe.

Em certo sentido, a relação com um mentor é semelhante a uma entrevista informativa de longo prazo. É também um tipo de amizade. Isso significa que você e seu mentor precisam ter uma afinidade natural entre si e realmente gostar de conversar e observar o sucesso um do outro. Assim, como encontrar essa pessoa? Antes de mais nada, você precisa ser proativo; dificilmente um mentor virá procurá-lo. Como disse Andrea Jung, CEO da Avon americana: "Algumas pessoas ficam esperando que alguém as ponha debaixo de suas asas, mas elas precisam saber sob as asas de quem querem se abrigar". Cabe a você encontrar um mentor.

Eis algumas dicas para encontrar e tirar o máximo proveito de um mentor, com base no que deu certo para mim e muitos outros profissionais de sucesso que conheço:

- **Procure um mentor entre as pessoas da sua rede de contatos.** Se esse conceito é novo para você, procure alguém que já conhece para ser seu mentor. Pode ser um ex-chefe, um professor, um amigo da família ou um líder da comunidade local cuja carreira você admira. As associações de profissionais, mesmo que você só tenha participado de uma única reunião, são excelentes lugares para encontrar um mentor — muitas delas promovem contatos com mentores como parte dos serviços que oferecem. Vale a pena dar uma procurada também entre ex-alunos da sua faculdade ou universidade. Algumas escolas têm programas formais de mentoreamento, e outras estimulam os estudantes a pesquisar mentores em seu cadastro de ex-alunos — informe-se no departamento de orientação profissional da sua escola sobre os procedimentos adequados. E, como viu na dica 25, é possível criar uma relação de mentoreamento com uma pessoa que você admira simplesmente entrando em contato com ela.

- **Comece devagar.** "Nunca peça a alguém que seja seu mentor", recomendam Eric Henderson e Heike Currie, da Management Leadership for Tomorrow (www.ML4T.org), organização sem fins lucrativos que dirige programas para aumentar a presença das minorias em empregos temporários para iniciantes e faculdades de Administração. "Esse pedido inesperado deixa a pessoa numa situação desconfortável. Mesmo que ela não responda com um redondo 'Não', é bem provável que, ao se colocar como alguém que apenas quer um favor, você ponha fim numa conversa que poderia ser muito frutífera. Em vez disso, faça perguntas específicas e fundamentadas sobre algo que deseja saber sobre sua carreira. Assim você iniciará um diálogo que poderá evoluir para uma relação de mentoreamento."
O mentoreamento pode começar com um simples bate-papo durante um café, enquanto discute um assunto ou pede um conselho. Não é preciso agendar reuniões semanais ou mensais logo de cara; vá com calma.
- **Especifique o tipo de ajuda de que necessita.** Quando alguém concordar em ser seu mentor, diga-lhe exatamente em que você precisa de ajuda — para definir qual carreira seguir depois da faculdade, para aprender a se profissionalizar, para se tornar um negociador mais confiante etc. Quanto mais específico você for com respeito a suas necessidades, mais específico o mentor será em seus conselhos.
- **"Reúna-se" como puder.** No mundo superatarefado de hoje, pode ser difícil ter reuniões regulares e presenciais com um mentor. Ou talvez você queira desenvolver uma relação de mentoreamento com alguém que mora longe. Não há problema. Dá para manter uma relação produtiva por telefone ou por e-mail. A tecnologia está

sempre mudando, e hoje já é possível conversar de graça pelo computador com programas como o Skype.
- **Peça a seu mentor que o cobre.** É uma ótima idéia procurar um mentor que esteja disposto a acompanhar seus progressos na realização dos seus objetivos. Quando meus mentores me dão idéias ou indicam contatos, estabelecemos um prazo para que eu dê um retorno sobre os resultados que obtive. Isso significa também que você deve estar sempre preparado quando se reunir com seu mentor: tenha perguntas ou situações específicas para discutir — uma lista dos itens que você gostaria de abordar vem bem a calhar.

### SUCESSO NA PRÁTICA

Se você pertence a um grupo minoritário ou planeja ingressar numa área nova, ter um mentor pode ser particularmente útil. Por exemplo, conheci recentemente uma jovem que deseja trabalhar no Corpo de Bombeiros, atividade predominantemente masculina. Aconselhei-a a procurar uma mulher de sua área que pudesse ser sua mentora.

Segundo Gaby Rodriguez, executiva de origem hispânica formada pela Northwestern University, os mentores podem ser particularmente úteis para estudantes pertencentes a minorias. Sua mentora, Marilyn Skony Stamm (também mencionada na Dica 33), ajudou-a a fazer a transição da carreira de professora para a área de negócios. "Muitos estudantes de grupos minoritários não têm na família pessoas que possam orientá-los na carreira, nem conhecem gente que trabalha na área do seu interesse. Às vezes nem mesmo sabem o que podem fazer. Por exemplo, ao contrário do que acontece no México ou na América Latina, nos Estados Unidos é possível trocar de profissão. Não sabia que eu podia deixar de ser professora de matemática para trabalhar com marketing multicultural em um banco, onde estou agora.

"Marilyn teve um papel fundamental em minha vida, me fez ver o que eu não via. Ela me ajudou a reconhecer quais eram os meus pontos fortes nesse mercado, como ser bilíngüe e ter facilidade para aprender, e a entender os desafios à minha frente, como a falta de conhecimento do ambiente corporativo, a diferença de linguagem corporal e o sentimento de incerteza ou de inadequação. Ela se tornou minha confidente de muitas coisas pessoais — negociação salarial, dificuldades com gerentes, saber aproveitar o momento e galgar posições."

Gaby recomenda que os estudantes entrem em contato com ex-alunos de sua faculdade e outros profissionais com interesses semelhantes ou que tenham superado desafios parecidos. Você não precisa se enfiar num labirinto vasto e assustador; encontre alguém que tenha o mapa e possa guiá-lo.

## CRÉDITOS EXTRAS

Está em voga um novo conceito na gestão de carreira chamado "co-mentoreamento", em que duas pessoas, geralmente de gerações diferentes, aconselham e apóiam uma à outra. O modelo tradicional de mentoreamento, em que uma pessoa mais velha transfere o que sabe para outra mais jovem, pode ser muito benéfico e não deixa de ser importante para sua carreira, mas o conceito de co-mentoreamento está ganhando popularidade.

De acordo com Janet Hanson, fundadora da 85 Broads (www.85broads.com), uma rede de funcionárias e ex-funcionárias da Goldman Sachs, empresa em Wall Street, e de seu ramal Broad2Be, grupo de jovens mulheres de mais de 107 faculdades e universidades americanas, o co-mentoreamento "descreve a conexão entre as mulheres de nossa rede multigeracional, que a nosso ver é, e assim deve ser vista, uma relação de iguais — em essência, uma cooperação fundamentada no respeito pela contribuição dada pelas gerações mais novas assim como pelas gerações mais velhas de mulheres". (O mesmo conceito vale, naturalmente, para os homens.)

Por que o co-mentoreamento e seus mútuos benefícios são viáveis? Segundo Janet, em parte graças à distância tecnológica entre as gerações. "Existe um AT, antes da tecnologia, e um DT, depois da tecnologia. Os jovens têm uma função cognitiva diferente da minha. Têm uma proficiência na linguagem técnica que eu não tenho." A idéia do co-mentoreamento também nos protege do imenso fosso que se poderia abrir — receia Janet — entre as gerações. O co-mentoreamento mantém todo mundo ligado.

Numa relação de co-mentoreamento, o que a pessoa mais jovem — ou seja, você — pode oferecer é o conhecimento das novas tecnologias, das novas tendências e dos novos veículos de mídia. É importante que os profissionais mais velhos conheçam tudo isso, mesmo que tenham apenas cinco ou dez anos mais que você. Além disso, você também tem "entusiasmo, energia e talento", como diz Hanson, que serão revigorantes e estimulantes para muitos profissionais mais velhos. Eric Henderson e Heike Currie, do Management Leadership for Tomorrow, concordam: "Seu maior patrimônio é a vontade de aprender".

O que seu mentor tem a oferecer em troca? Experiência, muita experiência. Adoro esse tipo de situação em que todos ganham.

## 27. Relaxe: emprego não é alma gêmea

Há outro mito que eu gostaria de derrubar antes de continuarmos. Ele se aplica a todos, mas principalmente aos leitores que chegaram até aqui e ainda se sentem confusos sobre qual profissão escolher e inseguros quanto ao caminho a tomar. Convido você a relaxar e aproveitar esta dica para sossegar.

Quando moças e rapazes românticos sonham em se apaixonar e casar, costumam fantasiar o encontro com "o par perfeito" — a alma gêmea, o príncipe ou princesa encantados, a única pessoa do mundo com quem estão destinados a viver por toda a eternidade.

Embora não tenha certeza de que só há uma pessoa no mundo reservada para cada um de nós, garanto, sem sombra de dúvida, que *não* é esse o caso quando se trata de empregos. Conheci muitos estudantes e recém-formados que buscam o primeiro emprego "perfeito". Essa idéia não só é equivocada como acarreta enorme estresse.

> **› NA REAL ‹**
> "O primeiro emprego não é o definitivo, o derradeiro. Tente algumas coisas e não tenha medo de admitir que algo não serve para você."
>
> DANIELLE CALNON MARTIN
>
> **PRIMEIRO EMPREGO DEPOIS DA FACULDADE:**
> GERENTE DE PROJETO DE UMA AGÊNCIA DE PROMOÇÃO
>
> **EMPREGO ATUAL:**
> DIRETORA DE MARKETING INTEGRADO DE UMA IMPORTANTE REDE DE TELEVISÃO

É verdade que existem empregos que poderiam deixá-lo *infeliz* (como ser um programador de computador e trabalhar isolado, quando você adora interagir com pessoas, ou trabalhar em vendas apesar de ser terrivelmente tímido), mas estou certa de que existem muitos, muitos empregos que representariam um grande início de carreira.

Neste livro há diversas outras dicas que o ajudarão a estreitar o foco na hora de fazer a sua escolha, mas antes gostaria de compartilhar minha filosofia acerca de como escolher um bom primeiro emprego. Se você ainda não conseguiu decidir o que vai fazer depois da faculdade, recomendo que considere uma das três opções a seguir — se não funcionarem, mal não farão.

1. **Aceite o emprego se o chefe for legal.** Não subestime a importância de um bom mentor no início da sua carreira. Seu primeiro chefe "real" é quem vai lhe ensinar os procedimentos e desenvolver suas habilidades, e pode ser até que continue a mentoreá-lo pelo resto da sua carreira. Se encontrar alguém com quem gostaria de trabalhar e aprender, você estará diante de uma boa oportunidade.
2. **Trabalhe para uma empresa com nome forte.** Se você acha que ainda fará algumas paradas ao longo do caminho antes de chegar à carreira dos seus sonhos, pense nas vantagens de ter no seu currículo uma organização de renome: uma grande corporação,

uma conhecida entidade sem fins lucrativos ou qualquer outra instituição de prestígio (por exemplo, uma universidade de ponta, um órgão de imprensa respeitado, uma bem-conceituada empresa de serviços profissionais, ou uma marca famosa de artigos de luxo). Segundo Lauren E. Smith, sócia de uma importante empresa de recrutamento de executivos, "se trabalhar numa grande companhia logo de início, ela o acompanhará pelo resto de sua carreira, não importa o que você decida fazer. Principalmente se quiser seguir uma carreira corporativa. As empresas de melhor marca e maior renome sempre impressionam mais os empregadores do que as desconhecidas". Trabalhar para uma grande empresa não é para todo mundo, naturalmente, mas sem dúvida abre mais portas no futuro. Se você vive numa cidade pequena, ser contratado por uma das maiores empresas da sua região causará impressão ainda melhor.

3. **Faça algo que lhe dê prazer.** Mesmo que não seja um emprego de prestígio, e seu chefe não seja o melhor do mundo, ainda assim você ficará feliz se gostar do que estiver fazendo ou trabalhar para uma causa na qual acredite profundamente. Nada substitui o prazer de trabalhar o dia inteiro em algo divertido, excitante ou fascinante.

Se conseguir um trabalho com alguma dessas características, penso que sua primeira experiência de emprego será positiva e abrirá muitas portas para o seu avanço, sua felicidade e seu sucesso futuro. E, claro, se encontrar um emprego que reúna todas essas características, não pense duas vezes!

## 4. FALE. OUÇA. REPITA (OU SEJA, FAÇA NETWORK)

As pessoas que você conhece — sua rede de contatos — é um dos atributos mais importantes de uma carreira de sucesso. Nos Estados Unidos, cerca de 70% a 80% dos empregos são indicados por pessoas conhecidas **(no Brasil, de acordo com uma pesquisa do Grupo Catho, 38,3% dos profissionais contratados em 2002 conseguiram o emprego por intermédio de indicações)** — por isso, 70% a 80% da energia que você dedica à busca de emprego e ao planejamento de carreira deve estar voltada para o networking. Essa é, indiscutivelmente, a atividade mais importante para encontrar oportunidades de emprego reais e ser contratado.

Deixe de lado qualquer conotação negativa que você associe com o networking — a imagem de um bando de gente envolvida em conversa fiada, trocando apertos de mão para lá e para cá e distribuindo cartões comerciais como se fossem amostras gratuitas num supermercado. Na minha definição, networking significa estabelecer e manter relacionamentos benéficos para ambas as partes. Podem ser pessoais, profissionais, por meio ou não da internet, internacionais, individuais, comunitários, da maneira que você preferir. E, ainda mais importante, o networking não diz respeito apenas às pessoas que você conhece, mas também às *pessoas que conhecem você*. Saia, apresente-se, torne-se conhecido e respeitado.

Assim como as impressões digitais, sua rede de conhecidos é exclusivamente sua e o acompanhará para sempre. Entrar em contato com pessoas, lugares, associações, áreas, informações e idéias será útil agora e a cada passo do caminho, à medida que sua carreira cresce e se modifica. Sua rede de contatos é nada menos do que seu arrimo profissional. E, o que é ainda melhor, fazer contatos é realmente divertido.

## 28. Fale. Ouça. Repita

A ferramenta mais importante do networking é a boca. Comece conversando com as pessoas, em qualquer lugar que você vá. Minhas instruções para os iniciantes são simples: fale, ouça, repita.

Não importa se você já decidiu ou não qual será a sua profissão, se está feliz ou preocupado, se está voando alto ou vivendo uma rotina aparentemente interminável — a todo momento, e sempre, há algo que pode ser feito para assegurar que sua carreira não pare de avançar: *continue fazendo contatos*.

Por quê? No final das contas, é uma pessoa que vai contratá-lo, é uma pessoa que vai promovê-lo, é uma pessoa que vai assinar seu holerite. Quanto mais cedo você se acostumar a conhecer e conversar com gente nova, mais sucesso provavelmente terá. Ninguém constrói uma carreira sozinho.

> **› NA REAL ‹**
> "Defina seus objetivos profissionais e descubra quem pode ajudá-lo a alcançá-los. Não são necessariamente os melhores alunos, mas sim os que melhor sabem fazer contatos que conseguem o tão sonhado emprego!"
>
> SELENA SOO
>
> **PRIMEIRO EMPREGO DEPOIS DA FACULDADE:**
> CONSULTORA DE RELAÇÕES PÚBLICAS DA AVON
>
> **EMPREGO ATUAL:**
> DIRETORA DE RELAÇÕES UNIVERSITÁRIAS DE UM SITE DE RECRUTAMENTO

**NÃO espere precisar de uma rede de contatos para começar a procurar as pessoas.** Networking não é algo que fazemos quando precisamos de um novo emprego, de uma promoção ou de um novo cliente. Não é algo que podemos comprar, tomar emprestado ou roubar quando dele necessitamos. Ele deve fazer parte da vida e das atividades de todo jovem ambicioso que almeja o sucesso. Relações sólidas não se constroem da noite para o dia.

**CUIDE para que todos os seus relacionamentos sejam mutuamente benéficos.** Embora talvez pense que não tem nada a oferecer a pessoas mais velhas e mais experientes, você nunca sabe em que momento poderá ser útil. Pergunte a cada um de seus contatos se você pode fazer alguma coisa para ajudá-lo, como dar uma mãozinha aqui e ali, levar a filha de alguém para conhecer o campus da faculdade ou sugerir músicas legais para seu contato baixar no iPod. Em poucos anos, quando estiver voando alto na carreira, você ficará surpreso de ver quantas pessoas virão procurá-lo atrás de contatos. A melhor maneira de combater o desconforto de ter de pedir ajuda a alguém é fazê-lo saber que você estará sempre pronto a retribuir o favor.

[MÃOS À OBRA]
Bata um papo hoje (e todos os dias, se possível) com alguém que você não conhece — o amigo de um amigo, o barista da Starbucks, o assistente do professor, o carteiro, qualquer um. Habitue-se a conversar com as pessoas em todo lugar que você for.

☐ Feito!

## 29. Saiba apresentar-se aos outros
"Então, fale-me de você."

Essa pode ser a frase mais comum, e também a mais intimidadora, que você vai ouvir ao fazer network e procurar emprego, tanto em papos informais como em entrevistas formais. Esteja preparado, porque você vai escutá-la o tempo todo.

Por que essa pergunta é tão difícil? Porque "então, fale-me de você" parece o tipo de indagação que levaria um livro inteiro para responder, mas as pessoas esperam que a resposta seja dada em poucas frases. Nessa fase da sua vida, "então, fale-me de você" quer dizer, no Mundo Real, "então, me diga por que acha que eu poderia ajudá-lo a arranjar um emprego".

Se dedicar algum tempo para aprender o básico sobre como se apresentar, você conseguirá impressionar qualquer um que conhecer em situação profissional, desde as pessoas presentes em um evento de networking, até o coordenador de estágios ou o gerente de contratação da empresa em que sonha trabalhar. Por sorte, já abordamos aqui muitas maneiras de limitar seus interesses e de se posicionar como um profissional maduro; agora você precisa reunir todos esses elementos.

Para ajudar nessa tarefa, procurei Laura Allen, co-fundadora da 15SecondPitch, empresa que treina as pessoas a se "vender" com mais eficácia. Segundo Laura, as melhores respostas, quando alguém lhe pede para falar de você, demonstram segurança e deixam o outro com vontade de saber mais a seu respeito. E uma boa resposta requer preparação e saber se apresentar — não se trata apenas do que você diz, mas de como diz.

"Faça o que fizer, não improvise!", adverte Laura. Não há nada pior, durante uma reunião com um contato importante ou uma entrevista de emprego, do que não saber o que dizer quando lhe pedirem para se apresentar. Dedique algum tempo *antes* da reunião para pensar no que vai dizer.

Para começar a preparar sua resposta, Laura recomenda que você responda às seguintes perguntas e anote as respostas no seu caderno de planejamento de carreira:

- Quais de seus empregos anteriores, mesmo que tenham sido apenas atividades de meio-período ou voluntárias, lhe proporcionaram experiências relevantes para o que deseja fazer agora? Se não houve

nenhum, pense nos estágios que fez ou nas suas experiências acadêmicas. Ou nos cursos que talvez tenha freqüentado e lhe permitiram conhecer a área em que almeja trabalhar.
- Quais são suas habilidades mais destacadas?
- O que pode dizer a seu respeito para se diferenciar dos outros jovens ou candidatos a emprego? Em outras palavras, o que o torna importante e especial?

Vejamos agora, passo a passo, os conselhos de Laura para você preparar uma resposta personalizada, usando algumas das informações acima:

## 1. Diga quem é você

Lembre-se de que o seu principal objetivo é simplesmente se apresentar. O que de mais importante você pode contar a seu respeito e sobre suas realizações? O que você pode dizer para que a outra pessoa imediatamente se interesse em saber mais sobre você? Comece com isso.

Alguns exemplos:

- "Estudo [ou 'acabei de me formar'] na Universidade ABC e..."
- "Estou me especializando em Química e recentemente recebi uma bolsa de pesquisa."
- "Eu me formei em História da Arte com distinção e louvor."
- "Sou saxofonista de jazz. Estou empresariando uma banda para poder concluir a faculdade."
- "Sou apaixonado por esportes radicais. Adoro saltar de pára-quedas e acabo de tirar meu brevê de piloto."
- "Faço trabalho voluntário e sou presidente do centro acadêmico do meu curso."

## 2. Fale sobre os seus talentos

Em seguida, realce as habilidades que listou anteriormente e apresente-as de maneira que seja significativa para esse contato importante que pode contratá-lo ou indicá-lo a um empregador. Talvez não seja necessário, nem adequado, fazer isso num ambiente informal de networking, como as arquibancadas de um jogo de hóquei, mas é uma estratégia inteligente para usar quando estiver conversando com um recrutador. Lembre-se de manter um tom positivo e seguro, mas também humilde. Eis alguns exemplos:

- "Sou um ótimo organizador. Durante meu estágio como assistente de produção, fui promovido três vezes no mesmo trimestre."
- "Diria que o meu grande ponto forte é o gerenciamento de projeto. Durante o estágio como assistente editorial, lia três roteiros por dia, além de cuidar das tarefas administrativas de um escritório com dez pessoas."
- "Aprendo rápido. No ano em que vivi no exterior, ganhei fluência em dois idiomas."
- "Adoro trabalhar com pessoas. Quando era voluntário da Cruz Vermelha, sempre recebia elogios por minha habilidade de tranqüilizar as pessoas que doavam sangue pela primeira vez."

## 3. Dê a deixa do que você pretende

A deixa aqui tem a função de informar a pessoa do que você está procurando. É essencial comunicar que você tem grande interesse em manter contato com ela ou conseguir um emprego. As pessoas, principalmente os gerentes de contratação, querem recomendar ou contratar alguém que demonstre paixão por certa área ou função, não alguém indiferente ou que decida largar o emprego depois de seis meses. Deixando claro que você realmente sabe o que quer e fará um excelente trabalho, é possível que esse contato o inclua na sua lista de jovens a recomendar ou contratar.

Exemplos:

- "Meu principal objetivo de carreira neste momento é conseguir um estágio numa agência de talentos. Gostaria muito que você me dissesse o que devo fazer para conseguir isso."

- "Acredito firmemente na missão de sua empresa de atender crianças e famílias pobres. Adoraria ver de que maneira posso contribuir para essa missão."

### 4. Ensaie a sua apresentação

Finalmente, mas não menos importante, é hora de pensar em como vai comunicar sua resposta e ensaiar, ensaiar, ensaiar. Laura recomenda que você trabalhe sua apresentação levando em conta estes três cês: clareza, criatividade e concisão.

Cuide também de adequar sua comunicação à circunstância interpessoal do momento: o objetivo é manter um tom de conversa, sem parecer algo ensaiado. Pense nos elementos acima — quem é você, seus talentos, sua deixa — como comentários que podem ser introduzidos no fluxo da conversa. E lembre-se de manter contato visual e linguagem corporal adequada. São pistas não-verbais que dizem muito sobre você e se está pronto para assumir responsabilidades.

Ao contrário da maioria dos universitários e recém-formados, que costumam gaguejar e divagar nessas situações, você pode se apresentar de maneira confiante e polida. Assim você vai se destacar logo nos primeiros minutos da reunião.

---

[MÃOS À OBRA]
Você pode estudar todas as dicas do mundo sobre como se preparar para responder quando lhe pedirem para falar de você, mas o único modo de saber se sairá bem nisso é ensaiar. Aqui estão três truques:

1. **Grave-se.** Eu me encolho toda vez que ouço o som da minha voz gravada, mas esse teste de realidade pode ser extremamente útil. Grave seu ensaio e pergunte-se: pareço confiante? Estou sendo claro, criativo e conciso? O que eu pretendo está evidente? Estou sendo educado? Tenho algum tique de

linguagem estranho, como repetir muitas vezes "né" ou "tipo assim", ou falar muito rápido?

2. **Ensaie sua apresentação diante de pessoas amigas.** Quando estiver satisfeito com sua apresentação ao ouvi-la, ensaie-a com amigos, familiares, conselheiros ou consultores de carreira. Lembre-se de que cada vez que ensaiar sua apresentação e receber o feedback você se sentirá mais e mais à vontade ao falar de si mesmo.

3. **Faça uma "cola".** Escreva sua apresentação numa ficha ou no verso do seu cartão comercial e guarde-a na carteira ou na bolsa. (Laura Allen cria cartões comerciais para seus clientes com apresentações de quinze segundos.) Antes de entrar em qualquer situação na qual talvez tenha de se apresentar — eventos de networking, entrevistas informativas, entrevistas de emprego etc. —, recorra ao seu cartão. Dê uma olhada rápida para ganhar mais segurança e clareza.

☐ Feito!

## 30. Faça network com seus vizinhos

Lembra-se da primeira dica deste livro – comece onde estiver? O mesmo princípio se aplica quando se trata de fazer contatos com pessoas que podem ajudá-lo a decidir e realizar suas ambições profissionais: comece com qualquer pessoa que você conheça.

Todo mundo tem uma rede de contatos. Seus amigos, os amigos da família, os colegas de classe, os empregadores, os assistentes de ensino formados, o cabeleireiro, o reitor, o bibliotecário, os professores e, claro, os vizinhos — todos fazem parte da sua rede e podem ajudá-lo a expandi-la. Ninguém começa do nada, e nunca se sabe aonde um contato pode levar.

Como fazer para envolver sua atual rede de contatos no planejamento de sua carreira e na busca de emprego? Primeiro, e especialmente se estiver procurando emprego neste momento, conte a seus familiares e amigos próximos o que você tem em mente, para que o ajudem a entrar em contato com pessoas de suas relações que possam ser relevantes. Pegue sua Lista Bem Grande, com todas as coisas que lhe interessam, e seu banco de dados ou agenda de endereços — ou seja lá o que for que estiver usando para armazenar seus contatos — e examine um por um todos os nomes. Com a lista em mãos, anote ao lado de cada item o nome da pessoa que você acha que poderia ajudá-lo ou apresentá-lo a alguém da área relacionada com seus interesses. (Você pode fazer isso na própria página de sua Lista Bem Grande, ou abrir uma nova página em seu caderno.)

Peça então ajuda aos contatos que você já tem — os mais próximos ou mais queridos. Não se acanhe de fazer isso. É muito mais fácil começar com as pessoas que conhece, que se preocupam com você e seu futuro.

A melhor estratégia é pedir a seus contatos mais próximos que o apresentem a alguém que eles conhecem e trabalha, ou já trabalhou, nas empresas ou áreas do seu interesse.

Definitivamente, quando se trata de definir um caminho profissional e então ingressar na área, não há nada melhor do que conversar com pessoas que já têm experiência nisso.

Pense bem: quando a polícia ou os advogados querem provar algo, conversam com testemunhas. Quando os jornalistas querem relatar um caso com precisão, conversam com as fontes que presenciaram o acontecido. Para saber como é a experiência de um viciado em drogas, de uma celebridade ou de um político poderoso, lemos sua biografia.

O mesmo princípio se aplica quando o assunto é pesquisar uma profissão. Por mais sites que você visite, por mais manuais que leia sobre procura de emprego (e essas estratégias têm sua importância em qualquer plano de carreira abrangente), nada supera uma boa conversa com alguém que conhece, em primeira mão, o cotidiano das profissões que você está investigando. O nome formal dessa estratégia é entrevista informativa, e, na minha opinião, é a maneira mais eficaz de fazer contatos para os alunos do ensino superior e recém-formados.

Essa é a recomendação mais freqüente que faço a quem está buscando emprego. É muito comum as pessoas me procurarem, depois de uma palestra, com perguntas deste tipo: "Estou procurando emprego na área de publicidade. O que você recomenda?" Minha resposta: "Converse com o maior número possível de pessoas que trabalham com publicidade e peça conselhos. Elas podem lhe informar onde procurar emprego, pois estão em melhor posição de analisar seu currículo e dizer em quais associações você deveria ingressar. Tudo isso o ajudará a decidir se essa escolha profissional é a mais acertada e pode levá-lo às melhores indicações de emprego".

Dê uma olhada na lista das pessoas que já fazem parte da sua rede de contatos e pergunte a elas se estariam dispostas a apresentá-lo a alguém que pudesse lhe conceder uma entrevista informativa. Note que a entrevista informativa na área que você almeja não precisa ser com pessoas bem-sucedidas do alto escalão. Na verdade, esses executivos nem sempre são os melhores contatos para quem está começando, porque estão muito desligados do que acontece nos escalões mais baixos da empresa. Não perca a oportunidade, naturalmente, se o CEO é o melhor amigo de um ex-colega do seu pai, mas não se preocupe se não tiver nenhum contato VIP.

Veja a seguir um modelo de mensagem de e-mail que você pode adaptar ao seu estilo para pedir ajuda a um de seus contatos pessoais (ou utilize um desses roteiros básicos para conversa telefônica):

### MODELO DE MENSAGEM DE E-MAIL PARA CONTATOS PESSOAIS

**Assunto: Ajuda com planejamento de carreira/procura de emprego?**

Querida Tia Anna,
Olá,
escrevo para lhe pedir um favor. Como sabe, comecei a planejar a carreira que pretendo seguir depois que terminar a faculdade, e estou tentando encontrar um bom emprego pra começar. No momento, estou mais interessado em

trabalhar nas seguintes áreas: [inclua aqui as áreas do seu interesse, p. ex., farmácia, relações públicas, recursos humanos — você pode mencionar todos os seus interesses para todo mundo da sua lista, ou ser específico com as pessoas que provavelmente tenham contatos em certas áreas].
Como você é uma pessoa bem-sucedida e bem-relacionada, queria saber se estaria disposta a bater um papo sobre sua carreira ou me indicar alguém em alguma dessas áreas que se dispusesse a conversar comigo e me aconselhar. O que você acha? Gostaria muito de conversar um pouco mais sobre isso ou enviar meu currículo para saber sua opinião.

Muito obrigado pela ajuda!

Muitas das pessoas que o conhecem terão prazer em ajudar e ficarão lisonjeadas de saber que você as considera bem-sucedidas e bem-relacionadas. (Elas não precisam saber que *todos* são bem-relacionados!) Quando começar a receber nomes e dados de contato das pessoas, anote as referências em seu caderno. E tenha a delicadeza de agradecer a todos os que o ajudarem.

Não demore para entrar em contato com as referências que conseguir. Na próxima dica, veremos como fazer isso.

[MÃOS À OBRA]
Assuma o desafio de telefonar ou enviar um e-mail a alguém de sua rede imediata de contatos, pelo menos uma vez por semana, pedindo orientações sobre a carreira ou ajuda para apresentá-lo a pessoas que poderiam concordar em conversar com você.

☐ Feito!

## 31. Agende entrevistas informativas

Vamos falar agora do que fazer para entrar em contato com as referências que lhe indicarem.

Eis a seguir uma estratégia passo a passo para requisitar e agendar entrevistas informativas:

1. **Faça a sua pesquisa.** Antes de contatar alguém, você tem duas tarefas:
- Primeiro, converse com a pessoa que lhe deu a referência e peça todas as informações que ela estiver disposta a fornecer: onde trabalha o contato que ela está indicando? Ele prefere ser contatado por telefone ou e-mail? Em que horário ele fica mais atarefado? A pessoa que você conhece comentou com ele que você possivelmente vai procurá-lo?
- Segundo, digite o nome dessa referência em algum mecanismo de busca da internet para descobrir o máximo que puder a respeito dela: idade aproximada, onde se formou, família, empregos anteriores, associações das quais participa etc. Será bom sentir que conhece um pouco essa pessoa, em vez de pensar nela como um estranho. Assim você ficará menos nervoso e poderá se preparar para os assuntos que provavelmente virão à baila quando começar a se comunicar com ela. Pode ser também que você encontre um ponto de conexão que o ajude a estabelecer uma proximidade — por exemplo, terem nascido na mesma cidade, gostarem de cachorro ou pertencerem à mesma fraternidade.

2. **Faça a solicitação.** O e-mail, na minha opinião, é o melhor meio de solicitar uma entrevista informativa. É menos intrusivo do que uma ligação telefônica e permite dizer exatamente o que se pretende, da forma que se considera melhor. A única exceção é quando a pessoa sugere que você ligue para ela (é o que acontece, em geral, quando se trata de alguém mais velho). Neste caso, você pode usar o modelo de e-mail a seguir como roteiro para o telefonema.

> **NA REAL** <

"Converse com o máximo de pessoas que fazem o que você pensa em fazer. Pergunte-lhes como é o seu dia-a-dia no trabalho e decida se é isso realmente que gostaria de fazer."

EMILY TRAVIS

**PRIMEIRO EMPREGO DEPOIS DA FACULDADE:**
GERENTE DE MARKETING DE UMA EMPRESA DE DESENVOLVIMENTO DE WEBSITE

**EMPREGO ATUAL:**
FOTÓGRAFA DA EMILY TRAVIS PHOTOGRAPHY

## Como escrever um e-mail solicitando uma entrevista informativa

*1. Assunto*

Hoje em dia, as pessoas são tão bombardeadas por mensagens de e-mail que muitas vezes preferem checar sua caixa de entrada pelo BlackBerry. Por isso, é fundamental que a linha do assunto seja clara e persuasiva. Evite ser genérico ou ambíguo. Informe o assunto de maneira descritiva e fácil de reconhecer, e, se possível, inclua um nome ou ponto de referência:

**Errado:** "Solicitação"; "Reunião"; "Vamo-nos encontrar!"; "Entrevista".

**Melhor:** "Solicitação de entrevista informativa"; "Solicitação de consultoria de carreira".

**Melhor ainda:** "John Silver sugeriu que eu entrasse em contato com você".

*2. Abertura*

Embora o e-mail seja menos formal que uma carta, nesse tipo de situação é melhor ser mais formal e polido. Eu optaria por "Prezado Sr. Jones" ou "Sr. Jones", seguido de vírgula. Se a pessoa que lhe indicou a referência disser para tratá-la pelo primeiro nome, tudo bem; mas, se tiver dúvida, escolha o caminho da formalidade.

*3. O corpo do e-mail*

Recomendo dividir a mensagem em três partes: a) **Introdução** (quem é você e como obteve contato com essa pessoa); b) **Explicação** (por que está escrevendo para ela — mostre que fez a lição de casa!); e c) **Solicitação específica** (o que você quer). Vejamos um exemplo:

Prezada Sra. Goodman,

(a) "Olá. Sou aluno da Faculdade ABC e estou pensando em trabalhar em revistas. Por isso, meu professor de jornalismo, Joe Nicholas, me disse que você talvez pudesse me dar alguns conselhos. (b) Gostaria principalmente que me contasse do seu trabalho de escrever perfis de personalidades para a revista e como você começou nessa área. (c) Posso convidá-la para um café em algum lugar próximo de seu escritório, ou quem sabe telefonar para conversarmos uns vinte minutinhos?

Gosto desse formato porque ele traz muitas informações e alternativas. Você estará dando ao seu contato informações suficientes para decidir se vai se reunir com você e facilitando uma resposta afirmativa ao assinalar que não vai tomar muito tempo dele. Isso também evita trocas constantes de e-mails. Pode ser que o seu contato seja muito ocupado e resolva encaminhar seu e-mail a um colega. Será um excelente resultado. E, com os detalhes que você forneceu sobre o que pretende, ficará fácil para ele indicar outra pessoa.

Preste atenção: *não* anexe seu currículo ao requisitar a entrevista informativa. Isso é presunçoso, e a maioria das pessoas evita abrir anexos enviados por alguém que não conhecem. Além disso, anexar o currículo pode dar a entender que você deseja que essa pessoa lhe dê um emprego, o que a deixará na defensiva. A única coisa que você está procurando nesse momento é informação, conselho. Não envie o currículo, a menos que lhe peçam.

*4. Encerramento*

É aqui que muita gente se confunde. Não presuma que a pessoa dirá sim ao seu pedido, nem peça a ela que lhe telefone — isso criará uma obrigação indesejável para ela. "Por favor, me ligue quando achar conveniente" é um fardo. "Por favor, me diga qual a melhor hora para eu lhe telefonar" é educado. A obrigação de agradecer e retomar contato para combinar alguma coisa é daquele que faz a solicitação, ou seja, você.

**Errado:** Por favor, me ligue quando achar conveniente, pois estou ansioso para encontrá-lo.

**Certo:** Espero que tenhamos a oportunidade de nos encontrar ou conversar. Obrigado por dedicar seu tempo e consideração ao meu pedido. Telefonarei em breve para saber se poderá me atender.

Em seguida, encerre de maneira formal e cortês: "Atenciosamente", "Respeitosamente" ou "Cordialmente" são todos adequados.

*5. Assinatura*

Nunca esqueça de incluir seu nome completo e dados para contato (telefone e e-mail) no final de qualquer solicitação por e-mail. Assim, o destinatário poderá decidir se prefere ligar diretamente para você; e, se a sua mensagem for encaminhada para outras pessoas ou impressa, todas as suas informações, incluindo o endereço de e-mail, estarão lá.

Em linhas gerais, lembre-se sempre de ser:

- **específico:** explique exatamente como conseguiu o nome da pessoa e que tipo de conselho está procurando
- **cortês:** seja educado, humilde e respeitoso com o tempo e os conhecimentos dessa pessoa
- **generoso:** convide-a para um café, demonstrando assim sua intenção de que o encontro seja prazeroso para ela.

Creio que a maioria das pessoas responderá de maneira gentil e ficará lisonjeada de ser procurada para compartilhar com você o que sabe. Pode ser que algumas estejam muito ocupadas no momento para uma reunião; outras podem preferir conversar pelo telefone; outras ainda talvez escolham responder a algumas perguntas por e-mail — mas pouquíssimas se recusarão por completo a atendê-lo.

## 32. Aproveite ao máximo as entrevistas informativas

Depois de ter entrado em contato com suas referências e conseguido agendar a entrevista informativa, trate de tirar o máximo proveito de cada oportunidade. Sou uma adepta convicta da entrevista informativa, por isso, ao longo dos anos, desenvolvi um plano para garantir que as reuniões sejam uma experiência positiva tanto para o entrevistador como para o entrevistado. Na minha opinião, entrevistas informativas nunca são demais, e essa estratégia pode beneficiá-lo durante toda a sua carreira — especialmente se decidir mudar de ramo, iniciar um negócio próprio ou voltar para a escola algum dia. É sempre uma boa idéia aprender com as pessoas que têm mais experiência que você.

### Passo 1: Confirme um dia antes

Aprendi essa tática quando passei para o outro lado da equação. É irritante quando atendo à solicitação de um jovem para se reunir comigo e, depois, ele não me procura mais, me deixando na dúvida se, ao chegar à lanchonete, eu o encontrarei lá. No Mundo Real, as pessoas sempre confirmam as reuniões marcadas, já que todo mundo é atarefado e os cancelamentos são comuns. Não faça seu entrevistado questionar se você ainda está interessado ou não. Confirme o compromisso com um e-mail breve. Por exemplo:

**Assunto: Confirmando reunião amanhã**
Sra. Goodman,
Obrigada novamente por aceitar se reunir comigo amanhã às 10 horas na lanchonete do seu escritório. Estou ansiosa por encontrá-la. A propósito, tenho cabelos ruivos e estarei de casaco bege. Se houver algum problema e precisar me contatar, meu número de celular é 555-1573.
Respeitosamente,
Emily Corcoran

**Passo 2: Prepare-se**

A preparação para uma entrevista informativa é semelhante à de uma entrevista de emprego real. Vista-se de acordo com o trabalho que procura (veja a Dica 80), leve uma lista de perguntas, informe-se sobre como chegar ao local do encontro e certifique-se de que seu currículo está atualizado. Recomendo levar uma cópia do currículo, mas não o ofereça até que surja uma oportunidade durante a conversa ou que o entrevistado concorde em vê-lo (trataremos disso mais adiante). Lembre-se: é uma entrevista informativa, e você não vai querer colocar seu entrevistador na defensiva por agir como se estivesse desesperado por um emprego. Você solicitou informações e é isso que deve esperar receber.

**Passo 3: Chegue cedo**

Esteja no local marcado cerca de dez minutos antes. Assim você poderá escolher uma mesa tranqüila, onde seu entrevistador consiga localizá-lo facilmente e vocês possam conversar sem interrupções (ou seja, evite sentar-se perto do banheiro ou da máquina de café). Tire alguns minutos para relaxar, respirar, desligar seu celular ou qualquer outro aparelho sonoro, e acomode-se com seu caderno e caneta. Mas não peça nada. Espere seu convidado chegar.

**Passo 4: Comece com força**

Quando seu convidado chegar, mostre confiança e prontidão levantando-se e oferecendo um aperto de mãos. Um sorriso largo também é importante. Essa pessoa está cedendo parte de seu valioso tempo para ir ao seu encontro, então demonstre que está agradecido e que será um prazer passar esse tempo com ela. Assim que seu convidado se acomodar, ofereça-se para buscar pessoalmente o café, o chá ou a bebida gelada. Se há garçons para atender à mesa, é de bom-tom deixar que o seu convidado peça primeiro. Se estiver em um lugar que serve no balcão, veja o que ele quer pedir e vá você mesmo buscar. Se houver uma fila muito grande, talvez seja melhor conversar primeiro e então pegar as bebidas, quando a espera for menor. Não perca tempo na fila enquanto seu convidado está sentado à sua espera.

**Passo 5: Conduza a entrevista**

Agora é a hora do que interessa, o momento pelo qual você estava esperando. Ali na sua frente está uma pessoa real, de carne e osso, que pode expandir sua percepção e aconselhá-lo sobre a carreira que você talvez siga. Não desperdice essa oportunidade incrivelmente preciosa. E, ainda mais importante, não passe a reunião toda falando de você! Aproveite o tempo para ouvir o que ela tem a dizer. Isso estabelecerá a relação e possibilitará que você obtenha as informações que busca. As pessoas adoram falar de si mesmas; assim, quanto mais você deixá-las falar, mais gostarão de você.

1. Antes de mais nada, expresse sua gratidão pela boa vontade de seu convidado de conceder-lhe algum tempo e compartilhar conselhos com você.

2. Em seguida, resuma rapidamente qual é a sua situação e o tipo de orientação que deseja. Por exemplo: "Como deve se lembrar, o professor Joe Nicholas recomendou que eu me encontrasse com você porque vou me formar no ano que vem e estou interessado em seguir carreira no jornalismo de revista. No momento estou estudando Comunicação Social e, no final de semana, trabalho num jornal local. Estou muito interessado em saber como foi sua trajetória profissional e em ouvir os conselhos que você me daria para ter uma boa experiência no início de carreira".

3. Recomendo levar uma lista de perguntas para o caso de você ficar nervoso ou seu convidado ser mais reservado. No entanto, se ele for alguém aberto, que fala à vontade, você provavelmente vai se desviar das questões que anotou. Isso é ótimo, mas não há problema algum em trazer de volta suas perguntas ao centro da conversa se o entrevistado sair pela tangente. Você pode dizer gentilmente: "Isso é muito útil, obrigado. Você se incomodaria de me responder outra pergunta?" Eis a seguir algumas perguntas excelentes que se podem fazer, dependendo do ponto em que se está no processo de planejamento de carreira e da área (ou áreas) em que se pretende trabalhar. Obviamente, trata-se apenas de um guia e nem todas servirão a você, mas quis apresentar aqui um bom sortimento de opções (agradeço especialmente a Tina Adolfsson por acrescentar a esta lista suas perguntas prediletas):

- Como você chegou à sua posição atual (ou seu primeiro emprego)?
- Por favor, me fale de seu trabalho. (Como é o seu dia-a-dia? Quais são suas principais responsabilidades? Com quem você interage? Qual é o seu horário de trabalho?) Tente obter uma perspectiva equilibrada, indagando os prós e os contras.
- Conte-me como você tomou as decisões que o levaram a essa carreira — por que escolheu essa área, por que assumiu cargos e deixou cargos. Se pudesse começar de novo, faria as mesmas escolhas profissionais? Se não, o que mudaria?
- O que a sua empresa procura nas pessoas que contrata? (Note: as pessoas ficam na defensiva quando lhes perguntam se a sua empresa está contratando no momento. Em vez disso, seja genérico em suas perguntas.)
- Em sua opinião, qual é a reputação da minha universidade quando o assunto é contratação?
- Que parte da sua experiência na faculdade o preparou melhor para a sua carreira?
- Qual foi sua melhor decisão antes de se formar com respeito à sua vida profissional? O que eu deveria fazer agora para me preparar para conseguir um bom emprego?
- Quem foram seus mentores quando você se formou e começou sua carreira? E agora, quem são?
- Como você estabelece relação com alguém que deseja ter como mentor?
- Quais são as habilidades e experiências mais significativas na sua área? O que me recomenda fazer para ter essas experiências?
- Quais são geralmente os cargos e funções de quem está começando? Qual o melhor emprego, na sua opinião, para que um iniciante aprenda o máximo possível?
- Que balanço as pessoas da sua empresa ou ramo de atividade fazem da própria vida profissional?
- Que publicações eu deveria ler para ficar por dentro do que acontece na área?

- A que organizações você acha que eu devo me filiar? Que tipos de evento devo freqüentar?
- Que pessoas da sua área você admira? Como posso obter mais informações sobre elas?
- Na sua opinião, quais são as perspectivas desse setor?
- Teria alguma recomendação especial a fazer, com base na minha formação e experiência?
- Estaria disposto a examinar o meu currículo e dar seu parecer e sugestões de como melhorá-lo?

Observe que muitas das perguntas dizem respeito a ações que seu entrevistado recomendaria a você — experiências que vale a pena adquirir, publicações para ler, pessoas a pesquisar, melhorias no currículo. Isso é fundamental. Quando um novo contato lhe recomenda ações, você não só obtém boas idéias do que fazer como também um motivo para contatá-lo novamente no futuro.

Por exemplo, você pode se inscrever em um estágio recomendado pelo seu entrevistado e enviar-lhe um e-mail agradecendo a sugestão e perguntando se ele poderia apresentá-lo ao coordenador de estágios da empresa em que trabalha. Ou pode revisar seu currículo de acordo com as indicações que ele fez e depois enviar-lhe um e-mail agradecendo as boas sugestões e perguntando se ele estaria disposto a encaminhar seu currículo reformulado para o departamento de RH da empresa. Ao seguir os conselhos dados por seu novo contato, você demonstra ser um jovem responsável, confiável e com iniciativa, que realmente valoriza a ajuda que recebe.

4. Por fim, todas as entrevistas informativas devem ser encerradas com uma pergunta essencial — a mais importante de todas, talvez:

**Você poderia me indicar algum conhecido que pudesse me dar mais orientações?** Se conseguiu estabelecer uma boa relação com seu entrevistado e ele demonstrar disposição em ajudá-lo, um dos melhores resultados desse contato é a indicação de outra pessoa para entrevistar. Se conseguir referências "quentes" — muitas das quais podem levar a uma oferta de emprego real —, você não precisará dar tantos telefonemas de surpresa. Se o seu entrevistado concordar em apresentar-lhe alguém, é bom anotar imediatamente o nome e os contatos dessa pessoa. Você também pode pedir a seu entrevistado que envie um e-mail de apresentação ou perguntar se pode mencionar o nome dele ao entrar em contato com a pessoa.

### Passo 6: Encerramento

Quando a entrevista estiver terminando, é hora de agradecer e encerrar a conversa. Para garantir que seu entrevistado continue a fazer parte de sua rede, peça o cartão dele e pergunte se você pode manter contato. Se ainda não ofereceu seu currículo, esse é um bom momento para perguntar se ele gostaria de tê-lo ou se você poderia enviá-lo por e-mail para ele dar uma olhada e fazer sugestões.

### Passo 7: Agradeça

Assim como numa entrevista de emprego, é essencial enviar um bilhete de agradecimento manuscrito no dia seguinte ao da entrevista informativa (pode ser por e-mail, mas o bilhete escrito à mão tem um toque mais pessoal). Uma boa dica é personalizar o bilhete mencionando algumas das recomendações úteis que você recebeu:

> Sra. Goodman,
>
> Muito obrigada por dispor de seu tempo para se reunir comigo ontem e pelos úteis conselhos que me deu sobre minha carreira. Gostei particularmente de ouvi-la contar sobre seu primeiro emprego e das dicas para visitar a feira comercial de revistas no mês que vem. Obrigada também pela indicação de seu colega, o Sr. Baird. Vou procurá-lo ainda esta semana.
>
> Agradeço novamente por sua atenção e espero que continuemos em contato.
>
> Saudações,
> Emily Corcoran

É importante também enviar um e-mail para seu contato inicial, a pessoa que lhe indicou seu entrevistado, contando-lhe que conseguiu a reunião e agradecendo pela referência. Lembre-se de manter ambos no circuito de sua procura de emprego, principalmente se o seu entrevistado lhe apresentar outra pessoa. Envie um bilhete quando marcar a reunião com a próxima referência e mantenha seu contato inicial informado de como foi a reunião seguinte e de como anda sua procura de emprego. Cuide de acrescentar todos os entrevistados em seu banco de dados e, quando finalmente conseguir um emprego, notifique cada um deles. É assim que se amplia uma verdadeira rede de contatos profissionais.

Uma última observação sobre a entrevista informativa: assim como os depoimentos de testemunhas, o relato de um entrevistado representa tão-somente um ponto de vista pessoal acerca de uma empresa ou setor. As pessoas dão conselhos com base em sua experiência individual — que pode ser boa ou má, representativa ou fora do comum. Embora toda entrevista informativa seja útil, não se apegue às palavras de alguém como se fossem sagradas. É por isso também que recomendo entrevistar o maior número possível de pessoas — você identificará temas e semelhanças que o ajudarão a formar uma visão equilibrada e abrangente sobre determinado emprego ou área e, a partir daí, tomar uma decisão esclarecida.

[MÃOS À OBRA]
Durante esta semana, faça contato com pelo menos uma pessoa que trabalhe numa área de seu interesse e convide-a para um café. Leve um caderno e anote todos os conselhos que receber. Se esse processo lhe parecer um pouco assustador, ensaie uma entrevista informativa com alguém do departamento de orientação profissional, uma pessoa da família ou um amigo.

☐ Feito!

## 33. Contate um grupo de ex-alunos... antes mesmo de se formar

Depois das pessoas que você conhece e das pessoas que elas conhecem, o grupo mais fácil de se aproximar em busca de networking são os ex-alunos da sua faculdade, universidade ou curso técnico. Se quiser uma passagem sem escala para o nirvana do networking, participe da associação de ex-alunos de sua escola. A rede de contato dos ex-alunos é das mais valiosas com que se pode contar. Isso porque um dos fundamentos do networking é ter alguma afinidade com as pessoas com quem se deseja fazer contato. Ter estudado na mesma instituição é um dos melhores pontos de afinidade que se podem encontrar. Além disso, graças aos bancos de dados on-line disponíveis em quase todas as faculdades ou universidades americanas, é fácil contatar os ex-alunos. Esses bancos de dados são minas de ouro para quem está procurando contatos! **No Brasil, algumas instituições de ensino superior possuem cadastros e realizam confraternizações entre ex-alunos. Mas nenhuma disponibiliza esse banco de dados para a criação e o fomento de uma rede.**

De qualquer maneira, os ex-alunos têm muito boa vontade para esse tipo de reunião. Segundo Catherine Stembridge, diretora executiva da Associação de Ex-Alunos da Universidade do Noroeste: "Os estudantes não fazem idéia do interesse que os ex-alunos têm por seu momento de vida e da disposição deles em ajudar. A *todo lugar* que eu vou para conversar com ex-alunos, o que eles mais querem saber é o que está acontecendo com os alunos. Se os alunos soubessem disso, procurariam os ex-alunos com mais freqüência. Os ex-alunos são um recurso valiosíssimo para estudantes e recém-formados. É só uma questão de saber tirar proveito disso".

Se você está estudando, há várias maneiras de participar da rede de ex-alunos da escola além de consultar o banco de dados, e você pode recorrer a todas elas antes mesmo de se formar:

**Trabalhar no telecentro.** A maioria das faculdades contrata estudantes (ou solicita sua ajuda como voluntários) para telefonar para a lista de ex-alunos pedindo doações. Embora ninguém goste exatamente desse tipo de atividade, pode ser uma ótima experiência, e ligar para os ex-alunos da sua escola é uma forma suave de telemarketing. De fato, a maior parte das pessoas que conheço que fez isso conta que a maioria dos ex-alunos — especialmente os mais velhos — aprecia muito a oportunidade de conversar com os atuais alunos sobre a vida no campus. Você possivelmente não vai conseguir falar muito sobre sua carreira durante um telefonema para pedir dinheiro, mas essa é uma excelente maneira de iniciar conexões no universo dos ex-alunos. Causa boa impressão no currículo (pois revela dedicação à escola e disposição para ajudar a arrecadar fundos) e você terá uma excelente experiência para compartilhar quando vier a participar de eventos ou organizações de ex-alunos. **No Brasil, esse serviço de arrecadação de recursos não é utilizado pelas faculdades.**

**Falar em grupos de admissão.** Muitas escolas convidam estudantes para falar em grupos de admissão de futuros alunos (e seus pais, que são possíveis contatos para networking) e para recepcionar ex-alunos em visita ao campus. É uma boa oportunidade para contar de sua experiência como aluno e de seus objetivos quando terminar a faculdade, e para melhorar suas habilidades de falar em público em um ambiente relativamente seguro e relaxado. **No Brasil, o estudante pode se inscrever como tutor ou instrutor das visitas monitoradas que as escolas oferecem. Muitas, inclusive, remuneram os monitores por esse trabalho.**

Se você já se formou, eis algumas estratégias de networking com ex-alunos:

**Filiar-se imediatamente à associação de ex-alunos da sua escola.** Geralmente, basta que você se inscreva por meio de um website. Muitas escolas, hoje em dia, têm bancos de dados de carreira on-line, onde os ex-alunos listam suas credenciais e interesses profissionais e concordam em ser procurados por alunos e outros ex-alunos. Se estiver disposto a pagar a taxa de inscrição, considere também a possibilidade de se registrar no Classmates.com, onde você pode se conectar com ex-alunos de qualquer escola que freqüentou nos Estados Unidos. Esses cadastros on-line estão à disposição, só esperando que você se decida a aproveitá-los. Então, faça uma consulta e veja se encontra ex-alunos que trabalhem em áreas do seu interesse, e não hesite em contatá-los. Esse é um convite aberto!

**Participar de reuniões.** Embora a maioria das reuniões formais só se realizem (quando se realizam) vários anos depois que você saiu da escola, as reuniões informais são freqüentes. Se você vive numa região metropolitana importante, inscreva-se em todas as listas de e-mail de ex-alunos dessa região. Se não houver nada desse tipo, ou se você mora num município menor, planeje uma pequena reunião com todas as pessoas da escola que você conhece — e peça para trazerem amigos. E, assim que a escola começar a planejar a reunião dos cinco anos, ofereça-se como voluntário para trabalhar no comitê de organização. Essa é uma posição de liderança importante para incluir no currículo, e vai permitir que você tenha a oportunidade de encontrar seus colegas de classe, ou pelo menos saber notícias deles e o que andam fazendo. Lembre-se: o networking entre pares é dos mais eficazes. **Caso a sua escola não tenha um grupo estruturado de ex-alunos, seus egressos devem pressioná-la para que ela o organize. Essas reuniões serão importantes para manter viva a imagem desses grupos.**

**Mandar notícias suas.** Adoro ler as notas sobre meus colegas de classe e de outras turmas quando chega a revista da minha associação de ex-alunos. Muitas escolas têm revistas, boletins ou websites onde os ex-alunos podem publicar notícias suas e atualizações. Que excelente oportunidade para divulgar o que você está fazendo, o lugar onde está morando (para encontrar ex-alunos em sua região), e identificar pessoas que estão trabalhando na área ou na empresa que lhe interessa. Se encontrar alguém assim, pesquise no banco de dados de ex-alunos como entrar em contato com essa pessoa e mande um e-mail breve: "Vi notícias suas na revista dos ex-alunos e fiquei muito interessado em saber um pouco mais sobre suas novas funções. Você estaria disposto a reservar um tempo para conversar comigo, que também sou ex-aluno?"

O benefício adicional de qualquer networking relacionado com sua escola é que você se mantém em contato com sua vida de estudante — o que, para muita gente, traz boas recordações. Em vez de lamentar os velhos e bons tempos da vida escolar, continue em contato como um ex-aluno participativo.

**No Brasil, algumas instituições de ensino superior ou técnico produzem jornais e newsletters com notícias sobre seus ex-alunos. Caso esse serviço não esteja disponível, procure no banco de dados do diretório acadêmico da sua faculdade a lista de antigos membros e entre em contato com eles.**

## SUCESSO NA PRÁTICA

Algumas universidades oferecem programas específicos para ajudar os ex-alunos a se conectar com estudantes e recém-formados. Um desses programas é o Conselho dos 100, da Noroeste, iniciado por Catherine Stembridge há trinta anos com a missão de oferecer às ex-alunas uma oportunidade de retornarem ao campus como mentoras de jovens estudantes do sexo feminino.

Uma das relações que se desenvolveram em conseqüência do programa foi a que se estabeleceu entre a mentora Marilyn Skony Stamm e a aluna Shanna Wendt. Shanna, que se formou em 2000, conta o seguinte: "Fiquei sabendo do Conselho dos 100 e tive a idéia de participar de um evento. Marilyn fez uma palestra nesse evento e algo então fez clique em mim. Pensei: 'Preciso me apresentar a essa mulher e pedir-lhe uns conselhos'. Já se aproximava o final do outono do meu último ano na faculdade, e eu estava nesse ponto crítico. "Marilyn escutou o que eu tinha a dizer, ficou sabendo quais eram meus interesses e começou a dar conselhos e orientações bem práticos. Contou-me de suas experiências e das pessoas que conhecia. O mais importante, na minha opinião, foi que Marilyn abriu para mim um mundo de contatos que eu não tinha.

"É verdade que as oportunidades que surgiram das conversas com Marilyn tomaram tempo e dinheiro — dar telefonemas, viajar etc. Mas todo esse tempo foi um investimento no meu futuro, e o retorno foram oportunidades de emprego reais.

"Marilyn me disse uma vez algo muito verdadeiro: as pessoas querem ajudar você, querem retribuir. Todas já passaram pela mesma situação. Elas sabem como é. Não se acanhe de procurar as pessoas."

## 34. Filie-se a uma associação

De que maneira você pode conhecer mais pessoas? Qualquer que seja a carreira que lhe interesse, é quase certo que há uma associação profissional que pode lhe dar suporte e colocá-lo em contato com novas pessoas. Existem milhares de associações desse tipo, algumas pequenas, formadas por uma dezena ou duas de pessoas, e outras de grande porte, como as corporações mais importantes. Para pesquisar uma ampla variedade de associações profissionais, consulte a American Society of Association Executives, em ASA-Ecenter.org. **No Brasil, existem milhares de associações, cooperativas, sindicatos e entidades de classe, mas nenhum portal que as categorize ou liste. Sugerimos uma busca no Google, uma conversa com o coordenador do seu curso ou uma pesquisa na lista telefônica (www.telelistas.net) – ainda o melhor lugar para encontrar esses grupos!**

Trabalhei para várias associações profissionais, como funcionária ou consultora, e aqui vai uma dica: todas procuram novos membros. Seu negócio consiste na afiliação. E procuram especialmente *jovens* para manter sua organização no futuro. Recomendo que você explore esse universo, totalmente voltado para facilitar o networking.

Assim sendo, o que as associações oferecem para ajudá-lo neste momento da sua carreira? Eis algumas oportunidades:

- **Grupos de jovens profissionais.** Associações de grande porte muitas vezes incluem grupos de estudantes ou jovens profissionais que oferecem oportunidades de relacionamento com outras pessoas da área. Esses grupos costumam realizar vivências sociais e workshops voltados para os jovens e suas necessidades. Geralmente têm uma página própria no website da associação e promovem encontros separadamente. A principal vantagem dos grupos de jovens profissionais ligados a grandes associações é que qualquer conteúdo ou programação educativa se destina a essa fase da sua vida (ou seja, você não precisa assistir a uma palestra sobre opções de aposentadoria antes de fazer contato com outros membros). Para uma lista de vários escritórios de grupos de jovens profissionais pertencentes a grandes associações nacionais, consulte as fontes ao final deste livro.
- **Empregos.** Muitas empresas menores costumam recrutar pessoas por meio das publicações da associação do setor, em vez de recorrer aos principais sites de recrutamento. Consulte o quadro de empregos on-line da associação ou os anúncios classificados de suas publicações para verificar se alguma das ofertas listadas lhe interessa.
- **Programas de mentoreamento.** Se estiver procurando um mentor profissional, mas não souber ao certo como solicitá-lo, tente encontrá-lo por meio de uma associação. Como vimos na Dica 26, muitas organizações mantêm programas formais, e você pode também ligar para a associação a que pertence e pedir referências de possíveis mentores. O fato de fazer parte da mesma organização já é um ponto em comum com essa pessoa mais experiente.
- **Vantagens da afiliação.** Os benefícios de participar de uma associação geralmente incluem a assinatura gratuita de publicações do setor, descontos em eventos, programas de aprendizagem on-line e descontos em produtos ou serviços profissionais. O valor desses benefícios muitas vezes justifica as taxas anuais de filiação.

> **[MÃOS À OBRA]**
> Dedique quinze minutos do seu tempo para navegar pelo website de alguma associação profissional da qual gostaria de fazer parte — de preferência, uma que represente o setor em que você pretende atuar.
>
> ☐ Feito!

## 35. Relacione-se com a diversidade

Você sabia que, nos Estados Unidos, uma em cada três pessoas da sua geração é negra? Isso significa que a geração do milênio é a mais diversificada da história. Se você vive numa cidade grande ou numa comunidade etnicamente mista, com certeza sabe disso. Se não, é hora de começar a entender os efeitos que o multiculturalismo terá sobre o futuro do país e o mundo profissional no qual está prestes a ingressar. E, se você pertence a um grupo minoritário, existem muitas organizações e programas para atender a suas necessidades específicas.

Se você se identifica como parte de uma minoria ou gostaria de saber mais sobre profissionais de outras origens para diversificar sua rede de contatos, há várias coisas que pode fazer. Uma idéia é assinar publicações para profissionais de identidades diferentes. Assim como a assinatura de revistas ou boletins eletrônicos de uma área do seu interesse, essa é uma maneira de conhecer um pouco melhor determinada comunidade — seus problemas, os players mais importantes, as empresas que apóiam esse grupo etc.

Um dos recursos para esse tipo de informação é a editora virtual CulturalConnect, que oferece on-line revistas semanais gratuitas a pessoas de quatro grupos étnicos distintos: a *MideastConnect*, a *DesiConnect* ("Desi" refere-se às pessoas de ascendência sul-asiática), a *LatinConnect* e a *AsiaConnect* (a *AfricaConnect* está a caminho). O legal dessas revistas eletrônicas é estarem voltadas para jovens profissionais de cada segmento populacional, e a empresa ser inteiramente dirigida por pessoas na casa dos 20 anos. (De acordo com um perfil da empresa publicado na *Christian Science Monitor*, o staff utiliza os minutos gratuitos do celular para fazer conferências telefônicas.) Cada edição traz o perfil de um jovem profissional e destaca entidades sem fins lucrativos desconhecidas que utilizam a ajuda de voluntários motivados. A empresa também oferece oportunidades de estágio e de produção de textos.

Outro recurso gratuito que enfaticamente recomendo aos estudantes de minorias é o Management Leadership for Tomorrow (www.ML4T.org), organização que tem a missão de "ampliar a presença de minorias em empregos para iniciantes com possibilidade de carreira rápida e nas principais escolas de pós-graduação em Administração como preparação para posições de liderança em corporações, organizações sem fins lucrativos e empreendimentos empresariais". O programa de preparação profissional do MLT oferece um currículo abrangente planejado para identificar oportunidades de carreira; desenvolver habilidades, competências e atributos exigidos pelas empresas contratantes; e preparar os estudantes de minorias com alto desempenho para a procura de emprego e o processo de entrevistas. O programa é gratuito e aberto aos alunos que se identificam como afro-americanos/negros, latinos/hispânicos ou indígenas americanos que estão cursando o penúltimo ou o último ano de faculdade. Embora seja focado em Administração, o programa é aberto a alunos de todas as disciplinas e interesses. Informações sobre como se inscrever encontram-se disponíveis em ML4T.org.

**No Brasil, infelizmente, ainda não existem organizações semelhantes.**

Por que é importante que os estudantes de minorias procurem organizações e recursos especificamente voltados para suas necessidades? "Se levarmos em conta as disparidades de sucesso das minorias histórica e culturalmente", explica Eric Henderson, porta-voz do MLT, "veremos que elas têm muito menos que ver com aptidão do que com a simples falta de acesso e exposição. As organizações voltadas para minorias se empenham em nivelar o jogo nesse aspecto, ao permitir que os estudantes se focalizem no que realmente importa — se esforçar para aprender e crescer, e não apenas para atravessar a porta."

E o que organizações como o MLT têm a oferecer que não pode ser encontrado em outro lugar? Henderson acrescenta: "Não existe nenhum outro lugar em que os estudantes de minorias encontrem tantas pessoas bem-sucedidas especialmente comprometidas em ajudá-los a fazer grandes conquistas. No MLT, por exemplo, os membros do staff vêm de carreiras influentes em grandes companhias, faculdades e empreendimentos empresariais, o que faz dessa organização uma fonte completa dos elementos essenciais que costumam faltar às minorias: treinamento, experiências, relacionamentos e desenvolvimento das habilidades necessárias para realizar plenamente seu potencial".

## 36. Participe de eventos

Meus colegas de faculdade sempre riam quando eu saía do campus para participar de almoços ou passava as férias de verão dentro de hotéis gelados pelo ar-condicionado para assistir a conferências profissionais. Bem, ninguém riu quando consegui um estágio na conferência de que participei durante o recesso de primavera, no penúltimo ano do curso. As conferências profissionais, em especial, são a meca do desenvolvimento profissional e das oportunidades de networking. E você estará em grande vantagem no mercado de trabalho, quando terminar a faculdade, se tiver participado delas.

Veja a seguir como é fácil informar-se sobre essas conferências, participar delas e tirar da experiência o máximo proveito. Observe, porém, que participar de uma conferência ou evento de networking não é simplesmente ir até lá e passar algum tempo por ali. Você tem de se preparar!

1. **Informe-se.** Para participar de uma conferência ou evento de networking (como almoços, recepções depois do trabalho ou workshops), você primeiro precisa saber de sua existência. Conferências e eventos

acontecem em quase todos os setores e cidades do país. Se você mora ou estuda perto de uma cidade grande, provavelmente terá mais oportunidades de eventos, mas as faculdades costumam realizar conferências e seminários no campus, por isso não se preocupe se viver num município menor.

Entre os lugares onde você pode se informar sobre oportunidades de evento estão:

- **O departamento de orientação profissional da escola.** Esses departamentos oferecem muitos workshops e recepções. Se você ainda não se inscreveu para receber comunicados de eventos do departamento da sua escola, faça-o assim que puder.
- **Seus professores.** Pergunte-lhes de quais conferências e eventos participam ou recebem folders de marketing. Você pode solicitar um convite para participar.
- **Jornais locais.** Procure nas páginas de negócios e no calendário da semana para saber das conferências locais e de anúncios de eventos.
- **Associações de profissionais.** Como vimos nas duas dicas anteriores, as associações existem para fornecer oportunidades de networking, por isso elas freqüentemente realizam uma enorme variedade de encontros, formais e informais.
- **Câmaras de comércio.** Entre em contato com a câmara de comércio da sua comunidade, por telefone ou internet, e cadastre-se para receber informações. As câmaras costumam promover eventos próprios, assim como outros voltados para empresários locais.
- **Organizações religiosas.** Igrejas, sinagogas e grupos religiosos locais muitas vezes realizam debates, encontros sociais e outros eventos. Cadastre-se para receber correspondência ou e-mails de organizações que lhe interessam, ou procure no jornal local a relação de eventos promovidos por elas.
- **Livrarias.** As livrarias — das pequenas e independentes às grandes redes — com freqüência fazem leituras de autores publicados recentemente. Embora esses eventos não sejam uma

ocasião oficial de negócios ou networking, são uma excelente oportunidade para estar em contato com pessoas interessadas e interessantes. Ainda mais se você participar da leitura de um livro relacionado com seus interesses profissionais. Pegue a programação na livraria mais próxima ou pesquise em jornais. Você pode também consultar a agenda de palestras de seus autores favoritos nas páginas deles na internet para saber se há alguma visita programada para sua região.

2. **Inscreva-se sem ir à falência.** O grande inconveniente das conferências é que elas podem ser extremamente caras. A maioria dos participantes é de funcionários de empresas que pagam a sua taxa de inscrição, por isso as conferências mantêm preços tão altos. De vez em quando, elas oferecem taxas a estudantes, mas acho que existe uma maneira melhor de participar sem lhe custar os olhos da cara: peça um desconto ou entrada gratuita. Você não tem nada a perder: basta mandar um e-mail ou telefonar para o organizador da conferência pedindo ajuda. Tenho experiência em planejar conferências e sei que os organizadores de evento geralmente ficam satisfeitos em poder ajudar jovens genuinamente interessados. Eis um roteiro simples para fazer a sua solicitação:

"Olá, meu nome é Alice e sou aluna [ou recém-formada] da Universidade XYZ. Tenho muito interesse em participar de sua próxima conferência, mas como estudante [ou recém-formada] não tenho condições de pagar a taxa de inscrição integral. Vocês oferecem alguma ajuda econômica a estudantes ou jovens profissionais?"

Se a resposta for negativa, pergunte se você poderia trabalhar como voluntário em algum segmento da conferência, em troca de participar de algumas sessões. Novamente, segundo a minha experiência, a maior parte das conferências pode recorrer à ajuda extra de alguém jovem e inteligente — para cuidar das inscrições, conduzir as pessoas a seus assentos, distribuir material etc.

Se não conseguir de jeito nenhum que o organizador da conferência libere você da taxa de inscrição, vale a pena perguntar à universidade se ela tem fundos para patrocinar alunos que queiram participar de eventos. O departamento do curso que você freqüenta é um bom lugar para procurar, assim como as associações de que você faz parte.

3. **Pesquise**. Alguns dias (ou, ainda melhor, semanas) antes da conferência, examine os tópicos que serão discutidos, quem serão os conferencistas e que empresas estarão representadas como patrocinadores ou participantes. Verifique se há pessoas ou organizações específicas que você gostaria de conhecer no evento. Escolha os seminários mais úteis para você nesse momento. Se não souber ao certo o que escolher, decida com base nas pessoas que deseja encontrar, e não pelo tema da sessão. Por exemplo, se estiver interessado em saber mais sobre carreiras na área financeira, participe da sessão que vai debater o setor financeiro, em vez do tema relacionado a finanças pessoais. Assim você terá mais chances de sentar-se próximo de um profissional da área e obter dele alguns conselhos, ou até mesmo um estágio ou emprego.

Se souber de alguma empresa patrocinadora, associação profissional ou entidade sem fins lucrativos associada ao evento, visite o website dessa organização para informar-se mais a respeito dela antes do evento. Leia também a biografia de cada palestrante. Veja se tem algo em comum com eles (mesma universidade, mesma cidade natal, hobbies semelhantes) para descobrir um ponto de contato se, e quando, encontrá-los.

O objetivo geral de toda essa pesquisa antes do evento é evitar que você perca tempo pedindo informações básicas sobre a organização ou a pessoa que vai encontrar e possa partir direto para o networking. Em outras palavras, se descobrir que aquele profissional que você tanto admira vai falar no evento, em vez de se apresentar e perguntar a ele como chegou à atual posição, você pode dizer: "Olá. Li a respeito do seu trabalho e vi que você começou sua carreira como consultor. Você pode me dizer como foi que mudou de área?" A pessoa ficará impressionada de saber que você fez a lição de casa e verá que está seriamente interessado em estabelecer contato.

4. **Vista-se para a ocasião.** Se vai participar de uma conferência profissional, cuide de parecer um profissional — o que geralmente significa usar um traje executivo. Além disso, não esqueça de levar seus cartões comerciais e sua agenda profissional.

## 37. Seja bem-sucedido em todos os eventos de networking

É muito bom participar de vários eventos de networking, mas a maioria das pessoas chega lá e diz: "Bem, aqui estou. Tomara que os resultados sejam realmente bons!", e espera fazer uma dúzia de contatos. Você precisa ser mais estratégico... e mais realista. Recomendo que você defina um objetivo para cada evento de que participar.

Eis alguns objetivos a considerar:

- **Obter conhecimentos gerais sobre o setor.** Use a conferência para participar das sessões e fazer os contatos que proporcionem mais informações sobre os empregos que existem em determinado setor, as melhores empresas para trabalhar, as trajetórias profissionais mais comuns e as perspectivas futuras dessa área.
- **Estabelecer um contato pessoal produtivo.** Você talvez decida procurar alguém para solicitar uma entrevista informativa, um possível mentor ou mesmo indicações de um futuro empregador — enfim, uma das pessoas que pesquisou na dica anterior.

Quando encontrar alguém, tente encerrar a conversa marcando uma hora para contatar essa pessoa depois da conferência. Diga simplesmente: "Foi um grande prazer conhecê-lo e gostaria de voltar a procurá-lo se me permitir. Qual é a melhor maneira de contatá-lo?" Assim você saberá se a pessoa prefere ser contatada por e-mail, telefone ou por intermédio de seu assistente. Saberá também se ela está prestes a sair de férias ou particularmente ocupada naquele momento. Peça o cartão comercial da pessoa e anote no verso as instruções para contato que receber. Então, volte a procurá-la exatamente como você foi instruído.

- **Aprimorar seu networking**. Um objetivo importante, ao participar de eventos, é melhorar suas habilidades de networking. Lembre-se: mesmo que seja uma pessoa tímida, você pode aprender a fazer isso. Não é necessário ser um tagarela nato. Uma das maneiras de aprimorar seu networking é estudar os outros participantes da conferência que parecem ser bons nisso e aprender suas táticas. Você não precisa reinventar a roda — aprenda com as pessoas que admira. Como observar as pessoas sem parecer invasivo? Experimente o seguinte: quando elas se dirigirem para falar com os palestrantes, após uma conferência ou workshop, aproxime-se e observe cada interação — veja como as pessoas se apresentam, o que perguntam, como se oferecem para retomar o contato.

Os eventos de networking devem ser divertidos e úteis, mesmo que você se considere tímido ou um pouco anti-social. Se ainda assim se sentir meio desajeitado, tente as estratégias a seguir para ficar mais à vontade. Se começar a aplicar essas idéias, não tenho dúvida de que logo se tornará um especialista em fazer contatos.

**Leve um amigo.** Alguns especialistas em networking torcem o nariz para a idéia de levar companhia para um evento, pois algumas pessoas fazem disso uma oportunidade para se enfiar num canto e evitar qualquer outro contato humano. Acredito que você não fará isso; portanto, se se sentir mais à vontade e confiante levando um amigo ao evento, faça-o. Na verdade, em muitos casos o amigo pode nos incentivar a ser mais corajosos e conversar com mais pessoas. Se decidir levar um amigo, recomendo que escolha o mais extrovertido deles, aquele que vai lhe dar um chute no traseiro e empurrá-lo para conversar com os outros sobre a sua procura de emprego.

**Ligue antes.** Torne-se conhecido — telefone ou mande um e-mail antes, apresentando-se à pessoa indicada como contato de RSVP, ou então ligue para o responsável por recepcionar os novos membros. Explique que você é estudante ou recém-formado, que acaba de ingressar na organização, e estará presente no próximo evento. Então, quando chegar, você terá alguém para procurar. Essa pessoa certamente o colocará sob o braço e o apresentará a outros. E todos vão querer conversar com o convidado especial que está andando com o anfitrião!

**Planeje como engatilhar a conversa.** Conversar é fácil; iniciar a conversa é que é o problema. Se lhe paralisa a idéia de caminhar até um desconhecido e começar a falar, uma boa idéia é memorizar exatamente o que pretende dizer nessa situação. Tenho uma frase perfeita para puxar papo. É simples e sempre funciona: "Oi, meu nome é _____ ___. O que traz você a esse evento?"

Se, por alguma razão, isso não levar a uma boa conversa, aqui vão outros bons gatilhos para iniciar e manter uma conversa:

- Você esteve em algum outro evento tão bom quanto este ultimamente?
- Não conheço muito bem a organização anfitriã deste evento. Você sabe alguma coisa sobre eles?
- Oi, será que posso me juntar a vocês/participar da conversa de vocês? Não conheço ninguém aqui/sou novo nessa história de networking, e vocês parecem simpáticos.

Por fim, compartilho com você meu truque favorito para o networking em eventos. Funciona tanto para os tímidos como para os expansivos, e nunca falha: circule perto da comida. Assim você sempre terá um motivo para puxar uma conversa ("Que tal esse patê de queijo?"), e se ninguém prestar atenção em você continue beliscando até que alguém se aproxime. Reconheço que não é lá uma estratégia muito elegante, mas funciona perfeitamente.

## 38. Coisas que não devem ser feitas em eventos de networking

Agora que você já sabe das inúmeras maneiras de se sair bem em eventos, falta um último passo: evite certos erros comuns, que podem sabotar os seus esforços mais bem-intencionados. Eis alguns tropeços que você deve evitar nos encontros de networking:

- **Não banque o necessitado.** A regra de ouro do networking é dar mais do que receber. Nada me irrita mais do que conhecer pessoas que imediatamente despencam a falar do que *elas* precisam e de como *eu* posso ajudá-*las*. Isso é um grande balde de água fria. É muito melhor estabelecer primeiro uma conexão pessoal genuína e cordial, e só então tocar no assunto de suas necessidades profissionais e da ajuda mútua que ambos podem oferecer. Uma boa dica é ouvir mais do que falar.
- **Não seja negativo.** Evite abordar os aspectos negativos, especialmente com pessoas que acabou de conhecer. É fácil entabular uma conversa fazendo críticas ao orador, ao local, ao tempo dos intervalos para ir ao banheiro, ou até mesmo ao clima, mas isso pode gravar nas pessoas a imagem de que você é o tipo que gosta de reclamar. Cause uma impressão jovial e positiva. Isso inclui também ser positivo a seu respeito — nada de se mostrar desanimado quando conhecer gente nova!
- **Não se feche em rodinhas.** Embora eu recomende levar um amigo se você quiser, nada de levar toda a turma. Já estive em vários eventos em que todos os estudantes ou jovens profissionais chegam juntos, se fecham em rodinha num canto e saem juntos.

Tudo bem passar um tempo com seus amigos, mas faça um esforço para conhecer novas pessoas.

O maior de todos os erros é simplesmente não aparecer. Se você se inscreveu em um evento, compareça. Nunca se sabe em que evento você conhecerá a pessoa que lhe abrirá a oportunidade dos seus sonhos. Nem que seja para ficar somente quinze minutos, não deixe de ir. Compareça. Sempre.

## 39. Seja o primeiro a retomar o contato

Um amigo muito tímido me contou recentemente que se apaixonou à primeira vista por uma mulher que estava atrás dele na fila do banco. Ele tomou coragem e pediu o telefone dela.

"Que legal!", eu disse. "Você ligou para ela?"

"Não."

E assim acabou a história.

Esse desfecho triste me fez lembrar de como é importante retomar o contato. Se, como espero, as últimas dicas serviram para inspirar você a ser um pouco mais arrojado, é hora de pôr em prática essa confiança.

Woody Allen diz, e concordo com ele, que 70% do sucesso na vida está em mostrar a cara. Modestamente sugiro que os restantes 30% dependem de retomar o contato. Sim, é muito importante sair e fazer bons contatos pessoais, mas o prêmio real — seja um encontro amoroso, um emprego ou qualquer outra coisa — se ganha com a persistência.

Nem sempre é fácil fazer contato com uma pessoa que você viu apenas uma vez, principalmente se você for tímido como esse meu amigo. Mas, se você conheceu alguém num evento de networking com quem gostaria de estabelecer uma relação, não deixe a peteca cair. Tome logo a iniciativa (a menos que tenha sido desencorajado a fazê-lo).

O melhor momento para retomar o contato é logo depois de conhecer a pessoa — seja num evento de networking, durante um projeto com voluntários, num churrasco na casa do vizinho, no avião — enquanto ela ainda se lembra de você. Envie um e-mail curto: "Foi um grande prazer conhecer você" (telefonemas podem ser invasivos), e sugira um próximo encontro específico. Lembre-se: é mais fácil a pessoa dizer sim a um pedido específico do que a um convite genérico como "Deveríamos nos encontrar qualquer dia desses!" Você pode convidá-la para um café, um almoço, agendar um telefonema para uma entrevista informativa ou estender um convite para outro evento próximo onde possam se encontrar novamente. Se achar que ainda não é o momento de se reunir ou falar com essa pessoa, mande uma mensagem breve dizendo que gostou de conhecê-la e apreciaria manter-se em contato, e pergunte se ela concorda que você lhe mande notícias de vez em quando. O importante é manifestar seu interesse em manter o contato. De nada adianta sair e conhecer dúzias de pessoas se nunca mais você voltar a falar com elas.

Sei que isso parece exigir um grande esforço, mas insisto em que você não fique aí esperando que os outros venham procurá-lo. Não esqueça que, nessa fase da sua vida, é você que está buscando informações e contatos. A maioria das pessoas, quando solicitadas, tem prazer em dar orientações e informações, mas dificilmente elas entrarão em contato para oferecer conselhos que você não pediu.

No Mundo Real, muitas coisas só acontecem quando você dá o primeiro passo.

## 40. Mantenha contato

Você se lembra da definição de networking que eu dei no início deste capítulo, ou seja, estabelecer e manter relacionamentos mutuamente benéficos? Pois então, chegamos agora na parte de como mantê-los.

Assim como qualquer outra relação, os contatos feitos durante o networking precisam de atenção constante. Nesse contexto, porém, atenção constante significa entrar em contato com a pessoa apenas duas ou três vezes por ano — no máximo, uma vez a cada três meses. Quando se trata de alguém que você conheceu numa situação de networking e não vê com freqüência, já é interação suficiente manter-se ao alcance da outra pessoa.

Veja a seguir alguns métodos de comunicação diferentes que você pode usar para manter e nutrir a relação com seus contatos de networking:

**Bilhetes ou e-mails do tipo "Li este artigo e lembrei de você".** Essa é mais uma razão para você ler diariamente o jornal e os boletins eletrônicos do setor. Sempre que deparar com um artigo ou item que o faça lembrar de alguém que conhece, encaminhe-o para essa pessoa com um breve bilhete. É uma excelente maneira de mostrar que você pensa nessa pessoa e deseja fornecer-lhe informações, apoio, indicação de alguma oportunidade profissional, ou simplesmente uma ocasião para sorrir. Com freqüência tenho a sorte de receber bilhetes desse tipo e recortes de notícias. Por exemplo, meu website menciona que eu gosto de fazer e decorar bolos, por isso os contatos costumam me enviar artigos sobre lojas de bolos recém-inauguradas e até mesmo novas receitas, com um recadinho: "Lindsey, sei que você vai adorar isso!" E é verdade. (Mas cuidado: não repasse piadas de mau gosto. A maioria das pessoas simplesmente as deleta.)

**Contar novidades.** Outra boa ocasião para enviar recados e e-mails para os seus contatos é quando você inicia um novo trabalho, ou tem alguma novidade pessoal ou profissional a contar. Isso é especialmente importante quando você começa um estágio de meio-período ou um emprego em tempo integral; certifique-se de avisar todo mundo que ajudou você ao longo do caminho.

**Cartões de festa.** Se estiver procurando um motivo para entrar em contato com alguém, uma incrível oportunidade são as festas do mês de dezembro. Todo ano envio duas centenas de cartões, com recados pessoais. (Sei que parece um exagero, mas li que o presidente dos Estados

Unidos envia mais de 1 milhão deles por ano!) Se você acha que essa é uma época muito cheia de compromissos e que o seu cartão pode se perder em meio à enxurrada de correspondências que as pessoas recebem, escolha então algum outro feriado.

Por fim, mas de modo algum menos importantes, vêm **os bilhetes de agradecimento**. Eles sempre causam boa impressão, e fico surpresa de ver como são poucas as pessoas que têm o hábito de enviá-los a seus contatos. Na minha opinião, expressar gratidão é um dos elementos de mais destaque da etiqueta profissional. Jamais deixe de agradecer uma ajuda que recebeu. Isso é particularmente importante para os jovens profissionais, que são geralmente os que recebem conselhos.

Há situações em que os bilhetes de agradecimento são absolutamente essenciais, e muitas, muitas outras em que são uma forma excelente de networking e de se sobressair entre os seus colegas. Veja quando usá-los:

**Os bilhetes de agradecimento são essenciais nas seguintes situações:**
- logo após uma entrevista informativa ou de emprego
- quando alguém recomenda você a outra pessoa, tanto para networking como para oportunidade de emprego
- quando alguém lhe indica uma referência profissional

A melhor prática, nessas situações, é enviar um bilhete manuscrito no dia seguinte. Uma mensagem de e-mail é aceitável, mas uma correspondência enviada pelo correio surte melhor efeito.

**Os bilhetes de agradecimento são um networking inteligente quando enviados:**
- ao anfitrião de um evento que você considerou particularmente valioso (observe que essa categoria ganha o status de "bilhete essencial" quando se trata de alguém que lhe deixou participar do evento gratuitamente ou concedeu algum desconto)

- ao autor de um livro ou artigo de que você gostou
- a um mentor ou outra pessoa que lhe deu conselhos especialmente úteis
- a qualquer pessoa que, de alguma maneira, o auxilie em sua carreira ou procura de emprego, pelo resto da sua vida

Recomendo também que você pense no tipo de bilhete que vai usar. Essa escolha simples pode ser outra maneira de causar boa impressão e marcar presença entre as pessoas de sua crescente rede de contatos. Por exemplo, você pode enviar bilhetes de agradecimento aos ex-alunos de sua escola usando papel com o logo da instituição. Se você é mulher e deseja mandar agradecimentos a uma mentora, pode escolher cartões com pinturas famosas feitas por artistas do sexo feminino. Se está fazendo contatos com gente do setor cinematográfico, pode optar por papéis com imagens de pôsteres de filmes antigos. Quando envio agradecimentos aos meus colegas da área de publicidade, gosto de usar papel decorado com a figura de uma máquina de escrever. (E, claro, tenho um enorme suprimento de papel com imagens de bolos.) Todas essas escolhas revelam que você é atento aos detalhes e está disposto a fazer algo a mais para causar uma impressão favorável.

O importante é que qualquer tipo de bilhete de agradecimento faz que os destinatários se sintam bem ao recebê-lo — e motivados a ajudá-lo novamente no futuro.

# 5. GANHE EXPERIÊNCIA PROFISSIONAL

"Você tem experiência?" é a primeira coisa que a maioria dos empregadores vai perguntar quando você manifestar interesse em trabalhar na empresa deles. Assim como formar sua rede de contatos, obter experiência de trabalho real é essencial para sair em vantagem no jogo profissional. Nunca é cedo demais para começar a ganhar experiência, e mesmo que você esteja atrasado com isso ainda assim é possível avançar a passos largos.

Aqui deparamos com o velho enigma que desafia os estudantes: como conseguir experiência sem ter emprego e conseguir emprego sem ter experiência? Esteja certo de que é possível, pois, do contrário, ninguém no mundo estaria empregado.

As dicas deste capítulo oferecem um panorama dos meios mais comuns e reconhecidos para que estudantes e recém-formados adquiram o tipo de experiência que os empregadores valorizam ao contratar iniciantes.

Lembre-se de que experiência é algo que ninguém pode ensinar, dar ou comprar para você. Ela depende inteiramente do tempo e do trabalho que você mesmo decide investir nisso. O que também significa que ninguém pode roubar a sua experiência. Ela é sua para sempre. E a experiência conta. E muito.

## 41. Seja um líder

> **› NA REAL ‹**
> "O mesmo conjunto de habilidades que me levou ao sucesso no comando de organizações durante a faculdade também me ajudou no mundo empresarial."
>
> ANNE MERCOGLIANO
>
> **PRIMEIRO EMPREGO DEPOIS DA FACULDADE:**
> ASSISTENTE JURÍDICO DA HELLER EHRMAN LLP
>
> **EMPREGO ATUAL:**
> ESPECIALISTA EM DIVERSIDADE DA HELLER EHRMAN LLP

Quando perguntei aos recrutadores e gerentes de contratação que tipo de atividades, experiências extracurriculares e experiência profissional eles mais admiram nos candidatos iniciantes, cada um deu uma resposta diferente. O fato é que a importância dos diferentes tipos de experiência varia muito de acordo com o tipo de emprego e setor que se procura. Por exemplo, fazer estágio em um jornal rende melhores frutos para quem quer ser jornalista do que para alguém que pretende ser arquiteto. Porém, nas minhas entrevistas com recrutadores e especialistas em recursos humanos, uma preferência se destacou visivelmente: os empregadores procuram líderes.

Pode-se obter experiência de liderança e demonstrar sucesso como líder em qualquer idade ou fase da vida (o treinamento para liderança dos escoteiros e das bandeirantes está entre as primeiras experiências que muitas pessoas adquirem nesse sentido). Tenho certeza de que você já demonstrou liderança em algum aspecto da sua vida, pois esse é um fator de peso no processo de admissão a uma faculdade. As faculdades gostam de admitir capitães de times esportivos, líderes de grêmios estudantis, presidentes de clubes e primeiros violinistas de orquestras. Você certamente não ficará surpreso de saber que os empregadores também gostam de gente assim. Vejamos com mais profundidade o tema da liderança e o papel que ela desempenha na procura de emprego e no planejamento de carreira:

## Afinal, o que há de tão especial em ser um líder?

"Os líderes são pessoas que fazem as coisas acontecer. Ponto final", diz Alice Korngold, especialista em liderança em entidades sem fins lucrativos e autora de *Leveraging good will* [Usando a boa vontade]. "Qualquer organização, de empresas e entidades sem fins lucrativos a instituições políticas e lanchonetes, necessita de pessoas que digam: 'É aqui que precisamos chegar' e façam a equipe chegar lá."

## Por que a liderança é importante na procura de emprego e no planejamento de carreira de quem está começando?

Examinar a experiência de liderança que você já teve é outra boa maneira de verificar quais são suas habilidades, seus talentos e interesses. Meu palpite é de que você não seria presidente, nem fundador de uma organização, nem promotor de um evento que você simplesmente detestasse. Portanto, as posições de liderança indicam o tipo de atividade que o deixaria feliz e realizado.

Ser um líder em qualquer função também desenvolve habilidades reais que os empregadores consideram valiosas nos candidatos iniciantes. O desafio está em traduzir em palavras, frases e relatos que causem boa impressão aos empregadores qualquer experiência de liderança que você teve, de comandar um time de futebol até ser o gerente de uma loja de roupas.

Eis alguns exemplos de aptidões que se desenvolvem por meio da experiência como líder:

- Pensar com autonomia
- Desempenhar-se bem em situações de pressão
- Ser responsável por outras pessoas
- Desenvolver habilidades interpessoais
- Conquistar o respeito e a confiança de seus colegas/chefes/subordinados
- Conseguir que pessoas diferentes trabalhem bem em equipe
- Visualizar um projeto do começo ao fim

- Ter iniciativa própria
- Ser criterioso com a qualidade

Você pode usar essas frases ao falar de suas experiências nas entrevistas de emprego, ao descrever suas realizações no currículo ou ao escrever cartas para se candidatar a programas de estágio, bolsas de estudo ou prêmios especiais.

## E se eu não tiver nenhuma experiência de liderança para incluir no currículo?

Nem todos podem ser o capitão do time da escola. Mas estou convicta de que todos podem desenvolver habilidades de liderança, e é o que provavelmente acontece. Veja o caso dos militares. Um dos principais conceitos do treinamento militar é delegar poder a cada soldado, individualmente, para que ele desenvolva habilidades de liderança e a autoconfiança necessária para agir em face do perigo. O mesmo se pode dizer, guardadas as devidas proporções, com respeito a diversos tipos de atividade. Você pode demonstrar habilidades de liderança e crescimento sem exercer o comando. De acordo com Karlin Sloan, especialista em liderança, há muitas maneiras de aprender liderança fazendo parte de um grupo ou equipe. Se você nunca teve uma posição clara de liderança, eis algumas frases que Karlin recomenda utilizar no seu currículo, ou ao relatar sua experiência:

"Aprendi habilidades de liderança...

- ao me comunicar com as diferentes pessoas do meu time/do meu clube/do meu local de trabalho."
- quando gerenciei/assumi a responsabilidade por determinada etapa de um projeto (por exemplo, ao coordenar a arrecadação de fundos do nosso time de futebol, ou ao me encarregar dos displays promocionais da livraria em que trabalhei)."
- vivendo num meio competitivo (por exemplo, num time esportivo, numa loja de varejo com muitos concorrentes) e contribuindo para o sucesso da equipe/da empresa."

- ao desenvolver minhas competências para contribuir para o sucesso da minha equipe."

Cada uma das experiências que você adquire como estudante ou recém-formado é uma oportunidade de aprender e demonstrar liderança, aprimorando-se nela. Nunca é demais enfatizar a importância da liderança na cabeça das pessoas que querem contratar você. Vá em frente e seja um líder!

## 42. Participe de atividades extracurriculares

No sábado à tarde, durante a semana de orientação profissional da minha faculdade, cada agremiação, sociedade, organização e atividade desenvolvida no campus montava um estande no bloco principal e tentava recrutar novos membros para suas fileiras. Quando penso hoje naquele evento, vejo que cada estande ali guardava uma oportunidade. Se na última dica falamos da importância de desenvolver habilidades de liderança por meio das atividades estudantis, nesta dica detalharemos como aplicar essas atividades no planejamento de carreira e na procura de emprego.

Participe, sempre que puder, de atividades extracurriculares que lhe interessarem e derem prazer, mas seja estratégico e saiba convertê-las também em experiências válidas no Mundo Real. Eis algumas sugestões:

- **Desenvolva habilidades relacionadas com a profissão que deseja.** Qualquer que seja a atividade extracurricular que lhe interessar, é possível tirar prazer dela e, ao mesmo tempo, adquirir experiências úteis no mercado de trabalho. Por exemplo, se gosta de cantar e pensa em seguir carreira em relações públicas, ofereça-se como voluntário para promover as apresentações do coral. Se você faz parte de alguma agremiação de alunos e planeja trabalhar na área financeira, candidate-se a tesoureiro da associação.

- **Participe de organizações relacionadas com seu interesse profissional.** Se pensa em trabalhar na política, participe do centro acadêmico. Se deseja trabalhar no exterior em algum momento da sua carreira, filie-se a um clube de línguas estrangeiras. Se pretende ser professor, seja voluntário para coordenar um programa de monitoria em uma escola. Se quer ser engenheiro, entre para uma sociedade de engenharia. Esse conselho pode parecer óbvio, mas muitos alunos não aproveitam as oportunidades de construir carreira oferecidas pela faculdade.
- **Explore as possibilidades.** Se não tem idéia da carreira que pretende seguir, experimentar várias atividades extracurriculares é uma boa maneira de saber como seria trabalhar em determinada área. Por exemplo, se está pensando em trabalhar no mundo dos negócios, filie-se ao clube de economia. Veja se gosta das pessoas, das atividades, dos temas em discussão. Assim você terá uma noção de como serão seus futuros colegas e seu ambiente profissional.
- **Inicie uma nova organização.** Se nenhuma das atividades extracurriculares atende às suas necessidades, tome a iniciativa e comece a fazer algo por sua conta — um clube de empreendedores, um grupo de discussão de atualidades, uma campanha de conscientização ambiental, uma associação de alunos, um grupo de investimentos, qualquer coisa. Essa é outra excelente maneira de mostrar iniciativa e liderança e, ao mesmo tempo, dar expressão aos seus interesses mais profundos.
- **Requisite a ajuda do conselheiro do corpo docente.** Se a sua atividade extracurricular conta com a participação de um membro do corpo docente, estabeleça uma relação com ele. É provável que ele conheça as aptidões e os talentos que você demonstrou no exercício da atividade e possa lhe dar um parecer sobre escolhas profissionais ou oportunidades de emprego específicas que poderiam lhe interessar.
- **Mostre resultados.** Se você dedicar tempo a alguma atividade extracurricular, vale a pena se empenhar para realizar algo significativo. Em vez de simplesmente participar de eventos, por que

não promover uma campanha para levantar fundos para o grupo, coordenar uma reunião de ex-alunos, ampliar o quadro de afiliados ou equilibrar o orçamento do grupo? Faça uma contribuição tangível, mensurável para a organização estudantil ou a atividade extracurricular da qual faz parte, assim como faria se conseguisse um emprego remunerado numa empresa. Essas realizações serão pontos fortes no seu currículo e proporcionarão a você boas experiências para relatar nas futuras entrevistas de emprego.

Uma última observação sobre as atividades extracurriculares: não disperse seus esforços. Os empregadores ficam mais impressionados com alguém que se dedica com afinco a algumas atividades do que com uma pessoa que cisca um pouco em cada coisa. Vá fundo, mas não muito longe.

[MÃOS À OBRA]
Se ainda estiver na faculdade ou freqüentando um curso técnico, concentre-se em pelo menos uma atividade extracurricular que possa ajudá-lo no planejamento de carreira e na procura de emprego. Filie-se a um grupo relacionado com seus interesses profissionais, assuma alguma responsabilidade que desenvolva as aptidões que você gostaria de aplicar na sua futura carreira, lidere algum projeto que produza resultados tangíveis, ou inicie seu próprio clube (ou um ramal de um clube que já existe).
Se já se formou, reveja as atividades curriculares de que participou durante os anos de faculdade e analise-as de uma perspectiva estratégica para sua carreira: registre as suas responsabilidades, as habilidades que desenvolveu, os interesses a que se dedicou ou as realizações que obteve. Em seguida, inclua tudo isso no currículo.

☐ Feito!

## 43. Estágios: comece cedo e passe por vários

"Os estudantes costumavam passar as férias de verão trabalhando como salva-vidas ou cortando grama", diz Rick Klotz, diretor de recursos humanos da SimplexGrinnell, uma divisão da Tyco Fire & Security, unidade mundial da Tyco International avaliada em 11,5 bilhões de dólares. "Raramente faziam estágios, mas hoje em dia estes se tornaram comuns. A maioria dos estudantes que se candidata a emprego já chega com alguma experiência de trabalho relevante." Essa tendência é confirmada também por dados de pesquisas. De acordo com levantamento feito pela MonsterTRAK sobre a perspectiva de emprego para iniciantes em 2006, mais da metade dos empregadores pesquisados oferece programa de estágio, e 56% dos alunos de graduação em 2006 planejavam completar um ou mais estágios durante a faculdade. **No Brasil, pesquisa realizada pela Cia. de Talentos e pelo LAB SSJ — consultorias especializadas em programas de jovens talentos — com 6.756 estudantes de 22 a 26 anos apontou que mais de 80% deles faz ou já fez estágio. A pesquisa foi realizada com alunos dos cursos de Administração, Comunicação, Engenharia, Tecnologia da Informação (TI), Ciências Econômicas e Contábeis e Direito da Fundação Getúlio Vargas, da Pontifícia Universidade Católica de São Paulo (PUC-SP), do Mackenzie e da Universidade de São Paulo (USP).**

**Segundo o levantamento, para 15,5% dos respondentes, o aprendizado é o ponto mais importante do estágio. Em segundo lugar está a possibilidade de realizar treinamentos e cursos (12,9%) e de passar por outras áreas (12%). A pesquisa apontou ainda que 33,6% dos estudantes almejam ser efetivados na empresa em que estão estagiando.**

Algumas organizações — principalmente as grandes corporações — têm programas formais com número de vagas limitadas para estudantes, enquanto outras oferecem às vezes mais de um programa informal. Alguns estágios ocorrem durante as férias, e outros ao longo do ano. Alguns são remunerados, outros não. Seja qual for o tipo de estágio, recomendo insistentemente que estudantes, jovens profissionais e até mesmo pessoas mais experientes que desejam mudar de profissão façam estágios.

Nada supera o valor de uma experiência real e concreta na área ou empresa em que você deseja trabalhar um dia.

E os estágios trazem ainda outros benefícios:

**Fortalecem o seu currículo.** A experiência de estágio pode e deve constar do seu currículo. Quanto maior prestígio tiver o nome da empresa em que você estagiou, mais significativa será essa experiência para os futuros empregadores. Qualquer tipo de estágio pode lhe proporcionar uma experiência profissional genuína. Além de um emprego para incluir no currículo, você terá projetos concluídos para discutir durante as entrevistas de emprego e, assim, poderá mostrar os resultados que alcançou numa situação profissional.

**Desenvolvem o seu senso empresarial.** Os estágios são também uma excelente oportunidade de aprender alguns fundamentos da interação no ambiente empresarial: como redigir um e-mail conciso; como deixar recados profissionais num correio de voz; como proceder numa reunião; como interagir com a expedição, o suporte de TI e outros serviços de apoio profissional essenciais para o andamento dos trabalhos. É melhor aprender essas coisas (e cometer os erros de principiante) em um estágio do que em um emprego remunerado, quando seus superiores serão menos tolerantes.

**Ampliam sua rede de contatos.** Cada pessoa com quem você trabalha durante um estágio é um contato a mais para ampliar a sua rede. Se for bem-sucedido no estágio e causar boa impressão nas pessoas, você poderá procurá-las no futuro para pedir cartas de referência, indicações de emprego e até mesmo oportunidades de colocação.

**Aumentam seu conhecimento da área.** Antes de fazer estágio em uma revista, você talvez não saiba o que significa "olho". Antes de um estágio num escritório de advocacia, você talvez não compreenda o conceito de usucapião. Antes de um estágio numa agência de relações públicas, você talvez não entenda a importância da pesquisa Top of Mind. Os estágios são o lugar ideal para aprender o jargão de uma área. Se pretende trabalhar em uma área que não costuma oferecer estágios, como a da *equity research* (análise do lucro ou participação de um acionista em um investimento), então o melhor a fazer é se aproximar tanto quanto puder desse ramo. No caso de análise de patrimônio líquido, vale garantir um estágio em outro ramo da área financeira.

Por fim, uma das grandes vantagens do estágio é que ele vai ajudá-lo a decidir em que setores você não quer trabalhar e que empregos não lhe interessam. Essa informação pode ser muito valiosa para você se conhecer.

[MÃOS À OBRA]
Qual é a melhor maneira de encontrar um estágio que atenda aos seus interesses e aspirações pessoais? Eis algumas sugestões:

- **A internet.** Existem vários websites em que você pode pesquisar estágios. **Tente o Nube (www.nube.com.br), o Ciee (www.ciee.org.br), o Universia (universia.com.br/empregos), o Catho (www.catho.com.br), o Manager (www.manager.com.br), o Projeto Aprendiz (www2.uol.com.br/aprendiz/guiadeempregos/estagios/index.htm), o Estagiarios.com.** Algumas empresas menores publicam oportunidades de estágio em websites de associações do setor (uma busca geral no Google usando o nome do setor e a palavra "estágios" é o caminho mais fácil para obter essa informação), sites de jornais locais ou em websites comunitários.
- **A escola.** Se você está estudando ou acabou de se formar, entre em contato com o departamento de orientação profissional da sua faculdade ou universidade para se informar so-

bre estágios disponíveis. Faça isso quanto antes, porque assim você terá acesso a mais oportunidades; além disso, alguns programas de estágio formais encerram logo seu prazo de inscrição, principalmente quando se trata de estágios de férias. Procure estágios oferecidos por ex-alunos da escola: pode ser que estejam procurando estagiários da mesma instituição em que você estuda, o que lhe dará maiores chances de conseguir a vaga.

- **Os professores.** Não esqueça de perguntar também aos seus professores. Muitos têm contato com empresas e outras organizações ligadas à sua disciplina e com freqüência ficam sabendo de oportunidades de estágio para estudantes ou de empregos em meio-período. Conte aos professores que está procurando estágio, assim eles se lembrarão de você se souberem de algo. Consegui um estágio quando cursava a pós-graduação graças a um folheto afixado no meu departamento acadêmico — eu fui a única a me candidatar!
- **Associações profissionais.** Assim como os ex-alunos da sua escola provavelmente darão preferência a estudantes com a mesma formação que eles, os membros de associações profissionais gostam de contratar jovens ligados à associação de que fazem parte. Pesquise associações nas áreas que lhe interessam e dê uma busca nos seus websites, boletins e revistas para afiliados para ver se há ofertas de estágio. Se não conseguir visualizar nenhum desses recursos (alguns são restritos apenas aos afiliados), ligue para a associação e manifeste seu interesse. Recebi telefonemas desse tipo em uma das associações profissionais em que trabalhei, a National Association for Female Executives, e várias vezes oferecemos estágios aos estudantes que nos procuravam.
- **Sua rede de contatos.** Se você sabe que tipo de estágio está procurando, espalhe a notícia entre a sua rede de amigos e familiares. Uma mensagem de e-mail simples como a

que sugiro a seguir pode resultar em indicações que correspondam a suas necessidades:

**Assunto: Procuro contatos para estágio**
Caros amigos e parentes,
Como muitos de vocês já sabem, estou interessado em trabalhar no setor hoteleiro quando me formar, daqui a dois anos. Nas próximas férias, gostaria de ganhar alguma experiência nessa área fazendo estágio em um hotel ou pousada. Se souberem de alguém que esteja buscando um estagiário cheio de entusiasmo, disposto a trabalhar com afinco nas férias, por favor me informem. Agradeceria muito pela ajuda. Muito obrigado!

☐ Feito!

## 44. Oito regras para se dar bem no estágio

Posso adivinhar o que você está pensando agora. Eu sou a milésima pessoa a lhe dizer para fazer um estágio e assim adquirir alguma experiência concreta para incluir no seu currículo. Então você consegue um estágio (se já não fez algum ou vários) e, durante as longas horas que passa ali dentro, se pergunta de que maneira organizar arquivos, atender ao telefone ou ficar sentado sem nada para fazer (coisas inevitáveis mesmo nos ambientes de estágio mais produtivos e desafiadores) pode ajudá-lo a desenvolver habilidades que o façam se destacar dentre todos os outros estudantes que também fizeram estágios.

Eu me perguntava a mesma coisa, por isso resolvi indagar vários coordenadores de estágio para saber o que realmente faz um estagiário se sobressair e ser contratado para um emprego integral no final do estágio. Não importa qual seja a organização, o trabalho que lhe ofereçam ou a área em que você pretende trabalhar, as dicas a seguir vão lhe garantir uma boa experiência como estagiário:

1. **Aprenda a diferença entre trabalho e escola.** Sem dúvida, a diferença mais empolgante entre a faculdade e o Mundo Real é que, em vez de notas, você recebe um holerite. No entanto, há algumas outras mudanças que você terá de fazer e nas quais o estágio pode ajudá-lo. Por exemplo, não cumprir um prazo pode ter conseqüências sérias. Segundo Tammy Tibbetts, a estagiária em jornalismo de revista sobre a qual você leu na Dica 25: "Quando os editores precisam de algo, tem de ser no prazo. Se você atrasa a entrega de um trabalho na escola, perde nota. Mas, se há atrasos numa revista, o processo de produção também se atrasa". Como estagiário, a sua função é apoiar os funcionários que vivem do seu trabalho — não se podem comprometer os projetos dos quais eles dependem. Além disso, seu trabalho como estagiário pode ter impacto direto sobre o resultado financeiro da organização, sobretudo se você estiver lidando diretamente com clientes. Ser profissional não é uma solicitação, e sim uma exigência.
2. **Livre-se do comodismo.** Tammy, que teve várias experiências bem-sucedidas como estagiária, atribui seu sucesso à disposição de "aprender a sair do comodismo... essa é, na minha percepção, a coisa mais difícil para os meus colegas. Como estagiária, me pediam para fazer coisas que, à primeira vista, pareciam quase impossíveis — encontrar mulheres sem-teto que moravam em carros, ou que deixaram o emprego para iniciar um negócio próprio, ou achar um lugar que alugasse equipamento de projeção de vídeos para uma festa que aconteceria dali a dois dias... e tentar consegui-lo de graça. Todas essas tarefas eram um desafio para mim. E aprendi que, se não puder achar uma resposta usando o plano A, você precisa recorrer a um plano B, C, D etc. Eu sabia que podia pedir ajuda a um editor, mas sabia também que eles esperavam que eu resolvesse as coisas sozinha". O estágio é uma grande oportunidade para ousar, enfrentar seus medos e aceitar o desafio de experimentar coisas novas.
3. **Seja proativo.** Chris Dao, diretora de divulgação da Krupp Kommunications, que trabalhou anteriormente como divulgadora

de livros para uma importante empresa de mídia e supervisionava estágios durante as férias, aconselha os estagiários a não ficarem esperando que lhes dêem trabalho. Ela reconhece que pode haver muitos períodos de ócio, especialmente quando os funcionários estão ocupados com outros projetos, mas isso não é razão para você começar a mandar mensagens de texto para seus amigos. Chris sugere que os estagiários perguntem ao seu gerente: "Posso ajudar em alguma coisa enquanto você está ocupado e eu não tenho nada específico para fazer?" Essa pergunta mostra que você é uma pessoa dinâmica, que quer contribuir e aprender o máximo que puder. E pode ser que lhe dêem um projeto legal para cuidar, que ninguém teve a iniciativa de pedir — algo que você possa destacar no seu currículo e promover nas futuras entrevistas de emprego. Lembre-se de que só depende de você transformar seu estágio de um "exercício inútil/experiência zero" em uma experiência real.

4. **Leia o que você arquiva (com permissão!).** Essa é outra boa sugestão de Chris. "Uma das coisas que um estagiário tem é tempo de sobra", diz ela. "Assim, desde que o seu chefe autorize, dedique algum tempo à leitura dos documentos que você arquiva e aprenderá muito com isso." Mas preste atenção na advertência de Chris — nada de xeretar em contratos ou relatórios jurídicos confidenciais. Porém, se tiver permissão, essa é uma estratégia inteligente. Chris se lembra das centenas de críticas de livros que leu nos primeiros anos de sua carreira, o que foi muito útil para ela mais tarde, quando passou a divulgar livros para esses mesmos críticos.

5. **Agende entrevistas informativas.** Enquanto está fazendo estágio numa organização, você tem a rara oportunidade de estar em contato com pessoas que, do contrário, talvez não tivesse a ocasião de conhecer. Verifique com o seu coordenador de estágio se é conveniente; então, selecione algumas pessoas da organização cujo trabalho lhe interessa e solicite uma reunião com elas. Não perca essa chance — durante um estágio, você estará rodeado de possibilidades de entrevistas informativas! Se puder, agende

também uma entrevista com alguém do departamento de recursos humanos para conversar sobre futuras oportunidades de efetivação — essa pode ser a sua grande chance de conseguir o primeiro emprego depois da faculdade. Um coordenador de estágios do setor do entretenimento comentou comigo que fica perplexo com a falta de interesse de alguns estagiários de sua organização. "Trabalho com estagiários agora, e eles passam o dia todo no Messenger", contou ele. "É inacreditável que não aproveitem a oportunidade de aprender com as pessoas ao seu redor!"

6. **Relacione-se com os outros estagiários.** Chris Dao também recomenda que os estagiários se relacionem com seus colegas de estágio, não só com seus superiores. Além das conversas durante o horário de trabalho, participe, sempre que puder, de eventos após o expediente e de reuniões informais. Essas pessoas são excelentes contatos; nunca se sabe onde elas vão acabar trabalhando algum dia — ou quais pessoas elas conhecem. Já que são companheiros de estágio, você e seus colegas devem ter muitos interesses em comum. Pergunte-lhes que outras profissões, empresas, estágios ou oportunidades eles têm em vista ou já experimentaram. Essa pode ser uma boa fonte de idéias e contatos. E, se você fica assustado com o conceito geral de networking, será mais fácil praticar essa habilidade com seus colegas do que com pessoas mais velhas.

7. **Peça cartas de referência.** Não presuma que os futuros empregadores vão acreditar na sua palavra quando disser que adquiriu experiência e habilidades durante o seu estágio — comprove isso! Peça cartas de referência ao supervisor do estágio e a outros profissionais com quem trabalha e guarde-as para sua futura procura de emprego. Peça que escrevam as cartas em papel timbrado da empresa, "A quem possa interessar", porque assim você poderá usá-las para diferentes propósitos. (Mais tarde, quando souber ao certo onde vai se candidatar a emprego, você poderá entrar novamente em contato com essas pessoas para

solicitar cartas mais personalizadas.) Ao solicitar cartas de referência, lembre ao seu supervisor de estágio quais foram suas realizações como estagiário — projetos concluídos, resultados alcançados, departamentos com os quais você interagiu, eventos de que participou, e quaisquer outras experiências ou contribuições significativas. Reunir essas informações numa lista também será útil quando for acrescentar o estágio ao seu currículo profissional. Faça uma cópia de suas anotações e de todas as cartas de referência que conseguir e guarde-as numa pasta do seu sistema de arquivo. É recomendável manter as cartas numa pasta ou envelope de plástico para que se conservem em bom estado.

8. **Mantenha-se em contato.** Supervisores, funcionários, colegas de estágio e todas as demais pessoas que você conhecer como estagiário fazem parte agora de suas relações e devem ser acrescentados ao seu cadastro de contatos. Minha recomendação é que você pergunte a elas se pode adicioná-las aos seus contatos. Quando chegar ao final do período de estágio, diga simplesmente: "Gostei muito de conhecê-lo e trabalhar com você durante esse tempo. Posso procurá-lo futuramente e fazer contato com você de vez em quando?" As pessoas provavelmente responderão sim e apreciarão o fato de você ter tido a consideração de lhes perguntar. Um mês depois de terminar o estágio, envie um e-mail para cada uma (só para dizer "olá" e mostrar que você realmente quer se manter em contato) e, então, umas duas vezes por ano — pode ser no período das festas de final de ano e após as férias de julho.

Outra maneira de se manter em contato é oferecer-se como ex-aluno ativo de um programa de estágio da empresa. Se for uma grande corporação, você pode se oferecer para falar aos futuros estagiários e ajudá-los a se preparar para o estágio. Em qualquer organização, você pode ajudar a recrutar futuros estagiários na faculdade ou entre seu grupo de amigos. Comunique ao supervisor do estágio que gostaria de contribuir para a organização da mesma maneira que esta contribuiu para sua carreira.

## 45. Trabalhe como temporário

Quando comecei a pensar nas dicas que incluiria neste livro, confesso que não me ocorreu recomendar empregos temporários aos recém-formados. Mas, como os recrutadores insistiam em que essa era uma excelente opção para os jovens ganharem experiência e desenvolverem aptidões, comecei a prestar atenção nisso.

O emprego temporário tem uma vantagem insuperável: quase todos podem conseguir um a qualquer momento. Não requer longos processos de entrevista, eventos de recrutamento nem negociação salarial. Outra grande vantagem é, obviamente, o fato de ser temporário; portanto, não se trata de um compromisso duradouro.

O que chama a atenção no emprego temporário é que, embora seja semelhante a um estágio — no sentido de que lhe permite adquirir experiência na prática, dentro do ambiente de trabalho —, é você quem decide quanto tempo vai durar seu compromisso com ele. E é provável que você possa escolher entre várias ofertas de emprego temporário: segundo o *Occupational Outlook Quarterly* de 2006, estima-se que o setor de serviços temporários registre um rápido crescimento ao longo da próxima década. E, o que é ainda melhor, de acordo com o *Quarterly* as empresas não só estão recorrendo cada vez mais aos empregados temporários, como também estão abrindo para eles um leque maior de funções: "Sempre foi costume oferecer vagas temporárias para auxiliares de escritório e administrativos e para ocupações ligadas aos setores de produção, transporte e remoção de materiais — e ainda há muitos empregos nesses setores. Mas, hoje em dia, é crescente o número de vagas em ocupações como programadores de computador, advogados e enfermeiras, que requerem curso superior e salários mais altos".

**No Brasil a terceirização — os chamados serviços de outsourcing — comporta-se de forma semelhante. Segundo a consultoria Frost & Sullivan, o setor brasileiro de serviços de outsourcing de infra-estrutura de TI, onde se encontram as melhores vagas, movimentou 1,1 bilhão de dólares em 2006 e deve triplicar esse valor para 3,3 bilhões de dólares em 2012.**

Vejamos algumas dicas para você ter uma visão tática do trabalho temporário:

**Arrume um emprego que favoreça seus objetivos profissionais:**
- **Trabalhe numa área do seu interesse.** Pesquise agências de empregos temporários especializadas nas áreas em que você pretende trabalhar efetivamente no futuro. Assim você poderá ganhar experiência nessa área e terá melhores condições para se candidatar a um emprego fixo, caso surja alguma oportunidade enquanto trabalha como temporário.
- **Trabalhe numa grande empresa.** Se não sabe ao certo em que área gostaria de trabalhar, empenhe-se para conseguir um emprego temporário numa grande empresa. A boa notícia é que as corporações geralmente têm mais vagas para temporários. Por que é útil trabalhar numa corporação? A experiência de trabalhar numa organização de renome sempre causa boa impressão nos empregadores, por causa do nível de profissionalismo encontrado em empresas grandes e respeitadas. Mesmo que você trabalhe apenas na recepção, ou selando cartas numa saleta, ainda assim estará em contato com a maneira de funcionar dessas empresas e o seu ambiente de trabalho. A partir dessa experiência você saberá se é talhado para a vida corporativa e, caso decida seguir esse caminho, poderá mencioná-la numa entrevista de emprego quando se candidatar a uma função nessa área.

**Aproveite ao máximo o emprego temporário:**
- **Pense como um estagiário — ou, melhor ainda, como um empregado.** Assim como o estágio, qualquer oportunidade de trabalho, ainda que temporário, é uma chance de mostrar suas habilidades, conhecer pessoas e aprender como funciona o Mundo Real. Nunca se sabe quem estará por perto observando... ou contratando.
- **Seja positivo.** Nas entrevistas para emprego efetivo, ou toda vez que conversar sobre seu trabalho temporário, fale da experiência de

maneira positiva. Dá para imaginar que não é uma boa estratégia se referir a ela com comentários do tipo: "Quando eu me formei estava sem emprego e, naquele momento, aceitaria qualquer coisa!" Ao contrário, fale das melhores experiências e habilidades que você adquiriu com o trabalho temporário — o contato com o ambiente corporativo, o aprendizado das diferentes funções dentro da empresa etc.

### SUCESSO NA PRÁTICA

Essa história começa com um simples contato num evento de networking. Erin Berkery, formada em 2003 pela Binghamton University, assistiu ao workshop 15SecondPitch de Laura Allen (veja a Dica 29, "Saiba apresentar-se aos outros) e conheceu uma jovem que estava fazendo trabalho temporário na época. Essa jovem indicou a Erin uma agência de emprego temporário na cidade de Nova York, e Erin conseguiu seu primeiro trabalho como recepcionista na Rodale Inc. Eis como Erin transformou seu trabalho temporário em emprego fixo e rapidamente subiu de posição:

"Aparentemente, todas as recepcionistas que por ali passaram antes de mim eram totalmente idiotas, porque, quando comecei, nem mesmo podia atender ao telefone. Ou seja, meu trabalho era receber pacotes — nada mais! Trabalhei como temporária por três meses e então fui efetivada como auxiliar da chefe de escritório e da diretora de recursos humanos.

"No departamento de recursos humanos, minha chefe me disse: 'Você é muito inteligente para ficar fazendo esse trabalho; se quiser fazer alguma outra coisa na empresa, basta me dizer'. Contei a ela que gostaria de ser redatora; assim, quando surgiu uma vaga para assistente editorial, me candidatei e consegui o emprego.

"Consegui o emprego porque me empenhei ao máximo como recepcionista. Naquela época, nenhuma das portas que davam acesso ao escritório abria sem um cartão de segurança, ou seja, eu tinha de acompanhar todos os visitantes e passá-los pelas portas, que ficavam a trezentos metros de distância. Fazia isso *toda vez* que chegava alguém, e também quando algum funcionário esquecia o seu cartão.

"Além disso, eu vivia pedindo trabalho para fazer. Sentia-me culpada de ficar ali sentada, sem telefone para atender, lendo envelope após envelope, todos os dias. Não podia acreditar que me pagassem para fazer aquilo. Então eu insistia com a chefe do escritório: 'Se precisar que eu faça mais alguma coisa é só me dizer, porque estou disposta a trabalhar'. Até que ela me tirou da recepção e me colocou para ajudar a organizar seu trabalho.

"Também acho que ajudou o fato de eu não reclamar. Quando fui efetivada, não havia lugar para eu sentar, então tive de voltar para a mesa da recepção, onde fazia o trabalho de recepcionista, além de todas as tarefas pedidas pelos departamentos de recursos humanos e suprimentos. Não me irritava quando as pessoas ficavam zangadas porque a 'recepcionista' se ausentava para cuidar da documentação de um novo funcionário. Acho que os meus chefes apreciavam essa determinação, e foi isso que os levou a me oferecer um segundo posto."

## 46. Trabalhe como voluntário

A grande vantagem do trabalho voluntário é que sempre se pode conseguir um — não é necessário ter experiência anterior. Você pode ser voluntário no campus da faculdade, na sua comunidade, em outro país ou até mesmo no conforto da sua casa. Em toda parte se encontram oportunidades. Na internet há bons sites em que você pode procurar trabalho voluntário, entre eles, VolunteerMatch.org, Idealist.org e SERVEnet.org.

**No Brasil, além do Portal do Voluntário (www.portaldovoluntario.org.br/site/) e da Ação Global (http://acaoglobal.globo.com), a Associação Brasileira de Mantenedoras de Ensino Superior (Abmes) instituiu o Dia da Responsabilidade Social do Ensino Superior Particular(www.abmes.org.br/NovaEstrutura/_subSites/ER2007/Home/index.asp).**

Além de se sentir bem por contribuir para uma boa causa, você terá ocasião de ampliar seu aprendizado, sua rede de contatos e sua experiência.

Eis algumas possibilidades que podem ser consideradas:

**Seja voluntário para fazer o que você gosta.** Se gosta de animais, ofereça-se como voluntário para trabalhar num projeto de preservação da vida selvagem, num zoológico ou num centro de proteção aos animais. Se gosta de ciência, doe seu tempo a um hospital, um museu de ciências ou um laboratório. Ao mesmo tempo que está ajudando uma causa que considera importante, você também pode experimentar como é trabalhar em diferentes ambientes. Talvez você pense que gostaria de trabalhar com crianças, até passar as férias como voluntário numa creche, quando se dá conta de que isso não é para você. Talvez perceba que o meio jurídico é muito controvertido para alguém tímido como você. Ou que realmente deseja seguir carreira na área com que sempre sonhou, e nesse caso o trabalho voluntário o deixará ainda mais entusiasmado — e também mais experiente.

**Seja voluntário para desenvolver habilidades e ganhar experiência.** Se estiver querendo desenvolver ou aprimorar habilidades específicas antes de sair a procurar emprego, considere ser voluntário em tarefas que o ajudem a adquirir experiência na sua disciplina profissional. Se você for um técnico em tecnologia, ofereça seus serviços para a manutenção de algum website ou o gerenciamento de um banco de dados. Se pretende ser relações-públicas, ajude a escrever *press releases* e a fazer contatos com a mídia em algum projeto de sua preferência. A maioria das organizações que utilizam trabalho voluntário ficará para lá de satisfeita em poder contar com assistência em qualquer área, particularmente se você puder contribuir com habilidades profissionais específicas. E, depois que estiver atuando por algum tempo como voluntário, não esqueça de solicitar declarações ou cartas de recomendação detalhando os serviços profissionais que prestou. Estas serão muito úteis quando você estiver procurando emprego.

**Seja voluntário para desenvolver suas habilidades de liderança.** Além de desempenhar tarefas específicas, pense na possibilidade de assumir a liderança de um projeto inteiro, prestando serviços em um comitê sem fins lucrativos ou mesmo presidindo um comitê jovem de eventos de uma organização. Não espere ser chamado. Candidate-se a outras responsabilidades, compromissos, sessões de planejamento estratégico e outras oportunidades de maior visibilidade, e mostre seus talentos e sua disposição de aprender. Como vimos, um currículo que inclua experiências de liderança, ainda que seja em trabalho voluntário, pode ajudá-lo a se sobressair na multidão.

**Seja voluntário para formar sua rede de contatos.** Pense na quantidade de pessoas com que você interage durante o trabalho voluntário — outros voluntários, pessoas encarregadas de arrecadar fundos, patrocinadores, clientes da organização, doadores — que, no futuro, podem lhe oferecer indicações de emprego, consultoria de carreira e mentoreamento. A maioria desses contatos teria prazer em ajudar ou, pelo menos, bater um papo com um voluntário dedicado. Assim, conte a todos quais são os seus objetivos profissionais e explique exatamente que tipo de oportunidades você está buscando.

**Seja voluntário para engrossar seu currículo.** Muita gente não sabe que pode — e deve — incluir o trabalho voluntário no currículo. Os empregadores geralmente preferem contratar funcionários que sejam voluntários ativos, pois isso revela compromisso com a própria comunidade e habilidades organizacionais para gerenciar atividades dentro e fora do ambiente de trabalho. Ao incluir no currículo sua experiência como voluntário ou comentá-la numa entrevista de emprego, enfatize as aptidões desenvolvidas em seu trabalho não remunerado que podem ser transferidas para o mundo empresarial. Use termos profissionais como "liderança", "arrecadação de fundos", "relações públicas", "gestão de pessoas" e "controle de orçamento" para descrever suas atividades.

**Seja voluntário para conseguir emprego numa organização de voluntários.**
Às vezes, os melhores empregos estão bem debaixo do nosso nariz. Se você gosta de trabalho voluntário, pense nas oportunidades profissionais que podem surgir dentro da organização à qual você doa seu tempo e suas habilidades. Muitas entidades sem fins lucrativos recrutam os integrantes remunerados dentre suas próprias fileiras de voluntários. Indague a organização na qual você é voluntário sobre as oportunidades de emprego disponíveis na própria entidade ou em outras correlatas. De acordo com um relatório publicado recentemente, o *Employment in the Nonprofit Sector*, o número de americanos empregados por organizações sem fins lucrativos mais que duplicou nos últimos 25 anos (são cerca de 12,5 milhões de trabalhadores hoje em dia), e estima-se que chegarão a 15 milhões em 2010.

**No Brasil, segundo dados do Instituto Brasileiro de Geografia e Estatística (IBGE), em 2004, as fundações privadas e associações sem fins lucrativos, o chamado terceiro setor, empregam no Brasil 1,5 milhão de pessoas e pagam salários e outras remunerações no valor de R$ 17,5 bilhões. Os estados de São Paulo, Rio de Janeiro e Minas Gerais concentram 54% desses trabalhadores. De 1996 e 2002, o número de entidades passou de 105 mil para 276 mil, um crescimento de 157%, duas vezes maior do que o do conjunto de empresas do país (66%). Em 2002, havia no Brasil 276 mil entidades, representando 5% do total de empresas registradas no país.**

[MÃOS À OBRA]
Trabalhar como voluntário é uma excelente opção, mas também demanda tempo. Pode ser difícil às vezes doar seu tempo quando você precisa estudar ou ganhar dinheiro para pagar o aluguel ou pagar o crédito educativo. Às vezes, também, você se entusiasma por um tempo com o trabalho voluntário, mas depois perde o interesse. Se isso já aconteceu ou está prestes a

acontecer, experimente as estratégias a seguir antes de desistir da idéia de ser voluntário:

- **Comprometa-se por um período de tempo específico e flexível.** Trabalhar como voluntário pode se tornar um grande fardo se você não definir um horário regular e a duração desse compromisso. Quando se inscrever como voluntário, estabeleça um plano de ação com a organização que atenda às expectativas de ambos os lados. Por exemplo, "Gostaria de cuidar de crianças carentes um sábado por mês, durante seis meses", ou "Posso atender a telefones no serviço de apoio a jovens em situação de risco das 7 às 10 da manhã, quinta sim, quinta não, até o final do ano letivo". Então marque o compromisso na sua agenda.
- **Seja um voluntário virtual.** Se gostaria de colaborar mas seu tempo é escasso, ofereça-se como voluntário para tarefas que possam ser feitas em casa. Ainda assim você poderá aproveitar as vantagens profissionais do voluntariado (como experiência, contatos e conhecimentos), além do benefício de sentir-se bem, e ao mesmo tempo trabalhar no horário mais conveniente para você. Programação de computador ou banco de dados, redação de artigos, telefonemas para levantar fundos, webdesign — tudo isso pode ser feito a distância. A maior parte das organizações sem fins lucrativos tem escritórios pequenos, por isso elas ficarão satisfeitas em tê-lo como voluntário virtual.
- **Convide um amigo para ser voluntário com você.** Muitas pessoas fazem ginástica e ioga na companhia de amigos, porque assim se sentem mais estimuladas a se exercitar. Então, por que não convocar um amigo de voluntariado? Combine com um ou mais amigos e se engajem numa atividade voluntária que possam fazer

> juntos, como ajardinar um playground da cidade, ajudar a preparar sopas para os pobres ou distribuir rifas para um festival. Para aproveitar ao máximo essa experiência, convide alguém que tenha objetivos profissionais semelhantes aos seus.
>
> ☐ Feito!

## 47. Faça algo diferente nas férias

A primeira vez que ouvi falar do conceito de "férias alternativas" foi em um especial da MTV. Fiquei muito impressionada com os estudantes que foram o tema desse programa. Em vez de passar as férias inteiras dando festas e dormindo, eles faziam serviço comunitário.

Uma das estatísticas mais comentadas acerca da geração Y é o envolvimento desses jovens em serviço comunitário, o que contribuiu para um significativo crescimento do movimento das férias alternativas. A Corporation for National and Community Service, que inclui programas como o AmeriCorps, organiza milhares de estudantes todos os anos com a finalidade de construir casas para famílias de baixa renda, cuidar de pacientes com aids e ensinar crianças carentes.

Mais de uma centena de faculdades dos Estados Unidos abrigam no campus escritórios da Break Away (www.alternativebreaks.org), que oferece uma abordagem ainda mais abrangente das férias alternativas: suas equipes passam meses se preparando para a sua experiência, estudando os problemas sociais e a comunidade em que prestarão serviços e aprendendo também a formar equipes, levantar fundos e planejar a logística de suas ações. Os estudantes realizam projetos de curto prazo para órgãos comunitários e se informam sobre questões como alfabetização, pobreza, racismo, fome, falta de moradia e meio ambiente.

**No Brasil, o Projeto Rondon, iniciativa de integração social coordenada pelo Ministério da Defesa, que conta com a colaboração da Secre-**

taria de Educação Superior do Ministério da Educação, envolve atividades voluntárias de universitários e busca aproximar esses estudantes da realidade do país, além de contribuir para o desenvolvimento de comunidades carentes. Veja mais informações em: https://www.defesa.gov.br/projeto_rondon/index.php?page=operacoes_2008.

Pense na possibilidade de fazer algo desse tipo nas férias em algum momento da sua carreira escolar, ou mesmo depois que se formar. Você com certeza vai se destacar de seus colegas que passaram as férias todas rolando na areia da praia — e, quem sabe, pode até acabar aparecendo na MTV.

## 48. Faça do emprego de meio-período uma estratégia de carreira

Um emprego de meio-período durante a faculdade ou quando você acaba de se formar pode ser a saída para ganhar algum dinheiro. Muitos jovens pensam que esse tipo de trabalho em nada contribui para os seus planos de carreira, mas estão enganados. Só é preciso um pouco de estratégia.

Muitas pessoas aceitam o primeiro emprego que encontram, principalmente se este fizer parte de algum programa trabalho–escola, mas em muitas escolas é possível requisitar o emprego de que você gostaria. É uma excelente oportunidade para conhecer melhor as opções profissionais que lhe atraem. Por exemplo, se estiver interessado em publicação de livros ou jornalismo, trabalhe na biblioteca. Se gosta de moda, trabalhe numa loja de roupas. Se pretende ser advogada, seja recepcionista em um escritório de advocacia. Se deseja seguir a carreira médica, trabalhe em um hospital ou uma clínica de saúde. Mesmo na função mais subalterna você tomará contato com as habilidades, a linguagem, os hábitos e as pessoas que poderão ajudá-lo no futuro a conseguir um emprego efetivo. Ou pode ser que descubra que determinada área ou ambiente de trabalho não era exatamente o que você esperava.

> **NA REAL** <

"Trabalhar como garçonete me proporcionou boas oportunidades de conhecer pessoas e compreender o real valor do contato com os fregueses e das boas relações de trabalho. O bom relacionamento com o cozinheiro revelou-se um dos fatores mais importantes para a qualidade do serviço e para obter boas gorjetas! Também aprendi o valor do trabalho duro e a equilibrar trabalho, vida pessoal e escola."

CELESTE BLACKMAN

**PRIMEIRO EMPREGO DEPOIS DE SE FORMAR:**
RECRUTADORA EM UNIVERSIDADES

**EMPREGO ATUAL:**
CONSULTORA SÊNIOR DA BUSINESS CONSULTANTS NETWORK, INC.

Em qualquer emprego você terá a chance de desenvolver suas habilidades, muitas das quais poderão ser transferidas para um emprego em tempo integral. Eis algumas habilidades que você pode aprender em um emprego de meio-período que renderão histórias para contar numa entrevista de emprego ou frases para usar no currículo ao descrever sua experiência:

- Atendimento ao cliente/freguês
- Habilidades de comunicação
- Administração de orçamento
- Cumprimento de prazos
- Gerenciamento de pessoas
- Paciência
- Liderança/responsabilidade
- Trabalho em equipe
- Resolução de problemas
- Gerenciamento de tempo
- Capacidade de desempenhar múltiplas tarefas ao mesmo tempo
- Eleição de prioridades

Para estudantes ou recém-formados, o emprego de meio-período pode preencher também outras necessidades. Além do dinheiro extra, das habilidades aprendidas e da rede de contatos, muitos empregos desse tipo oferecem hoje em dia benefícios como plano de saúde e plano de carreira. Algumas empresas, como a UPS, a Wegmans, a REI e a Container Store, se anunciam como bons lugares para os recém-formados trabalharem enquanto procuram empregos "reais". Um artigo publicado em 2006 pela *Kiplinger's*, revista de finanças pessoais, referiu-se a essas oportunidades como "trampolins".

**No Brasil, diversas empresas — como a C&A, Vivo, 3M, Basf etc. — levam bastante a sério seus programas de trainees. Um bom diretório para encontrar esses programas é o Universia: www.universia.com.br/carreira/estagioetrainee.jsp.**

Além de oferecer um bom ambiente e excelentes benefícios, essas empresas também empregam muitas pessoas em período integral. Começando de baixo, você terá acesso aos melhores postos se causar boa impressão nos gerentes e mostrar interesse em subir na carreira.

Se o emprego de meio-período faz parte da sua trajetória profissional, ainda que seja um simples tapa-buraco no caminho que levará ao seu futuro "real", mantenha sempre uma atitude positiva e dê o melhor de si. Você não sabe quem poderá passar pela porta e observar seu empenho, disciplina e energia. Qualquer trabalho, mesmo que seja de curta duração, subalterno ou monótono, é uma oportunidade de brilhar. E todos têm de começar de algum lugar. Até a Madonna trabalhou atrás do balcão da Dunkin' Donuts.

## 49. Torne-se um empreendedor

Certa vez, participei de um workshop de planejamento de negócios em que o instrutor disse o seguinte: "Tudo de que se precisa para iniciar um negócio próprio é entusiasmo". Assim sendo, parabéns! Você tem todas as qualificações necessárias para abrir sua empresa, não importa qual seja a sua idade, o local onde mora ou as habilidades que você tem. Hoje em dia, cada um é gestor da própria carreira, por isso vale a pena iniciar um empreendimento já durante a faculdade ou quando tiver uns 20 e poucos anos. Talvez você já tenha pensado nisso. De acordo com estatísticas publicadas em 2006 na revista *Entrepreneur*, aproximadamente 71% dos adolescentes americanos têm interesse em se tornar empreendedores.

Segundo o Global Entrepreneurship Monitor (GEM) — maior estudo independente sobre a atividade empreendedora mundial — , os números referentes ao empreendedorismo no Brasil são animadores.

**Em 2007, havia no país 15 milhões de empreendimentos iniciais, aqueles em fase de implantação ou com até 42 meses de vida. Esse número corresponde a 12,72% da população adulta de 118 milhões de brasileiros entre 18 e 64 anos de idade. No mundo, o Brasil ocupa a nona colocação entre os países empreendedores. O estudo mostrou também que 57% dos empreendedores iniciais, cerca de 8 milhões de iniciativas, decidiram abrir o negócio por causa das oportunidades do mercado. Já os 43% restantes, cerca de 7 milhões de novos negócios, entraram nesse segmento por necessidade.**

Mesmo que não pretenda comandar um negócio próprio, existe uma grande probabilidade de que, em algum ponto da sua carreira, você venha a trabalhar para um empreendedor. Talvez você fique surpreso de saber que 99% de todos os empreendimentos autônomos dos Estados Unidos empregam menos de novecentas pessoas. Em outras palavras, a maioria dos americanos *não* trabalha para grandes corporações. (Para saber como encontrar oportunidades em pequenas empresas, veja a Dica 70, "Não pense apenas nas grandes empresas".)

Estatísticas à parte, iniciar e comandar um negócio próprio pode lhe proporcionar experiências e habilidades extremamente valiosas, quer você deseje continuar como empreendedor pelo resto da sua vida, tornar-se o executivo de uma grande empresa, ou seguir carreira como médico, professor, funcionário público ou trapezista. Você pode desenvolver tino financeiro, habilidades de networking, aptidão para vendas, confiança, maturidade, criatividade e muitas outras coisas mais. E pode ser que a sua iniciativa empresarial faça você voar na carreira.

## 50. Trabalhe em uma campanha política

Política de gabinete existe em quase todo ambiente de trabalho. Assim, quer melhor treinamento para sua futura carreira do que trabalhar algum tempo numa campanha política? Quer se considere liberal, conservador ou independente, com certeza há um candidato para você. Mesmo nos anos em que não há eleições nacionais, é possível encontrar disputas municipais, estaduais e legislativas ávidas de novos jovens voluntários. Para encontrar oportunidades para voluntários, consulte o website dos partidos Democrata (www.democrats.org), Republicano (www.gop.org) e Verde (www.gp.org), ou qualquer outro de sua preferência.

**No Brasil, os partidos políticos também convocam voluntários em época de eleições para trabalhar em campanhas. Veja a seguir os sites de alguns partidos brasileiros: PT — www.pt.org.br/portalpt/index.php; PSDB — www.psdb.org.br; Democratas — www.democratas.org.br; PV — www.pv.org.br.**

Sair à caça de votos é uma das tarefas designadas aos voluntários. Não é preciso muita experiência para bater de porta em porta ou ligar para os eleitores registrados e lembrá-los de ir às urnas no dia da eleição, mas requer muito entusiasmo. Os candidatos e comitês de campanha vão adorar poder contar com sua energia e sua conexão com outros eleitores jovens. Se você pensa em seguir carreira na política ou no serviço público, essa é uma experiência indispensável.

Além disso, os voluntários podem ajudar a levantar fundos (habilidade essencial para um futuro emprego em vendas), desenvolver materiais de campanha, coordenar e participar de comícios e palestras, pesquisar intenções de voto, responder às perguntas dos eleitores e talvez até criar um website e um banco de dados. As campanhas políticas lhe darão qualquer responsabilidade que você estiver disposto a assumir. Ajuda gratuita sempre é necessária.

O que você pode fazer se a sua única atribuição for passar o dia inteiro envelopando material, aparentemente sem contribuir grande coisa para a campanha ou seu próprio desenvolvimento profissional? De acordo com Alice Korngold, autora de *Leveraging good will*, assim como em um emprego, é preciso ter iniciativa para abrir caminho como voluntário. Alice diz que a melhor maneira de fazer isso é realmente observar o que está acontecendo na campanha. "Quando sabe o que está sendo feito, você descobre onde pode ser útil", diz ela. Por exemplo, se percebe que alguém do staff está sobrecarregado de trabalho, você pode se oferecer para ser seu assistente. Se um evento parece muito bagunçado, você pode colocar à disposição suas habilidades organizacionais para criar um sistema de comunicação mais ordenado. Elabore um plano e apresente-o ao coordenador de campanha. Todo mundo adora pessoas que aparecem com soluções.

Trabalhando numa campanha política, você também conhecerá melhor os principais problemas da sua cidade ou estado, e certamente causará boa impressão nos futuros empregadores se souber conversar com inteligência sobre a conjuntura econômica, os desafios da segurança pública, desigualdade social, impostos, especulação imobiliária ou financiamento para educação e artes.

Essa é também uma incrível oportunidade de networking. Como voluntário político, você pode conhecer e interagir com pessoas de mentalidade cívica e outros players importantes da sua região. Observar os políticos é uma excelente maneira de ver como funciona o networking. Eles são mestres em comunicação, troca de favores, soluções de meio-termo e — sejamos francos — mexericos. Você pode não gostar do estilo de todos os políticos, mas pode usar a oportunidade de trabalhar numa campanha para observar como se fazem acordos e como os candidatos conseguem que os eleitores votem nas pessoas e questões que eles apóiam.

"Política tem tudo que ver com relacionamentos", diz Rafael Mandelman, membro eleito do San Francisco Democratic County Central Committee. E, como Rafael se apressou em assinalar, os relacionamentos em política não são exatamente amistosos — é por isso que trabalhar numa campanha é uma grande oportunidade de aprender habilidades de negociação e resolução de conflitos. "Se souber lidar com um conflito político, você será capaz de lidar com qualquer conflito", diz ele. "E mesmo um estagiário terá ocasião de presenciar alguns deles."

Ainda que você não pense seriamente em seguir a carreira política, mesmo assim recomendo que participe de um workshop ou de uma sessão de treinamento de voluntários sobre como dirigir uma campanha. O processo político pode lhe ensinar muita coisa.

### SUCESSO NA PRÁTICA

Sarah Stewart Holland estuda Direito no Washington College of Law da American University, em Washington, e minha previsão é de que ela será um importante nome do cenário político algum dia. Sarah se formou em 2003 pela Transylvania University, em Lexington, Kentucky, e fez estágios antes de se formar e como estudante de Direito.

"Consegui os estágios por meio de amigos que haviam estagiado antes no mesmo lugar", ela explica. "Muitos estudantes acham que seu contato precisa ser um alto executivo ou algum amigo de seus pais, mas os colegas de classe são o melhor recurso. Nos dois estágios, coloquei o nome do amigo que me indicara no início da carta de apresentação dizendo que essa pessoa me havia recomendado o estágio. Acho que foi muito útil ter alguém como referência."

Como foi que Sarah se iniciou na política?

"Sempre quis trabalhar na política, mas foi na eleição de 2004 que realmente me animei a dar o passo seguinte nessa direção", explica ela. "Na faculdade, fiz estágio na NOW PAC [National Organization for Women Political Action Committee], onde adquiri boa experiência com arrecadação de fundos e um conhecimento geral das eleições."

Na faculdade de Direito, Sarah foi estagiária de um deputado de seu estado natal, o Kentucky. "Foi uma excelente oportunidade de networking", diz ela. "Nesse estágio em particular, os resultados dependiam totalmente de você. Assim, ficava até tarde e me oferecia para todo tipo de tarefas. Rapidamente aprendi a redigir cartas para eleitores, e assim me tornei uma grande ajuda para os assessores legislativos, sobrecarregados de trabalho. No final, estava escrevendo uma das colunas mensais do deputado."

Como você pode ver, Sarah é uma pessoa esforçada e sempre disposta a dar um pouco mais de si. Na verdade, esse é o seu melhor conselho a estudantes interessados em estágios políticos: "Dizem que sorte é o que acontece quando estamos preparados para as oportunidades que surgem, e em nenhum outro lugar isso é tão verdadeiro quanto na política. A melhor maneira de conseguir um emprego é fazer contatos, contatos e mais contatos, para que, quando surja a oportunidade, as pessoas pensem primeiro em você. A outra parte do estar preparado, além do networking, é tornar-se indispensável. É muito fácil passar por um estágio político sem causar nenhum impacto. É preciso superar-se para provar que você é a pessoa que eles querem ter por perto."

Rafael Mandelman concorda com Sarah: "O empenho realmente chama a atenção. Se for um voluntário ativo, que dá telefonemas, é responsável, diligente e eficiente no seu trabalho, você será notado."

## 51. Use a globalização a seu favor

"Globalização" é a palavra do momento — mas o que isso significa para você? Em um mundo onde cada vez mais empresas fazem negócios com outros países, como China, Alemanha e Peru, a experiência internacional se torna mais e mais importante para uma carreira de sucesso. Kerry J. Sulkowicz, que escreve a coluna "Corporate Shrink" na revista *Fast Company*, faz a seguinte previsão, com a qual eu concordo inteiramente:

"Tenho certeza de que, no futuro, as pessoas mais bem-sucedidas serão aquelas que se reconhecem como cidadãs do mundo. Acompanhar os efeitos da globalização requer abertura e esforço — abertura para aprender, ler e ver o mundo, e esforço para se adaptar às mudanças competitivas, intelectuais e culturais antes que elas atropelem você."

Uma maneira de sair na frente (e evitar ser atropelado) é expor-se a uma experiência internacional antes de se lançar à procura de emprego. Se tiver a oportunidade de estudar no exterior, faça isso. De acordo com o Institute for International Education, 175 mil estudantes americanos estudaram em outros países durante o ano acadêmico de 2002–2003. Parece muito, mas, na verdade, esse número representa menos de 1% dos estudantes de curso superior do país. Imagine como você se destacaria da multidão, neste mundo cada vez mais globalizado, se tivesse experiência internacional.

**De acordo com a Brazilian Educational & Language Travel Association (Belta), no ano de 2005, aproximadamente 54,6 mil brasileiros na faixa de 18 a 30 anos optaram por viagens de intercâmbio — 30% a mais que os 42 mil estudantes que embarcaram em 2004 e que os 35 mil que o fizeram em 2003. Esse número tende a continuar crescendo com a queda do dólar e as inovações na oferta de cursos no exterior.**

Em 2005, o Goucher College, em Maryland, numa iniciativa singular, passou a exigir o estudo no exterior como requisito para a graduação. Como isso aconteceu? De acordo com o Eric Singer, vice-reitor do International Studies, Goucher sempre teve um forte compromisso com a "formação prática", como a exigência de estágio para a obtenção do diploma. Em 2001, quando o corpo docente se envolveu no processo de planejamento estratégico, "analisamos como seria a formação em Humanidades no século 21. Começamos a perceber que a noção de cidadania global precisava ser levada a sério, e discutimos os meios pelos quais poderíamos promovê-la e torná-la parte integrante do treinamento prático e acadêmico de uma pessoa".

O programa de estudo obrigatório no exterior adotado pelo Goucher é o caminho do futuro? É o que veremos, mas acho que ele sinaliza a necessidade cada vez maior de que os jovens tenham experiência em se relacionar com outros países e culturas.

Além dos programas de cursos no exterior oferecidos pelas faculdades e universidades, existe uma variedade de programas de bolsas de estudo que enviam estudantes, recém-formados e jovens profissionais para o mundo todo — às vezes, de graça. O Rotary International, que me concedeu uma bolsa para cursar o mestrado na Austrália, é o maior programa internacional financiado por fundos privados, oferecendo a cada ano mais de mil bolsas de estudo nos Estados Unidos. Uma boa fonte para pesquisar outras bolsas de estudo no exterior é o site www.InternationalScholarships.com.

**No Brasil, diversas universidades e instituições oferecem bolsas de estudo no exterior. Para mais informações, visite as páginas da Coorde-**

nação de Aperfeiçoamento de Pessoal de Nível Superior (Capes) (www.capes.gov.br) e do site Universia (www.universia.com.br/index.jsp).

Ao entrevistar pessoas para este livro, fiquei impressionada com a quantidade de gente que, tendo estudado no exterior, se referia a isso como uma "experiência de vida" fantástica, uma grande oportunidade para se conhecer melhor, mas sem benefícios significativos para a procura de emprego e os planos de carreira. Encaro esses casos como oportunidade perdida. Se for estudar no exterior tendo em mente a sua carreira, você poderá tirar proveito dessa experiência de muitas maneiras. Mas saiba que, para os recrutadores, o fato de alguém ter estudado fora não representa, em si, nenhuma vantagem — é o que você *faz* com essa experiência que chama a atenção do possível empregador.

### Se já estudou no exterior

Se já teve a sua experiência internacional, você pode maximizá-la de várias maneiras para impressionar os futuros empregadores:

**Ofereça-se para mentorear estudantes que planejam estudar no mesmo país em que você esteve.** Entre em contato com o coordenador do programa de estudos no exterior do qual participou e candidate-se como voluntário para ajudar os estudantes inscritos nos próximos programas — respondendo a perguntas, lendo formulários de inscrição ou dando palestras. Os empregadores ficarão impressionados com a sua disposição de compartilhar seu conhecimento com pessoas menos experientes. Essa é uma excelente habilidade para futuros professores, gerentes corporativos ou para quem deseja ter um negócio.

**Torne-se fluente no segundo idioma.** Muitas pessoas passam seis meses ou um ano no exterior e começam a aprender uma segunda língua, mas nunca chegam a se tornar totalmente fluentes. Se conseguiu avançar em suas habilidades lingüísticas a ponto de se aventurar em outro país, por que não terminar o que começou e ganhar fluência nesse idioma? Os empregadores não acharão grande coisa no fato de você saber dizer "por favor" e "obrigado" em russo, mas ficarão impressionados se souber falar fluentemente essa língua. Especialmente se você for fluente na terminologia relacionada à área em que planeja ingressar, seja negócios, política ou artes. Isso demonstra inteligência, empenho e compromisso com o objetivo.

## Se pensa em estudar no exterior

Se ainda está estudando e pensa em passar algum tempo em outro país, a coisa mais importante a saber, se quiser que a sua experiência tenha algum valor na hora de procurar um emprego no futuro, é o seguinte: divertir-se não é suficiente.

Não digo para você não aproveitar, ir a um monte de museus, fazer amizades com o pessoal de lá e amanhecer na farra, mas, se você usar um pouquinho de estratégia, estudar no exterior pode ser um importante diferencial nos seus planos de carreira.

**Escolha bem o país.** Se pensa em passar seis meses fora ou o período de férias, seja estratégico ao escolher para onde vai. Se tem interesse em teatro, em Londres você poderá ir às peças de West End. Se o que lhe interessa são os negócios, um país cuja economia cresce a passos rápidos pode ser a sua escolha, como China ou Índia. Se estiver pensando em fazer carreira no mundo das organizações sem fins lucrativos, pense em um país do Terceiro Mundo onde você possa ver, de uma nova perspectiva, problemas como a pobreza. Mesmo que escolha um país por causa de sua vida noturna ou suas praias exuberantes, ainda assim é possível encontrar alguma ligação com seus interesses profissionais. Por exemplo, é provável que você encontre sedes de várias associações profissionais em outros países e possa participar de alguma reunião.

**Mantenha um diário.** Sempre é bom fazer isso, mas pode ser particularmente útil quando se trata de aplicar sua experiência no exterior aos seus planos de carreira. Anote as experiências que você poderia contar num estágio ou numa entrevista de emprego — os desafios que enfrentou e superou, como lidou com os problemas de comunicação, os diferentes tipos de pessoa que você nunca conheceria em casa ou na faculdade. Milhões de coisas acontecem diariamente quando estamos viajando, por isso um diário ajudará a refrescar sua memória quando você regressar.

**Escreva um blogue.** Por que não transformar sua aventura internacional em material escrito que você possa compartilhar algum dia com futuros empregadores? Escrever um blogue — que é, basicamente, um diário on-line — é uma boa maneira de relatar sua experiência e deixá-la acessível aos outros por meio da web. Tenha cuidado ao fazer comentários e postar fotos, mas o blogue pode ser uma prova de que você usou a experiência de estudar no exterior para aprender e crescer.

### SUCESSO NA PRÁTICA

Para alguns estudantes, estudar fora pode ser uma experiência fantástica e única na vida; para outros, o início de uma carreira internacional. Foi esse o caso de Christie Lawrence, que se formou em 2003 pelo Goucher College. Eis a entrevista que ela deu sobre sua rápida ascensão:

**LP: Em que país você foi estudar e o que está fazendo agora?**
**CL:** Passei seis meses na Dinamarca e depois na França, durante os quatro anos no Goucher. Hoje trabalho para uma empresa chamada Discovery Reports Limited, produzindo relatórios de publicidade internacionais para o *South China Morning Post*, o principal jornal de língua inglesa de Hong Kong. A cada três ou quatro meses, me mudo para um novo país para produzir um novo relatório.

**LP: A sua experiência afetou seus planos de carreira ou ajudou você a conseguir um emprego?**
**CL:** Esses dois semestres no exterior prepararam o caminho para que eu chegasse onde estou. Quando saí da Dinamarca, sabia que queria voltar para a Europa e viajar. Tinha muita vontade de experimentar coisas novas, por isso fui para a França depois. Quando me formei, achei que seria muito difícil

encontrar emprego no mercado internacional sem conhecer ninguém e sem ter médias muito altas. Durante meu primeiro ano de formada, trabalhei para um *think tank*,[1] num cubículo sem janela, em Hackensack, New Jersey. Eu estava procurando um emprego de espectro internacional, mas, como não tinha experiência anterior em nenhuma outra habilidade específica além de escrever e levantar fundos, estava difícil decolar.

Meu irmão sugeriu que eu me candidatasse a um emprego que não achei que fosse conseguir. Sempre quis morar fora do país, mas tinha de encontrar alguma coisa que correspondesse às minhas habilidades e ao meu desejo de viajar, e isso era difícil. Então me candidatei a esse emprego na Discovery Reports. Exigiam três anos de experiência profissional (eu tinha um), interação prévia com altos gestores, experiência com vendas (que substituí por arrecadação de fundos) e disponibilidade para viver fora do país durante onze meses e meio por ano. Eu me candidatei por me candidatar, mas no dia seguinte recebi um comunicado para agendar uma entrevista.

**LP: O que você diria aos estudantes que pensam em estudar no exterior?**
**CL:** Façam isso. Quanto mais aprenderem sobre outras culturas e sua maneira de fazer as coisas, mais aprenderão sobre si mesmos. Para quem nunca ficou longe de casa ou tem vínculos que não se sente bem em deixar, viajar para fora é difícil, mas acho que devemos aproveitar cada experiência que pudermos. Viajar para fora é apenas uma parte da história. Há muitas coisas lá fora que não conhecemos, só esperando por nós.

*Se tiver interesse em saber mais sobre como buscar uma carreira no exterior, visite o website www.GenXpat.com ou consulte o livro GenXpat: the young professional's guide to making a successful life abroad [GenXpat: o guia para jovens profissionais que desejam ter sucesso no exterior], de Margaret Malewski.*

---

[1] Literalmente, "banco de idéias". Trata-se de instituição, organização ou grupo de pesquisa que produz conhecimento e oferece idéias sobre diversos assuntos relacionados com política, meio ambiente, ciência, comércio, indústria etc. [N. E.]

## 52. Saiba lidar com o fracasso

Reconheço que me dei bem em muitas coisas quando era mais jovem. Tirei notas altas na escola, cursei uma boa faculdade, fiz amigos, nunca paguei nenhum grande mico em público. Houve altos e baixos, mas de maneira geral nunca experimentei nenhum fracasso devastador.

O resultado disso, infelizmente, foi que, quando finalmente tive de encará-lo, fiquei arrasada. Na faculdade, fiz teste para cantar no coral e fui reprovada por dois anos consecutivos. Fiquei muito envergonhada e, sem saber o que fazer, parei de cantar durante dez anos. Tempos depois, após a publicação do meu primeiro livro em co-autoria, apresentei um projeto para outro livro — que foi rejeitado por quinze editoras. Levei mais três anos para começar a pensar em redigir outro projeto. Como eu tinha pouca experiência com fracasso, não sabia lidar com ele e seguir em frente. Deixei-me paralisar. Deixei-me derrotar. Deixei-me acomodar.

> **› NA REAL ‹**
> "É muito bom ter a ambição de ser bem-sucedido na profissão que escolhemos, mas não deixe que a sua visão se estreite por isso. Não feche os olhos para o cenário maior: há dúzias de maneiras de fracassar, vencer e crescer."
> 
> **HEIKE CURRIE**
> 
> **PRIMEIRO EMPREGO DEPOIS DA FACULDADE:**
> PROFESSORA SUBSTITUTA DE ESCOLA PRIMÁRIA
> 
> **EMPREGO ATUAL:**
> COORDENADORA DO PROGRAMA DE COMUNICAÇÕES DA JUILLIARD SCHOOL

Por isso eu gostaria de ter fracassado mais cedo na minha vida, e mais vezes. E é por isso que recomendo o mesmo a você.

Você vai fracassar, se é que já não fracassou. Alguns empregadores vão rejeitá-lo. Alguns estágios "dos seus sonhos" acabarão sendo um pesadelo. Pode ser que você ponha a perder uma grande apresentação, que fique totalmente travado durante uma entrevista ou que inicie um negócio e vá à falência. Que seja mandado embora do emprego em algum momento. Minha resposta é: parabéns! Busque a ajuda necessária para atravessar o sofrimento e a frustração (converse com os amigos ou a família, escreva um diário, procure terapia, se necessário) e vá em frente. Uma vez diplomado na experiência do fracasso, você saberá como se recuperar da próxima vez que acontecer.

É péssimo fracassar, mas não se engane: o verdadeiro fracasso é nunca tentar.

# 6. AUMENTE SUA VANTAGEM

Enquanto o capítulo anterior trouxe sugestões de experiências "necessárias", este propõe experiências "classificatórias" — ou seja, aquelas que podem colocar você em vantagem em um mercado de trabalho competitivo.

Aqui você encontrará uma lista abrangente e criativa de meios ao seu alcance para obter experiências adicionais que podem fazer diferença entre o sim e o não numa entrevista. Esses itens extras podem ajudá-lo a definir melhor seu caminho profissional, a aprender novas habilidades importantes, fazer contatos interessantes, fortalecer sua confiança e, é claro, conseguir boas indicações de emprego e vivência prática. Algumas dessas experiências levarão cinco minutos, outras vão exigir um ano ou mais. Algumas são divertidas, outras, um pouco incomuns, e outras ainda podem se revelar muito mais benéficas do que você poderia imaginar.

Sejam quais forem as experiências que escolher, recomendo que leia cada uma das dicas deste capítulo, pois elas podem inspirar idéias que levem você a experiências ainda mais variadas, gratificantes e vantajosas.

## 53. Amplie seus horizontes

Gosto muito da área de Humanidades (foi nela que me formei, é claro). Acho que os anos de faculdade são uma excelente época para mergulhar no estudo de Shakespeare, Nietzsche, Rembrandt, Rachmaninoff, Elizabeth I, Copérnico ou qualquer outro tema interessante que ajude você a aprender a pensar, raciocinar e se comunicar. Eu não trocaria um fascinante curso sobre a dinastia Ming por nada no mundo, ainda que não tivesse a menor relação com minha área de concentração.

Mas...

Em quatro anos de ensino superior, você terá muitas oportunidades de fazer cursos extras, e é bom conhecer algumas outras disciplinas que podem facilitar sua procura de emprego quando terminar a faculdade. Cada escola tem requisitos diferentes quando se trata de graduação dupla, créditos optativos e cargas horárias, mas acho que todo estudante deveria considerar algumas aulas focadas na profissionalização.

Se pretende ser professor, crítico de arte ou filósofo, pode ser que se sinta tentado a ignorar esse conselho. Ou, se estiver cursando Ciências Contábeis ou Administração, talvez decida pular este capítulo, achando que já tem tudo de que precisa. Mas insisto em que você considere como pode ser útil para qualquer pessoa — independentemente dos objetivos de carreira — expandir os próprios horizontes.

Não há época melhor que os anos de faculdade para explorar coisas novas em um ambiente seguro. Você pode perguntar o que quiser, sem medo de perder o respeito do seu chefe ou de irritar seus colegas. Pode tentar estudar Contabilidade ou Ciência da Computação e, se não gostar, ou perceber que não é esse o seu forte, são só alguns meses até terminar o curso. Ou, se experimentar algo e gostar, pode investir nessa habilidade quanto quiser. No ambiente de trabalho, nada disso seria possível.

Se você está cursando Humanidades, considere a possibilidade de fazer uma optativa em Contabilidade, Administração, Marketing, Finanças, Economia ou outra área profissionalizante.

Se está cursando alguma das disciplinas citadas acima, ou uma graduação específica, como Fisioterapia ou Hotelaria, considere fazer uma optativa que lhe proporcione alguma especialização, como língua estrangeira. Num mercado de trabalho tão competitivo quanto o de hoje, cada diferencial conta.

A graduação dupla é outra opção vantajosa durante a transição da escola para a carreira. Nem todos podem fazer isso, mas com certeza causa boa impressão e faz um candidato se sobressair entre os demais. Isso mostra que você não tem medo de dar duro (já que a graduação dupla geralmente significa trabalho dobrado) e se interessa por diferentes tipos de estudo acadêmico. Revela também que você é capaz de ir além e dar um pouco mais de sangue. Essa é uma qualidade que os empregadores apreciam muito.

Um pouco de esforço extra pode trazer inúmeras vantagens.

## 54. Não pare de aprender

A última coisa que você pensa em fazer na vida depois de passar dezoito anos ou mais na escola é voltar para lá, não é mesmo? Pois bem, mas é exatamente isso que eu recomendo. Fazer alguns cursos mais ou participar de eventos educacionais pode ampliar sua vantagem no mercado de trabalho.

A formação complementar é uma excelente maneira de acrescentar habilidades novas, ou mais avançadas, às que você tem a oferecer. Você pode continuar seu aprendizado enquanto se dedica a outras experiências: depois do horário regular, durante as férias ou entre um bico e outro.

Procure cursos que possam lhe interessar nas faculdades locais, nos programas de férias oferecidos por universidades, em centros comunitários e até mesmo em programas de aprendizagem on-line, como o LearningAnnex.com. Cursos sobre como falar em público, matemática financeira ou negociação, entre outros, podem ser o empurrãozinho que faltava para o empregador se convencer de que você tem tudo para dar certo no novo emprego.

**O estudante brasileiro interessado em adquirir conteúdos por conta própria deve pesquisar com mais profundidade sobre a chamada *open course initiative* na internet. Diversas universidades de excelência de todo o mundo vêm disponibilizando conteúdo multimídia e gratuito na rede.**

É uma idéia particularmente boa se você receia não ter o conhecimento necessário para a função ou o setor em que pretende trabalhar. Por exemplo, se você se formou em Humanidades e pretende se candidatar a um emprego em bancos de investimento, talvez possa fazer um curso de finanças corporativas à noite ou durante as férias. Se deseja trabalhar na área editorial, poderia fazer um curso de copidesque. Esse tipo de experiência desenvolve habilidades adicionais úteis para o seu trabalho, torna-o familiarizado com o jargão profissional mencionado durante uma entrevista e demonstra ao futuro empregador que você tem iniciativa e se esforça para alcançar seus objetivos. Além disso, se não gostar do curso, você pode concluir que a profissão em questão não é, de fato, a escolha certa.

Se está cursando Humanidades e pretende seguir carreira nos negócios, talvez valha a pena investir numa experiência educacional mais específica. Inúmeras boas escolas de pós-graduação em negócios oferecem programas de férias intensivos a estudantes de curso superior e recém-formados, que ensinam os fundamentos da atividade empresarial — como contabilidade, marketing, administração, liderança etc. Consulte o programa Tuck Business Bridge, no Darmouth College, o McIntire Business Institute da Universidade de Virgínia, o Stern Advantage Program da Universidade de Nova York e o Stanford Graduate School of Business Summer Institutes, entre outros. Esses programas custam caro, mas sempre se pode contar com uma ajuda financeira.

**No Brasil diversas universidades — como FGV, Ibmec, Estácio de Sá e ESPM — oferecem excelentes cursos de férias. Muitos desses cursos são tradicionais e pagos; outros, livres e gratuitos.**

Em outra vertente bem diferente, considere a possibilidade de fazer um curso ou workshop sobre algum tema que lhe pareça fascinante ou que você sempre quis estudar, ainda que não tenha nenhuma relação direta com os seus planos de carreira. Nunca se sabe que talentos podem se revelar num curso de design de moda no sábado à tarde, que oportunidades de carreira podem surgir num curso noturno de Introdução ao Photoshop, ou a confiança que você pode desenvolver ao aprender ressuscitação cardiopulmonar.

Isso sem falar nos benefícios adicionais de se expor às novas oportunidades de networking, qualquer que seja o curso que você escolha. Apresente-se aos colegas de classe e, principalmente, ao professor. Deixe claro que você está procurando emprego e demonstre o seu potencial preparando-se para as aulas e fazendo comentários durante as discussões. Como universitário ou recém-formado, a sala de aula é o seu hábitat: use isso a seu favor!

## 55. Estude a China

Sem dúvida alguma, a China é um poderoso ator comercial no cenário mundial, e sua importância para a economia internacional só tende a crescer. Se planeja atuar na área de negócios, seja na Ásia ou em seu país, é uma boa idéia informar-se sobre a história, a cultura e a economia asiáticas, principalmente da China. Para conhecer melhor as orientações básicas para estudar a cultura, a língua e a etiqueta chinesas, procurei a ajuda de Laura Lee Williams, que viveu muitos anos em Hong Kong trabalhando como executiva.

De acordo com Laura Lee, os elementos básicos da etiqueta empresarial chinesa incluem oferecer o cartão comercial com as duas mãos, saber manejar os palitinhos e usar a extremidade mais grossa ao servir comida aos outros durante uma refeição. Você pode conquistar seus colegas chineses se demonstrar um desejo sincero de familiarizar-se com a cultura deles. Segundo Laura Lee, a maioria dos chineses fica encantada e entusiasmada com os estrangeiros que tentam falar seu idioma ou aprender suas regras sociais.

Veja a seguir algumas recomendações de Laura aos jovens interessados em se atualizar sobre a China e o resto da Ásia. Mesmo que você não sinta ainda necessidade de conhecer a língua e os costumes chineses, pode ser que logo descubra que chegou a hora.

1. **Acompanhe o noticiário.** As fontes recomendadas incluem assistir à programação internacional da BBC e da CNN e ler publicações como *Financial Times* e *Economist*.
2. **Faça um curso básico de mandarim na universidade, em escolas de idiomas ou com CDs.** O curso básico vai prepará-lo para conversas simples porém importantes, como se apresentar ou pedir informações.
3. **Filie-se a associações relacionadas com a Ásia.** Entre elas, a Asia Society, a Asia Pacific–USA Chamber of Commerce (APUCC) ou o Asia-Pacific Council of American Chambers of Commerce (APCAC). **Fundada em dezembro de 1986, com sede social em São Paulo, a Câmara de Comércio e Indústria Brasil–China oferece informações, dicas de leitura e eventos a profissionais interessados no mercado chinês: www.ccibc.com.br/pg_dinamica/bin/pg_dinamica.php.**
4. **Leia.** Laura Lee sugere livros como *Chinese business etiquette* [Etiqueta chinesa nos negócios], de Scott D. Seligman; *Living with China* [Convivendo com a China], organizado por Ezra F. Vogel; e *Myself a mandarin* [Eu, um mandarim], de Austin Coates (um pouco desatualizado mas ainda assim recomendado pela maioria dos ocidentais que viveram na Ásia).

Por fim, Laura Lee lembra que, ao visitar a China ou aprender com um tutor ou professor chinês, você é um convidado nesse país ou nessa cultura. O respeito é a mais elevada forma de lisonja que se pode oferecer, e assim os que estão ensinando a cultura e os costumes chineses a você respeitarão sua vontade de aprender e de assimilar a cultura.

Tentar agir como os chineses é um elogio, um gesto que eles sempre apreciam. Suas perspectivas profissionais vão crescer com isso.

## 56. Conquiste prêmios

Existe uma razão para que os premiados da Academia de Cinema dos Estados Unidos fiquem para sempre conhecidos como "ganhadores do Oscar": as pessoas adoram vencedores. Quando você recebe um prêmio, uma homenagem ou uma distinção, trata-se de um reconhecimento vindo de terceiros, e isso atrai a atenção dos outros.

O grande segredo é que existem milhares de prêmios, homenagens e distinções por aí, por isso muita gente, incluindo você, tem múltiplas oportunidades de ganhar algum. Para isso, você só precisa fazer uma pesquisa na sua escola, na internet e na biblioteca, onde certamente encontrará oportunidades de ser laureado. Os empregadores adoram encontrar honrarias no currículo de estudantes e recém-formados, porque assim você demonstra que ganhou alguma coisa e dedicou tempo para buscar o reconhecimento de seu desempenho. Em um mundo de trabalho competitivo, as empresas gostam de contratar vencedores consagrados.

Eis uma lista parcial dos tipos de premiações que existem:

- Prêmios e distinções por desempenho acadêmico
- Prêmios por trabalhos ou projetos realizados na faculdade, concedidos pelo departamento ou pela universidade
- Prêmios de concurso literário, para obras de poesia, ensaios, ficção, não-ficção, memórias etc.
- Prêmios por pesquisa científica em várias áreas de especialização
- Prêmios para cineastas, músicos e artistas que participam de festivais e exibições
- Incentivos e prêmios para estudantes que iniciam um negócio (consulte o Global Student Entrepreneur Awards em www.gsea.org). **No Brasil, o incentivo mais importante nesse sentido são os Prêmios Santander de Empreendedorismo e Ciência e Inovação: www.universia.com.br/premiosantander.**
- Prêmios para minorias e mulheres por realizações alcançadas
- Prêmios por serviços prestados à comunidade
- Distinções por liderança em agremiações estudantis
- Prêmios concedidos por associações profissionais a estudantes que pretendem trabalhar em seu setor

Existem muitos milhares de prêmios pelo país esperando ser conquistados. E muitos deles concedem incentivo financeiro aos ganhadores, o que significa que, além de impressionar os futuros empregadores, você pode guardar dinheiro para continuar estudando. Mas você não vai ganhar nada se não se inscrever. Vá em frente — você não tem nada a perder e muito a ganhar.

[MÃOS À OBRA]
Pesquise prêmios e distinções na escola, na comunidade e no país e inscreva-se. Você encontrará oportunidades no website da universidade ou de associações profissionais, ou digitando "prêmios para estudantes" em alguma ferramenta de busca na internet.
E, se (ou melhor, quando!) você ganhar um prêmio ou distinção, aproveite-o ao máximo. Inclua-o no currículo e nos seus perfis on-line e envie uma nota a esse respeito para o jornal da faculdade e o jornal da sua cidade natal. Se algum veículo de notícias escrever uma matéria sobre você, ela vai aparecer on-line (dando mais visibilidade a você no Google) e será um excelente clipping para colocar no seu portfólio (do qual falaremos no próximo capítulo).

☐ Feito!

## 57. Aprenda a falar em público

O que você escolheria: falar diante de uma sala repleta de desconhecidos ou comer uma tigela cheia de baratas?

Não me espantaria se a maioria das pessoas preferisse a última opção. Falar em público é um dos maiores medos do ser humano, e muita gente faria qualquer coisa para evitar isso. É também uma das melhores habilidades que você pode desenvolver para ter sucesso na procura de emprego e na carreira. Ser articulado e confiante o levará muito, muito longe. Falar em público não é coisa só para políticos — é uma habilidade útil em quase todas as profissões.

Saber se comunicar é importante porque, qualquer que seja a carreira que escolher, essa é uma habilidade que você vai usar todos os dias da sua vida (a menos, é claro, que seja acometido por uma laringite).

Falar em público tem um significado especial nessa fase da sua vida. Kim Dower, co-autora de *Life is a series of presentations* [A vida é uma série de conferências], diz o seguinte: "Os estudantes universitários/de cursos técnicos e os recém-formados não têm muita experiência, por isso seu currículo não tem muito que informar. Para nós, que somos mais velhos e já ingressamos no mercado de trabalho, basta mandar o currículo por e-mail ou relacionar nossa experiência anterior, e uma série de oportunidades de venda do nosso trabalho surge no papel. Os mais jovens não têm onde se apoiar para causar impressões pessoais sólidas e significativas. Os estudantes e recém-formados precisam se comunicar e impressionar principalmente por meio de suas habilidades orais".

De acordo com Kim, uma das maneiras mais fáceis de aprender a ficar à vontade ao falar é simplesmente se expressar na classe. "As pessoas que temem falar em público, ou ficam nervosas ou constrangidas de se colocar diante de um grupo, abrem mão de falar na classe. Elas se sentam no fundo, olham para baixo quando surge uma pergunta e fazem de tudo para evitar ter de se manifestar. Deixe disso! Essa é a sua chance de aprender a fazer isso. Faça um esforço! Como todos os outros medos, inclusive o de voar, quanto mais você o enfrenta, menos temeroso se sente e mais à vontade você fica."

Outra dica é falar em público durante reuniões de clubes estudantis ou em suas atividades extracurriculares. "Faça algo de que você gosta e, enquanto estiver lá, fale bastante", incentiva Kim. "É mais fácil ser verbal e aprender a falar de maneira articulada e entusiasmada quando você se *sente* entusiasmado. Descubra como é participar de algo que o empolga. Ingresse em um clube onde você possa se levantar, falar e sentir a força de conversar com um grupo sobre algo que mexe com você."

Kim deixa bem claro que não é preciso ser um apresentador nato. Qualquer um pode aprender a melhorar. "Aprender é simplesmente praticar", afirma ela. "Geralmente, quando estamos na faculdade, prendemo-nos a certos comportamentos. Se falar em público é difícil, encontramos maneiras de não fazer isso, e quando saímos no mundo para enfrentar as entrevistas de emprego é muito duro. Concluímos que não somos bons nisso porque não temos experiência. É por isso que na faculdade precisamos fazer o esforço de tentar e descobrir como essa habilidade é importante. Mais tarde, veremos que a habilidade de falar é essencial para obter o que queremos e que ela está à nossa disposição o tempo todo! Pode se tornar parte de nós. E é quase certo que, quando se sente seguro de si, olha alguém nos olhos e sorri, a resposta que lhe chega é incrível."

[MÃOS À OBRA]
Apresentar-se diante de um clube estudantil ou da classe é uma boa oportunidade para desenvolver suas habilidades de falar em público. Outra sugestão é ingressar em um grupo de profissionais que se reúne só para trabalhar suas habilidades de falar em público. Uma possibilidade é um dos escritórios locais da Toastmasters International.
A Toastmaster International (www.toastmasters.org) é uma entidade educacional sem fins lucrativos com clubes espalhados por todo o mundo, onde as pessoas desenvolvem habilidades de comunicação e liderança em um ambiente de apoio. Durante as reuniões regulares, os integrantes aprendem a dar palestras, avaliar as comunicações entre si, falar de improviso e conduzir reuniões (habilidade extremamente importante no local de trabalho). Apareça numa reunião para aprender algumas dicas ou ingresse em um dos escritórios para desenvolver melhor suas habilidades de apresentação.

> **No Brasil, dezenas de conferencistas dão cursos que ensinam a falar em público. Além disso, existem diversos livros publicados sobre o assunto.**
>
> ☐ Feito!

## 58. Encare um desafio físico

Meu amigo Dave estava estressado. Ele se formou na faculdade, decidiu já meio tarde que gostaria de cursar Medicina, conseguiu um emprego para pagar o crédito educativo e, enquanto se preparava para o vestibular, trabalhava em período integral.

Ah, sim, e também treinava o triatlo.

Dave não era um super-homem, mas era superesperto. Quando se viu nessa situação extremamente estressante — de trabalhar o dia todo e estudar para um exame muito difícil —, ele lançou mão de sua forte ética e disciplina profissional e a aplicou em outra área: sua saúde física. Em troca, ele se superou em todas as atividades de sua vida agitada, pois encontrou certo equilíbrio. Embora o vestibular e o treinamento de triatlo sejam ambos muito puxados, Dave conseguiu desfrutá-los porque nenhum desses esforços se tornou absorvente.

Algumas das pessoas mais bem-sucedidas do país dedicam um tempo justo à sua boa forma física. Se você é inteligente o bastante para fazer grandes conquistas em sua carreira, é inteligente também para saber que tem de liberar parte do seu estresse na atividade física.

Mais do que isso, qualquer tipo de exercício acrescenta outra dimensão à sua imagem no ambiente de trabalho. Ser um corredor pode ser um ponto em comum com um chefe que também adora levar seus tênis em viagens de negócios. Os clubes de corrida são oportunidades prazerosas e produtivas de networking. Do mesmo modo, jogar futebol pode proporcionar excelentes possibilidades de networking com uma grande variedade de pessoas, além de partidas divertidas e churrascos depois. Se gosta de andar de bicicleta, você pode ajudar a coordenar uma maratona de duas rodas beneficente em seu primeiro ano como executivo júnior de uma grande corporação. Ou o seu conhecimento de posturas de ioga pode vir a calhar quando uma colega estiver particularmente estressada — você ganhará créditos por acalmá-la antes de uma importante apresentação.

Todo tipo de exercício físico mantém a mente clara e estimula a criatividade. Muitas vezes ouvimos os gurus empresariais falar em "sair do convencional". Bem, acredito também em sair do escritório para pensar. Às vezes, subir uma montanha pode ser mais produtivo que uma reunião.

Além disso, o seu compromisso de ir até o fim em uma competição exigente como a maratona ou o triatlo chama a atenção dos recrutadores. Lauren E. Smith, sócia de uma importante empresa de pesquisa executiva, me contou a história de um vice-presidente de engenharia com quem ela trabalhou que estava querendo contratar um funcionário empenhado nos resultados. "Ele acabou contratando um corredor entusiasmado que concluíra várias maratonas", conta Lauren. "Percebeu que se tratava de alguém muito motivado pelo objetivo."

O treinamento para triatlo pode não ser para todo mundo, mas ajudou Dave a entrar na faculdade de Medicina. E, certamente, queimou as calorias a mais ingeridas com as pizzas comidas tarde da noite no intervalo dos estudos.

## 59. Libere sua veia cômica

Como você acabou de ler, falar em público está entre os principais medos das pessoas, e eu diria que os shows cômicos são a forma mais assustadora de falar em público.

É por isso que você deve tentar.

Ser um orador competente é uma habilidade que terá muita serventia ao longo de toda a sua carreira, e, quanto antes você desenvolvê-la, melhor. Ser um orador competente *e* ser capaz de contar uma ou duas piadas, bem, isso vale ouro. Qualquer tipo de treinamento de representação pode ajudá-lo a aprender habilidades "ligeiras" como postura, contar uma história e prender a atenção da platéia — todas úteis em situações profissionais como vendas ou demonstrações de marketing. Se conseguir fazer a platéia dar risada, você provavelmente conseguirá fazê-la comprar qualquer coisa.

É mesmo possível aprender isso? Sim, diz Mark Malkoff (veja adiante a entrevista que ele nos concedeu), que trabalhou em vários shows cômicos, como o *Late show with David Letterman*. Mark estudou na Universidade de Nova York e no famoso Second City Training Center, em Chicago (por lá já passaram Bill Murray, Tina Fey, Halle Berry, Sean Hayes e muitos outros produtores, diretores, escritores e atores). A comédia não é só para os que aspiram a se tornar artistas: Ron Shaw, presidente e CEO da Pilot Pen, começou a carreira como comediante.

Para experimentar sua veia cômica, Mark recomenda fazer aulas de improvisação ou partir direto para uma apresentação em algum clube de comédia. Com base em sua experiência, Mark identifica vários benefícios relacionados com a carreira que qualquer pessoa, mesmo as que consideram não ter talento para isso, pode extrair desse tipo de oportunidade — lembre-se de que essa é uma boa experiência para mencionar numa entrevista de emprego ou em encontros de networking, caso você decida falar a esse respeito:

- Aprender a estar no momento presente ajuda a pensar com autonomia
- Divertir as pessoas e ouvi-las rir de suas piadas fortalece a confiança pessoal
- Saber se comunicar é uma enorme vantagem — todo tipo de experiência de atuação é útil na hora de vender seu trabalho numa entrevista de emprego
- Estar atento à platéia também ajuda a desenvolver as habilidades de escutar e interpretar a reação das pessoas

No mínimo, uma apresentação de cinco minutos em um show de comédia servirá para lhe mostrar que nada é realmente tão assustador quanto parece. Muitos cursos formais que ensinam a representar e falar em público incluem essa tarefa entre seus requisitos. Minha irmã teve de fazer isso durante um curso de redação de textos cômicos que ela fez na Universidade de Nova York. Todos os alunos tiveram de se apresentar num espetáculo de comediantes em Nova York. Embora nem todos tenham sido engraçados, todos receberam aplausos pela coragem de subir ao palco.

Portanto, dê os seus cinco minutos — mesmo que lhe pareçam uma eternidade.

## SUCESSO NA PRÁTICA

Pode ser que você se apaixone tanto pela comédia que decida seguir carreira nisso. Ou que comece a se interessar pelo setor de entretenimento. Nesse caso, Mark Malkoff é um excelente exemplo.

Mark é um ator, comediante e escritor que está construindo uma carreira bem-sucedida. Atualmente, ele é coordenador de audiência de *The Colbert Report* e já trabalhou no sitcom *Spin City*, de Michael J. Fox, além de muitos outros shows de tevê. Na minha opinião, ele reúne uma surpreendente combinação de instinto, ética profissional e dedicação aos seus objetivos. Eis a sua história:

**LP: Como você ingressou no mundo do entretenimento?**
**MM:** Desde cedo eu soube que queria trabalhar na tevê e como comediante. Eu conhecia algumas pessoas do *Saturday Night Live (SNL)*, como Adam Sandler, antes de se tornarem famosas. Cresci na Pensilvânia e, aos 16 anos, pegava o carro e ia até a cidade de Nova York. Comecei a freqüentar o set do *SNL* e fui fisgado. Eu me esgueirava pelo set de terno e depois me infiltrava nas reuniões sociais.

Fui estudar na Universidade de Nova York e me apaixonei pela cidade e por seu glamour. Continuei a fuçar pelo set do *SNL* durante o primeiro ano da faculdade, e então pensei que talvez estivesse na hora de levar a coisa a sério. Comecei a fazer estágios quando ainda era calouro. O primeiro foi com um diretor de comédias para novos comediantes, muitos deles hoje famosos. É por isso que o mais importante é manter seus relacionamentos — você nunca sabe aonde as pessoas vão chegar. Tudo é uma questão de relacionamentos.

E — isso também é importante — você pode ser uma pessoa legal e ainda assim fazer sucesso no setor de entretenimento. Você pode ser cruel e sair falando mal das pessoas, mas então vai matar os seus relacionamentos, e não precisa ser assim. Alguns dos nomes mais bem-sucedidos e no auge da fama são pessoas realmente legais.

**LP: Como conseguiu estágios e como foi sua experiência neles?**
**MM:** Consegui todos os meus estágios em programas de tevê por intermédio do coordenador de estágios da universidade. A maioria dos programas não aceita estagiários que não estão cursando a faculdade. Estagiei em todos os tipos de programa para conhecer diferentes processos e personalidades. A única maneira de se preparar é entrar no meio. Os estágios são extremamente importantes.

**LP: Para conseguir um bom estágio no setor de entretenimento é preciso estudar em Nova York ou Los Angeles?**
**MM:** Acho que se pode começar em qualquer lugar. Há excelentes oportunidades, dependendo de onde você mora. Por exemplo, os caras que dirigem o *Onion* [jornal satírico] são de Wisconsin e recrutam pessoas de lá. Os ex-alunos da sua escola podem ajudar se você entrar em contato com eles. Então venha para Nova York durante as férias, se puder, e comece dessa maneira.

**LP: O que você aconselha aos estudantes e recém-formados interessados em fazer estágio?**
**MM:** É preciso maximizar as oportunidades de estágio. Não seja insistente, mas deixe que as pessoas saibam que você está interessado em conseguir um emprego no final. Alguns estagiários com quem trabalhei eram passivos demais e não deixavam claro que estavam procurando trabalho. Não tenha

> medo de bater à porta das pessoas e perguntar como fizeram carreira. Você precisa estabelecer contatos pessoais. Tome iniciativas e fique até mais tarde que os outros estagiários.
>
> **LP: Até que ponto é verdadeiro o estereótipo de que o artista morre de fome?**
> **MM:** As pessoas são diferentes no que diz respeito ao tempo que dedicam para chegar aonde querem na carreira. Começar é o mais importante. O dinheiro era uma piada no início — eu tinha de trabalhar no final de semana para conseguir pagar as contas. Mas ele acaba pintando. O dinheiro virá.

## 60. Tenha um hobby

Não há nada melhor que descobrir que o seu mais recente contato, assim como você, gosta de voar de asa-delta, colecionar selos ou de boa comida. Aqui estão dois hobbies que comprovadamente favorecem a carreira. Talvez você se interesse por algum deles, se é que já não os pratica:

- **Dê a sua tacada.** Você deve conhecer o estereótipo dos velhos tempos em que os magnatas discutiam e fechavam negócios multimilionários no campo de golfe. Bem, como a maioria dos estereótipos, esse também tem um fundo de verdade. A maior parte dos homens de negócios joga golfe e considera o esporte uma grande vantagem para sua profissão. **No Brasil, é mais comum que o networking seja feito em jogos de tênis.** Se você é estudante, faça aulas no campus.
- **Dê o seu lance.** Entrar num clube de xadrez? Fique alerta! Só falta agora eu dizer para você usar uns óculos de grau bem grossos, não é? Nada disso. O xadrez já superou sua imagem de coisa de *nerd* e é hoje reconhecido como uma maneira inteligente de desenvolver algumas habilidades que fazem deslanchar a carreira — especialmente para quem planeja entrar no meio empresarial.

Quais são os benefícios de aprender a jogar xadrez? O jogo desenvolve o raciocínio estratégico, a lógica e a concentração, para citar apenas alguns. E pode servir como um bom ponto de contato com outras pessoas que também jogam xadrez que você venha a conhecer durante um evento de networking ou uma entrevista de emprego. Já vi tabuleiros de xadrez no escritório e na casa de muitas pessoas bem-sucedidas.

Hoje em dia, nem sequer é preciso encontrar-se pessoalmente com seu oponente ou ingressar num clube de xadrez para conhecer o jogo — você pode aprender e jogar na internet (o PlayChess.com é o site mais popular) com outros jogadores ao redor do mundo.

Não se interessou por golfe nem xadrez? Há muitos outros hobbies, passatempos, esportes e jogos que podem lhe proporcionar uma vantagem competitiva sobre seus pares. Esportes como handebol, futebol, tênis, basquete e squash são boas formas de fazer contato no mundo profissional. É bom também saber jogar cartas, principalmente pôquer, para o caso de você ser convidado a jogar com colegas ou pessoas que conheceu em eventos de networking. Cantar em um coral, tocar numa orquestra ou representar em teatro comunitário são também excelentes escolhas.

Basicamente, qualquer atividade pode oferecer oportunidades de networking, liderança e aprendizado que o ajudem a se destacar na procura de emprego e quando começar a trabalhar. Não deixe de mencionar seus hobbies nas entrevistas de emprego e situações de networking. Você pode ainda relacionar alguns passatempos na seção "Interesses" do seu currículo; hobbies gerais, contudo, como viajar, caminhar, ler, acampar ou ir ao cinema não causam grande impacto. Os recrutadores comentam que só ficam mesmo impressionados quando se trata de algum interesse extraordinariamente incomum (como dançar flamenco, participar de maratonas) ou quando a pessoa alcançou um nível de realização excepcional (dar a volta ao mundo de veleiro, representar na Broadway).

## 61. Trabalhe como guia turístico

Algumas dicas foram incluídas neste livro porque li a seu respeito e me pareceram ótimas estratégias. Outras porque foram experiências que eu mesma vivenciei e das quais gostei muito. Ser guia turístico com certeza é uma delas. Se você já fez isso, espero que tenha gostado também.

Trabalhei como guia turístico na faculdade quando estava no segundo ano. Para se candidatar ao emprego, é preciso decorar um monte de datas, fatos, nomes de ex-alunos doadores e casos não exatamente verídicos ocorridos no campus. E, é claro, o truque clássico da profissão: andar de costas (o que nem sempre é fácil quando você tem de caminhar por trechos pavimentados com paralelepípedos).

Por que decidi ser guia turístico? Por três razões. A primeira é que eu realmente gostava muito da faculdade e tinha orgulho de exibi-la. A segunda é que eu ganhava algum dinheiro fazendo algo divertido, que além disso me permitia uma atividade física e conhecer pessoas. A terceira é que há boas vantagens em ser o sabe-tudo do pedaço — não só estar por dentro de todos os acontecimentos correntes como saber até a localização exata do quarto de cada aluno no campus.

Como fiz isso durante alguns anos, identifiquei alguns benefícios adicionais, principalmente quando tinha de conversar sobre o emprego com possíveis empregadores, coordenadores de estágio ou comissões de bolsas de estudo. Ser guia turístico no campus é um trabalho excelente (pelo menos foi para mim), mas você pode encontrar oportunidades, remuneradas ou não, de conduzir excursões na sua cidade, em museus ou galerias, e até mesmo em estádios esportivos.

Seja lá onde for que você escolha fazer isso, há muitos aspectos dessa função que podem ser úteis na sua pesquisa de carreira e caça ao emprego:

- Ser guia turístico é outra maneira de você sondar o que gosta e o que não gosta de fazer. Você gosta de memorizar fatos mas se assusta com a idéia de guiar um grupo? Talvez seja melhor ficar numa posição de retaguarda do que lidar com o público. Gosta de falar sobre arte e arquitetura? Essas áreas podem ser bons ambientes para procurar o

primeiro emprego. Gosta de conhecer pessoas de diferentes lugares do mundo? Pense em funções que o colocariam em mercados globais ou no atendimento a clientes. Ficaria feliz de interagir com os possíveis alunos do grupo? Trabalhos orientados para os jovens, como ensinar ou dar consultoria sobre carreira, podem ser uma boa escolha.
- Qualquer que seja a área em que você decida ingressar, a habilidade de memorizar fatos e histórias é extremamente valiosa na procura de qualquer emprego. As organizações adoram jovens candidatos que dedicam tempo para pesquisar seus produtos, serviços, cultura e história. Com a experiência de guia turístico, você não só saberá quais fatos são relevantes mas também será capaz de comunicá-los com clareza numa entrevista de emprego. Como? Prepare-se para uma entrevista de emprego assim como faria para conduzir um tour: anote os fatos relevantes e ensaie como contá-los de maneira atraente.
- A experiência como guia turístico cai muito bem no currículo para qualquer emprego em que você tenha de lidar com pessoas, de atendimento ao cliente a relações públicas, de planejamento de eventos a enfermagem. Como guia turístico, você nunca sabe como serão as pessoas do grupo, e tem de lidar com todos os que estiverem na sua frente. Ao incluir essa experiência no currículo, você deve dar destaque a itens como "grande facilidade de interação pessoal", "excelente capacidade de comunicação oral" e "habilidade de pensar com autonomia". E prepare-se para atestar essas afirmações com uma história relevante, como conduzir turistas que não falavam seu idioma ou guiar uma excursão durante um temporal (sim, ambas aconteceram comigo!).

## 62. Assista aos melhores filmes de todos os tempos

Você tem se empenhado tanto e está indo tão bem que vou lhe dar agora uma dica divertida. Providencie a pipoca e desligue o computador por algumas horas.

Como você sabe, ganhar experiência é uma maneira de se destacar de seus pares e demonstrar suas habilidades especiais. Por outro lado, é também um jeito de mostrar que você é bastante semelhante à maioria das pessoas que estão no mercado de trabalho — ou seja, de saber o que as pessoas experientes sabem. Por exemplo, se todos, no seu futuro ambiente de trabalho, sabem atender ao telefone ou redigir um memorando, você também precisa saber. Muitas dicas deste livro foram pensadas para ajudá-lo a avançar profissionalmente e fazer bonito quando conseguir seu emprego.

Esta dica trata de outro componente da experiência — o cultural. Embora a maior parte das perguntas numa entrevista ou solicitação de emprego não avalie diretamente o seu QI cultural, há certo nível de informação que se espera de você — como conhecer filmes famosos e frases memoráveis ditas nesses filmes.

Em certos aspectos, você está em vantagem no que diz respeito ao conhecimento cultural, porque acabou de aprender muita coisa sobre isso na faculdade. Em outros, está em desvantagem, porque a maioria dos empregadores já tinha vivenciado boa parte dessa cultura antes mesmo de você nascer (não estranhe se alguém lhe perguntar onde você estava quando John F. Kennedy foi assassinado).

Uma boa forma de começar a desenvolver seu QI cultural é assistir aos dez maiores filmes de todos os tempos do cinema americano, segundo classificação do American Film Institute. É uma tarefa divertida e fácil de realizar, além de uma pausa prazerosa nos estudos e na atividade de procurar emprego. São eles:

1. *Cidadão Kane*
2. *Casablanca*
3. *O poderoso chefão*
4. *E o vento levou*
5. *Lawrence da Arábia*
6. *O mágico de Oz*
7. *A primeira noite de um homem*

8. *Sindicato de ladrões*
9. *A lista de Schindler*
10. *Cantando na chuva*

Se parecer relevante e adequado, comente sobre esses "dez mais" durante a entrevista de emprego ou eventos de networking. Você causará boa impressão e, não tenha dúvida, algum dos filmes da lista será tema de conversa.

## 63. Diga "om"

Faz pouco tempo que me converti aos benefícios da meditação (e ainda não sou muito boa nisso), por isso, se você nunca pensou em meditar (ou achou que fosse algo um pouco distante), entendo perfeitamente. E acho que você deveria experimentar.

O motivo de eu recomendar a meditação é o seguinte: o mundo profissional pode ser bastante estressante, e é importante aprender maneiras de lidar com esse estresse. Você precisa de um método confiável para se recolher física e mentalmente nos momentos de grande tensão e se acalmar. Quanto antes aprender a fazer isso, melhor você se sairá na procura de emprego e na sua carreira.

Para algumas pessoas, dar uma volta no quarteirão ajuda a clarear a mente e liberar o estresse; outras preferem telefonar para um amigo, correr, praticar ioga ou chacoalhar ao som de música tecno. Tudo isso é ótimo, e incentivo você a usar qualquer recurso que funcione para tirá-lo do estresse. Mas muitos deles não podem ser praticados no escritório, nem diante dos colegas de trabalho, ou no metrô de volta para casa. Além de todos os outros benefícios, a meditação também é conveniente.

O que significa exatamente meditar? No nível mais básico, significa limpar a mente. Embora muitas práticas consistam em focar a mente num mantra (uma sílaba, em geral em sânscrito), pode-se meditar também prestando atenção na respiração. É isso que eu faço, e é incrível como pode ser tranqüilizante.

A meditação, ou qualquer outro meio que você escolher para aliviar a tensão, é uma grande vantagem para quem está iniciando carreira. Muitos empregadores vão perguntar, durante a entrevista de emprego, o que você faz para lidar com o estresse, particularmente se estiver se candidatando a trabalhar num ambiente tenso, como o mercado de ações, uma sala de aula na periferia ou um hospital. É importante também se você já teve problemas para controlar sua raiva e teme (com razão) que o seu temperamento possa prejudicar sua carreira. Embora não haja nada de errado em ser humano no ambiente de trabalho, não é certo explodir com um colega, atirar uma caneca de café do outro lado da sala ou tomar uma decisão impensada porque está chateado com um cliente ou freguês.

[MÃOS À OBRA]
Elizabeth Scott, orientadora de gerenciamento de estresse na About.com, recomenda aos iniciantes esta meditação simples usada no caratê. De acordo com Elizabeth, a técnica é rápida mas muito eficaz. Combina a respiração — que já se provou ter efeitos significativos sobre a mente, o corpo e o humor — com a meditação simples, para ajudá-lo a ficar mais relaxado fisicamente e ter a atenção mais centrada.
INSTRUÇÕES:

1. Sente-se numa posição confortável. A posição recomendada é seiza ("sai za"): com as pernas dobradas sob você, sente-se sobre os pés, com os joelhos voltados diretamente para a frente. Mas você também pode se sentar de pernas cruzadas ou em outra posição que considere mais confortável.
2. Feche os olhos e mantenha a cabeça ereta, com os olhos (por trás das pálpebras) focados no horizonte.
3. Inspire fundo e segure a respiração enquanto conta até seis. Em seguida, respire normalmente e focalize sua atenção na respiração. Inspire pelo nariz e expire pela boca.

4. Se os seus pensamentos se desviarem para as tensões do dia que o aguarda ou do dia que passou, volte suavemente o foco para a respiração. Sinta o ar entrando e saindo.
5. Continue a fazer isso por três a dez minutos. Você perceberá o seu corpo mais relaxado e sua mente mais calma. Desfrute o resto do dia!

**Para mais dicas e recursos para lidar com o estresse, consulte o website www.estresse.com.br, do Centro Psicológico de Controle do Stress (CPCS).**

☐ Feito!

# 7. PONHA-SE NO PAPEL

AGORA QUE VOCÊ REUNIU ALGUMAS EXPERIÊNCIAS E REALIZAÇÕES para mostrar aos possíveis empregadores, é preciso pensar em como essas informações vão aparecer no papel. O currículo e as cartas de apresentação são os materiais de marketing que o representam no mundo profissional. Não importa até que ponto você seja fabuloso pessoalmente; esses documentos precisam estar em ordem se quiser ser contratado.

Primeiro, vamos definir o que é currículo: currículo é uma das ferramentas no processo abrangente e multifacetado da procura de emprego. Não é porque se trata de um documento "oficial" que você vai entrar em pânico e atribuir a ele mais poder do que de fato tem. É uma ferramenta. Uma peça de marketing. Uma necessidade. Por si só, ele não vai lhe garantir um emprego, mas você precisa dele para cruzar a porta e, finalmente, ser contratado. Esclarecido isso, saiba também que o currículo pode *pôr a perder* uma oportunidade — se não for organizado, profissional, convincente e sem erros de qualquer tipo.

Se a esta altura você não estiver se descabelando, chegou a hora de começarmos a fazer brilhar seu currículo, a carta de apresentação e os demais documentos de apoio.

## 64. Reformule o seu currículo

Não vou lhe dizer como redigir um currículo. Minha experiência com estudantes e recém-formados me diz que você já fez isso, com a ajuda de um livro ou do departamento de orientação profissional da escola, e que ele está parado num arquivo ou escondido debaixo de uma pilha de provas velhas, e que você provavelmente odiou escrevê-lo e fica entediado toda vez que tenta trabalhar nele.

Ou pode ser que isso só tenha acontecido comigo.

Se estou enganada e, para você, não tem nada mais excitante do que passar o sábado à noite em casa trabalhando no seu currículo, então me desculpe. Se estou certa e você, tanto quanto eu quando estava na faculdade, detestou o processo de redigir o currículo, então aqui vão uma boa e uma má notícia.

A má notícia é que o currículo é realmente importante; sendo assim, recomendo que você gaste um tempo para deixá-lo o melhor possível.

A boa notícia é que vou lhe dizer como dar vida mesmo ao currículo mais sem-graça, do tipo até-minha-mãe-dormiu-antes-de-chegar-no-fim.

Eis minhas dicas favoritas, baseadas na minha experiência de redigir e ler currículos e nas orientações dos especialistas que consultei:

**Cuidado com as informações de contato.** Qualquer número de telefone ou endereço de e-mail que você informar pode ser usado por um possível empregador. Tenha certeza de que você tem controle total e acesso diário a todos os métodos de comunicação que listar. Se sabe que sua meio-irmã pequena às vezes atende ao telefone da casa e desliga na cara das pessoas, não inclua esse número no currículo. E, como já vimos, é preciso que a mensagem gravada no correio de voz de cada número listado tenha um tom profissional.

**Declare seus objetivos.** O principal problema com o currículo de quem está começando é a falta de foco. Como os estudantes geralmente se formam numa única área, adquirem experiência em duas ou três outras mais e participam de trabalho voluntário e atividades extracurriculares em outros campos ainda, os empregadores não sabem identificar que tipo de emprego o estudante deseja. Não espere que os empregadores filtrem as informações do seu currículo para descobrir que trabalho é mais adequado a você. Essa tarefa é sua. Você precisa de uma declaração de objetivo para direcionar as pessoas na leitura a fim de que elas entendam o que você pretende.

Sei que é um desafio decidir qual é o seu objetivo (e é por isso que a próxima dica vai estimulá-lo a criar um currículo para cada oportunidade que está sondando), mas insisto nessa recomendação. Mesmo que a carta de apresentação esclareça qual tipo de oportunidade você está buscando, essa informação também precisa estar no currículo. Por quê? Porque não dá para garantir que todos lerão a carta de apresentação.

A melhor declaração de objetivo, para quem está começando, é a que menciona o cargo ou a área de interesse — ou ambos. Além disso, o foco deve estar na contribuição que você pode dar ao empregador, não nas habilidades ou experiência que espera aprender ou desenvolver em tal função. E seja preciso. Evite a qualquer custo o genérico "Procuro um cargo que me apresente desafios".

Segundo a útil recomendação do website QuintCareers.com, "a declaração de objetivo deve ser simples e direta, assim como o nome do cargo ao qual está se candidatando, que varia de uma oportunidade de emprego para outra. Você também pode adorná-la um pouco mais dizendo ao empregador os benefícios que ele terá se o contratar. Algo assim: 'Objetivo: Contribuir para sua empresa com experiência e sólidas habilidades em _____ _____ atuando na função de _____'. Hoje em dia, que é tão fácil gerenciar arquivos no computador, você pode ter várias versões do seu currículo exatamente iguais, apenas com o objetivo diferente. Um objetivo específico é sempre melhor que um geral ou vago".

**No Brasil, diversos sites assessoram a produção de currículos. Veja a seguir algumas deles: www.infojobs.com.br, www.curriculum.com.br, www.catho.com.br e www.empregos.com.br.**

**Adeque seu currículo a diferentes empregos e setores.** É bem provável que você esteja se candidatando a empregos em várias empresas e até mesmo setores diferentes. Os empregadores sabem reconhecer quando estão diante de um currículo genérico, que está sendo distribuído a torto e a direito. Tudo bem ter um currículo modelo, mas é preciso personalizá-lo com diferentes declarações de objetivo e palavras-chave, que sejam adequadas a cada empresa para a qual você o está enviando. Por exemplo, se está se candidatando a um emprego em bancos de investimento e empresas de consultoria, prepare um currículo para cada caso, incluindo no seu objetivo "cargo em banco de investimento" para o primeiro e "cargo em consultoria" para o segundo.

Outra boa maneira de personalizar seu objetivo é por tipo de empresa. Se está procurando empregos ligados à engenharia em empresas ou em órgãos do governo, em um dos currículos o objetivo pode ressaltar seu desejo de trabalhar em obras públicas, enquanto o outro pode destacar seu desejo de contribuir para os resultados financeiros de uma corporação. A maioria dos sites de emprego na internet permite que você armazene vários currículos on-line.

Mas preste atenção: se estiver enviando seu currículo para uma grande empresa, por correio ou pelo website de recrutamento, escolha apenas uma versão. Os recrutadores me disseram que é irritante e confuso quando a companhia recebe versões diferentes de currículo de um mesmo candidato. Se pensa em se candidatar a departamentos diferentes dentro de uma única organização, recomendo escolher aqueles que têm estreita relação entre si (como marketing e relações públicas, por exemplo), para que você não dê a impressão de que está sem rumo, dando tiro para todo lado.

**Só mencione suas notas finais se elas estiverem acima da média.** Se a sua média geral no curso for menor que 8, mas a média final na sua área de concentração for maior que 8, inclua-a no currículo. Você pode, é claro, incluir as duas, se ambas forem acima da média. Sei que não mencionar as médias implica que elas foram baixas, mas tudo bem. Esteja preparado para discutir por que suas notas não foram excelentes se o assunto vir à baila durante a entrevista de emprego. E, se ainda estiver estudando, tente melhorar suas notas — elas podem fazer muita diferença na hora de procurar emprego.

**Inclua palavras-chave.** Não só sites de busca de emprego, mas também os possíveis empregadores, vão procurar palavras-chave no seu currículo. O olhar dos empregadores é naturalmente atraído para as palavras que lhes interessam: nomes de empresas, habilidades e experiência. Isso é particularmente importante nas áreas técnicas, como programação de computadores. Assim, lembre-se de dar-lhes o que eles querem. Você pode ter a exata experiência que o empregador está procurando, mas, se ela não for representada no currículo pelas palavras que ele tenta identificar, você estará em desvantagem.

A melhor maneira de encontrar as palavras certas é pesquisar em listagens de emprego on-line os tipos de cargo a que você aspira. Use então no seu currículo algumas das palavras e frases que prevalecem nessas listagens — na declaração de objetivo e na seção sobre experiência prévia, se esta for relevante e verdadeira. Por exemplo, em vez de "Contabilidade básica", é melhor algo mais descritivo, como "Contabilidade de balancetes". "Experiência com Photoshop, Illustrator e InDesign" tem mais impacto do que "Experiência em diagramação".

**Quantifique tudo.** Cuide para que o currículo seja o mais específico possível. "Gerenciei uma equipe de monitores de acampamento" surte menos efeito do que "Gerenciei uma equipe de doze monitores de acampamento e cinco monitores em treinamento". Isso pode realçar tarefas administrativas subalternas: "Recepcionista de uma clínica médica que recebia mais de cem clientes por dia". Se o seu trabalho contribuiu para arrecadar dinheiro ou gerar lucro, isso também é superimportante. Os empregadores adoram currículos com frases como: "Melhorei a venda de equipamentos esportivos no meu departamento em 50% ao longo de seis meses" ou "Arrecadei $ 10 mil em doações na ONG na qual fui voluntário". Isso mostra resultados específicos e também demonstra que você entende a importância de medir tais resultados.

**Priorize.** Ao listar itens sob cada emprego, estágio ou experiência como voluntário que você teve, comece pela tarefa, desempenho ou responsabilidade mais importante. É improvável que o empregador leia cada item de todas as seções do currículo — a maioria das pessoas se detêm apenas no primeiro ou segundo da lista. Não é necessário listar suas realizações cronologicamente; as mais significativas devem vir primeiro. Note também que os empregos mais desafiadores devem conter mais itens que as experiências de menor impacto.

**Diversifique.** Você já deve ter ouvido dizer que é importante iniciar as descrições de seu desempenho com palavras de ação: gerenciei, dirigi, fundei, liderei, coordenei etc. Isso é absolutamente verdadeiro, mas é comum o erro de repetir as mesmas palavras várias vezes. Mostre aos recrutadores que você tem um bom vocabulário (ou, pelo menos, um dicionário de sinônimos) variando as palavras e frases.

**Liste estágios, trabalhos voluntários e empregos de férias.** Não é porque não recebeu pagamento por alguma atividade que ela não vale como experiência real. Seja sincero sobre cada situação (obrigações, responsabilidades e compromisso de tempo), mas não deixe de incluir todas.

**Escreva sobre coisas dignas de nota.** Liste tudo de singular e incomum a seu respeito. De acordo com o website CollegeGrad.com: "Pense no que contaria aos seus pais ou avós sobre as coisas notáveis que você realizou durante os anos de faculdade. Assim você terá excelentes detalhes para incluir no currículo. Essas coisas notáveis são o que distinguem você do restante da multidão. São elas que eu procuro ao decidir quem chamar para uma entrevista. E são o ponto de partida dos muitos relatos interessantes contados durante as entrevistas que terminam numa oferta de trabalho". Eis alguns exemplos: "Presidente fundador do primeiro clube de empreendedorismo da Universidade XYZ", "Ganhador de bolsa de estudos por excelência em Humanidades" ou "a pessoa mais jovem promovida a assistente de gerência em tal joalheria".

**Não destaque no currículo coisas que você não gostou de fazer.** Como pode ver, existem muitas maneiras de chamar a atenção para o que você quer que as pessoas leiam no seu currículo, por isso evite essas estratégias quando *não* quiser promover alguma coisa. De fato, se teve alguma tarefa ou responsabilidade que detestou e nunca mais pretende voltar a fazer ou assumir enquanto viver (como vender aspiradores de porta em porta ou limpar gaiolas de animais), deixe-a fora do currículo. Você pode excluir um emprego inteiro, aliás, se não for relevante para a colocação que procura atualmente.

**Não minta, não exagere nem aumente a verdade.** Isso acontece muitas vezes, e não é uma boa idéia. Há muitas razões para não mentir no currículo. Em primeiro lugar, se a mentira ou o exagero forem descobertos, você perderá para sempre a oportunidade de trabalhar nessa empresa. Em segundo, se exagerar suas habilidades — dizendo, por exemplo, que é fluente em espanhol quando seus conhecimentos dessa língua não vão além do que aprendeu no ensino médio, ou que conhece determinada linguagem de programação que, na verdade, desconhece —, sua mentira ficará evidente quando começar a trabalhar e não puder demonstrar as habilidades que alegou ter. E, finalmente, qualquer mentirinha inocente que colocar no currículo agora pode lhe custar muito na carreira mais tarde. Mesmo que leve vinte anos para ser descoberto (como já aconteceu com executivos e políticos ilustres), esse seu deslize no começo da carreira pode arruinar por completo a sua reputação profissional. Sem dúvida, recomendo que você apresente suas habilidades e experiência da maneira mais positiva possível, mas nunca, jamais, se exceda.

**Limite-se a uma página apenas.** Algumas pessoas vão brigar comigo por isso, mas já vi executivos experientes com currículos de uma só página; portanto, não vejo por que o currículo de um estudante ou recém-formado tenha de ser maior que isso. Lembre-se de que o currículo é uma ferramenta de marketing e não um histórico, nem uma lista de supermercado, de tudo que você fez. Um currículo breve e enxuto demonstra que você sabe editar-se e vender seu trabalho de maneira clara e concisa — duas habilidades importantes no mundo profissional, especialmente se procura empregos na área editorial, de vendas ou de marketing. Para ter certeza de que formatou o currículo numa única página, mande cópias por e-mail para alguns amigos e peça que o visualizem na tela do computador (tanto Macs como PCs) e o imprimam.

**Deixe de fora as referências.** Os empregadores solicitarão referências se quiserem. Não desperdice espaço precioso na página com algo desnecessário por enquanto.

Eu poderia me estender mais e mais sobre isso, mas as dicas acima são suficientes para melhorar seu currículo, formatando-o da maneira mais consistente possível, e diferenciá-lo de outros candidatos. Lembre ainda que o currículo é um trabalho que nunca termina; portanto, atualize-o sempre que adquirir uma experiência ou habilidade nova, e fique atento a todas as dicas e táticas que possam fazer do seu currículo um documento que você tenha orgulho de enviar para outras pessoas.

**[MÃOS À OBRA]**
Circule as dicas que você ainda não aplicou ao seu currículo e faça as mudanças imediatamente. Termine de editá-lo agora mesmo, enquanto as informações estão frescas na sua cabeça.

☐ Feito!

## 65. Teste seu currículo antes de enviá-lo

Antes de mostrar ou enviar o currículo a qualquer empregador, é necessário primeiro testá-lo. Talvez você já tenha feito isso durante entrevistas informativas, ou no departamento de orientação profissional da faculdade, ou com seus pais — o que é ótimo. Mas seu currículo precisa passar ainda por alguns testes antes que eu me sinta confortável para aconselhar você a ir em frente e distribuí-lo no Mundo Real.

Primeiro, submeta-o ao teste de um minuto. Peguei essa dica no livro *Work it!* [*Trabalhe seu currículo!*], de Allison Hemming, e a aplico em todos os currículos que vejo. Hemming recomenda que, antes de enviar o currículo aos possíveis empregadores, você peça a alguns amigos ou pessoas de sua confiança que dêem uma olhada nele por sessenta segundos. "Depois de um minuto, pergunte a eles o que aprenderam sobre você e sua experiência de trabalho. Seu objetivo é determinar quanta informação eles conseguiram reter. Ouça com atenção o que eles têm a dizer e, se não fixaram os pontos essenciais, é sinal de que você precisa reformular o currículo", diz ela. A minha versão disso é a seguinte: se uma criança de 10 anos lesse o seu currículo, ela deveria ser capaz de descrever o tipo de emprego que você procura.

Em seguida, certifique-se de que o seu currículo está adequado à área em que pretende ingressar. Como vimos antes, você precisa de pessoas que lhe orientem como procurar emprego em determinado setor, e elas podem fazer sugestões importantes. O que impressiona no currículo de um advogado é diferente do que se exige no currículo de um artista, o que, por sua vez, é distinto do que se espera do currículo de um engenheiro. Se ainda não fez isso, mostre seu currículo a algum conhecido que atua na área de seu interesse e peça a opinião dele antes de se candidatar a empregos.

Por fim, revise uma, duas, três, quatro vezes o currículo para corrigir eventuais erros gramaticais ou de digitação. Às vezes, os que mais cometem erros desse tipo são os estudantes de Letras, por acharem que conhecem bem demais o idioma. Erros de digitação acontecem com as melhores pessoas; portanto, seja cuidadoso. Você pode perder uma oportunidade de emprego por causa disso. Segundo a revista *Entrepreneur*, 84% dos executivos dizem que um ou dois erros de digitação são suficientes para excluir o candidato de consideração; 47% precisam encontrar apenas um erro para tomar essa decisão. Não há justificativa para erros no currículo. Para mim, isso revela negligência e falta de atenção aos detalhes. Mostre seu currículo a todos os seus conhecidos que dominem a gramática e a ortografia. Revisão nunca é demais.

> **[MÃOS À OBRA]**
> Uma excelente estratégia de revisão é ler o currículo em voz alta algumas vezes e pedir que outras pessoas façam o mesmo. Assim fica mais fácil detectar erros de gramática ou frases mal construídas. E você perceberá também se comeu alguma palavra ou se há problemas de sintaxe. Lembre-se: se soar estranho para você, vai soar estranho para o recrutador.
>
> ☐ Feito!

## 66. Capriche na carta de apresentação

Cada recrutador tem uma opinião diferente sobre as cartas de apresentação. Para alguns, ela é mais importante que o currículo — mostra sua personalidade, sua atenção aos detalhes e, claro, suas habilidades de comunicação escrita. Para outros, é mera formalidade — eles querem ir direto ao ponto, às habilidades e experiências listadas no currículo. Como nunca se sabe que tipo de leitor se encontrará pela frente, a carta de apresentação deve ser excelente. (Uma carta mal-escrita pode pôr a perder uma oportunidade.)

A carta de apresentação é uma forma de marketing — você precisa mostrar que conhece seu mercado (o empregador), tem as habilidades e a experiência necessárias, sabe o que ele faz e quer trabalhar para ele.

Pedi orientações sobre como escrever uma carta de apresentação atraente à minha amiga Nicole Williams, fundadora da Wildly Sophisticated Media, empresa que auxilia jovens profissionais a construir a carreira dos seus sonhos. Nicole foi minha mentora e orientadora, e muitas vezes submeto documentos importantes ao seu olhar de especialista. Essa dica traz muitas instruções dela para redigir cartas de apresentação.

"São chamadas *cartas* de apresentação exatamente por isso, porque são, de fato, cartas. Embora o formato básico seja bastante padrão, a essência da carta deve ser exclusiva, tanto para você quanto para a pessoa que vai recebê-la. A maioria das pessoas subestima o poder da carta de apresentação, quando, na verdade, trata-se de uma das maneiras mais eficazes de causar impacto pessoal e diferenciar-se."

Eis a seguir, em linhas gerais, como fazer isso:

## Primeiro parágrafo: Comece pelo leitor

A maneira mais eficaz de captar a atenção do leitor, diz Nicole, é dirigir-se exclusivamente a ele. O pior erro em uma carta de apresentação é ela estar endereçada "A quem interessar possa". Pense em como você se sente quando recebe uma carta dirigida "ao inquilino". Saiba quem é a pessoa para quem vai mandar a carta. Se não tem um nome, ligue para a empresa e converse com o RH, ou pesquise na internet o nome do diretor do departamento a que você está se candidatando. Se possível, personalize.

É bom também descobrir algo específico sobre a pessoa ou a organização para a qual está escrevendo. Suas habilidades de pesquisa serão úteis aqui. Procure no Google o nome da pessoa e depois cruze a pesquise com o nome da empresa ou da área — assim você tem certeza de que se trata da pessoa certa. Dê uma olhada também no noticiário, no website da empresa e em informativos de imprensa sobre o departamento em que pretende ingressar, para poder explicar por que essa empresa lhe interessa. Se estiver sendo recomendado por algum conhecido comum, faça referência a essa pessoa e a todas as coisas positivas que ela possa ter dito sobre o empregador. Em resumo, faça o que puder para garantir que sua carta não seja genérica. E, sim, isso significa que você precisa de uma carta exclusiva para cada oportunidade que surgir.

## Segundo parágrafo: O que você quer?

Seja bastante específico sobre o motivo de sua carta. A maioria das pessoas do mundo dos negócios é ocupada demais e, quanto mais rápido você identificar a oportunidade que está procurando, mais tempo ela continuará lendo. O segundo parágrafo é geralmente o mais curto e, em alguns casos, tem apenas uma ou duas frases. Deixe claro qual é o departamento, a função ou o cargo específico (se você souber) que pretende.

## Terceiro parágrafo: Por que o leitor deveria dar emprego a você

Nesse parágrafo, é a sua vez de brilhar. Nicole aconselha a ressaltar de modo muito sucinto de que maneira, exatamente, você vai facilitar a vida ou o trabalho dessa pessoa. Estabeleça uma conexão explícita entre quem é você e como contribuirá para esse negócio — não como vai contribuir para *qualquer* empresa (isso é um tremendo erro!), mas para *essa* empresa em particular. Ao fazer a pesquisa, preste atenção ao estilo do website da companhia e reproduza na carta a terminologia, o tom e a essência do nome da empresa. Traduza-se, e às suas habilidades, ao formato perfeito para ela. O que você quer é que o leitor, depois de ler o parágrafo, pense: "Essa pessoa realmente sabe de si e combina muito bem com o perfil desta empresa. Quero conhecer esse jovem".

## Quarto e último parágrafo: Os próximos passos

Nicole recomenda que você encerre rapidamente assinalando o resultado que espera alcançar com a carta — em geral, uma reunião ou entrevista. Avise que vai entrar em contato novamente por telefone ou e-mail dentro de determinado prazo (normalmente uma semana, se estiver visando a uma colocação específica, e duas se estiver solicitando por iniciativa própria uma oportunidade ou reunião). Para terminar, agradeça a atenção dispensada e encerre com o resultado que espera: você está no aguardo de uma reunião!

Assim como fez com o currículo, "teste" a carta de apresentação com pessoas de sua confiança — orientadores, professores, treinadores, familiares — antes de enviá-la. Verifique o estilo, a ortografia, a gramática, a exatidão dos fatos que comentou acerca da empresa e o tom geral.

## 67. Monte o seu portfólio

Minha amiga Joan K. Snyder está na casa dos 20 anos e é uma das jovens mais impressionantes e bem-sucedidas que conheço. Atribuo a ela todo o crédito por esta dica, pois é uma estratégia na qual nunca havia pensado. E, assim que me inteirei dela, soube que seria um grande diferencial para quem tentasse. Imediatamente a coloquei em prática.

Joan credita o excelente emprego que conseguiu numa empresa farmacêutica, e as promoções que vieram depois, principalmente ao portfólio que ela criou — uma coletânea encadernada que reúne todas as suas realizações de maneira organizada e com um formato visual atraente. Pode-se dizer que é uma versão tridimensional do currículo, mais detalhada e aprofundada. Leva algum tempo para montá-lo, mas, uma vez pronto, pode ser uma ferramenta valiosa para ser usada ao longo de toda a sua carreira, com as devidas atualizações.

"Minha mãe me ensinou a ser obcecada por fichários organizados", conta Joan. "O portfólio surgiu porque minha mãe coleciona de tudo, programas, concertos e honrarias — como eu ter sido escolhida oradora da turma. Ela me enviou todos os meus arquivos e currículos, desde a época do ensino médio, e documentou cada coisa que fiz, para que eu não esquecesse nenhuma delas."

No primeiro ano de faculdade, Joan tinha uma boa coletânea de documentos significativos. Ela continuou a colecioná-los, entre eles sua admissão na prestigiada Blue and Gold Society da Universidade de Pittsburgh e a programação das conferências de que participou. Segundo Joan, o portfólio trazia tanto as atividades quanto os resultados acadêmicos.

Ela conta que começou a usar "oficialmente" o portfólio quando chegou a época das entrevistas para emprego, nas férias do segundo ano do ensino médio, em Pittsburgh. O portfólio revelou-se uma arma secreta no processo de entrevistas. Joan o utilizou para mostrar aos empregadores quem ela era, o que já havia feito e por que era a pessoa ideal para determinado emprego. Nem é preciso dizer que os empregadores ficavam impressionados, não só com as realizações mostradas no portfólio, mas também com o fato de ela ter se empenhado em criar tal ferramenta para vender seu trabalho.

Eis a seguir uma lista das coisas que Joan inclui no portfólio, juntamente com suas dicas para montar essa coletânea da melhor maneira possível. Você pode iniciar seu portfólio a qualquer momento — já no segundo ciclo do ensino fundamental ou no meio da carreira. Por isso, não pense que talvez seja cedo ou tarde demais para se beneficiar dessa dica.

E não se preocupe se não tiver ainda nenhuma grande realização ou documento para mostrar. Sempre há algo que possa ser incluído. Pense nos cursos que fez, nos esportes que praticou. Quando começar, coloque toda e qualquer coisa e em seguida elimine o que não for necessário. Depois das instruções de Joan para montar o portfólio, você encontrará mais dicas sobre como usá-lo na procura de emprego.

## AS BRILHANTES INSTRUÇÕES DE JOAN K. SNYDER PARA MONTAR UM PORTFÓLIO

Seu portfólio deve incluir as seguintes seções, assinaladas, de preferência, com separadores de página:

### 1. Declaração pessoal

Compre um fichário com uma bolsa de plástico transparente na capa onde você possa inserir uma capa desenhada por você. Para um portfólio genérico, essa capa pode trazer seu nome e dados para contato. Se for criativo, você pode fazer uma capa mais artística. Se for levar o portfólio para uma entrevista de emprego específica, Joan recomenda fazer da capa uma "declaração pessoal" — um breve parágrafo descrevendo, em linhas gerais, seus talentos, habilidades, experiência e por que você é a pessoa certa para aquele emprego. "É uma forma de introduzir o que você pretende apresentar no restante do portfólio", explica Joan. Se preferir um fichário sem a bolsa de plástico, então simplesmente inclua a declaração pessoal como a página inicial do portfólio.

**2. Currículo**

**3. Desempenho acadêmico**
Inclua aqui alguns ou todos os itens a seguir:
- Histórico escolar, se tiver boas notas
- Cópias de prêmios que você ganhou: distinções acadêmicas, bolsas de estudo — inclua fotocópia colorida do certificado original da premiação ou uma foto sua recebendo o prêmio, com uma legenda sobre o significado de tal reconhecimento
- Cópias de trabalhos que você redigiu, se parecerem relevantes para o emprego que está procurando, como um plano de negócios, se estiver se candidatando a empregos corporativos, ou informativos de imprensa, se busca colocação na área de relações públicas
- Informações sobre cursos que fez ou conferências extracurriculares de que participou
- Informações ou trabalho de conclusão de curso de programas de estudo no exterior ou de graduações especiais
- Lista dos cinco livros mais inspiradores que leu — essa é uma idéia original de Joan. Ela inclui uma lista dos livros empresariais que mais a motivaram a seguir carreira na área de negócios, juntamente com um parágrafo explicando por que tais livros são os seus favoritos. (Se estiver curioso para conhecer alguns, eis uma breve amostra: *Os sete hábitos das pessoas muito eficazes*, de Stephen Covey; *Inteligência emocional*, de Daniel Goleman; *Leadership the Eleanor Roosevelt way* [Liderança à maneira de Eleanor Roosevelt].)

**4. Experiência de liderança**
Em seguida, apresente um resumo das posições de liderança que exerceu, com exemplos. Você pode incluir:

- Certificados ou cartas de admissão dos programas de treinamento de liderança de que participou
- Prospectos, programas, páginas da web impressas ou outros documentos mencionando você como presidente de um clube estudantil ou como líder de um comitê ou de uma ação voluntária
- Prospecto ou programa de eventos em que você falou diante de um grupo ou fez uma apresentação

**5. Experiência profissional**

Nessa seção, você fornecerá exemplos detalhados da experiência profissional listada no currículo; é assim que esse documento ganhará realce. É bom incluir exemplos de trabalhos que concluiu em várias funções e o feedback que recebeu. O objetivo é mostrar que o trabalho que você realizou pode ser transferido para aquilo que pretende fazer na carreira. Inclua algum dos seguintes itens:

- Uma sinopse de cada empresa em que trabalhou ou fez estágio, junto com a lista de seus principais desempenhos (mais detalhada do que os tópicos que aparecem no currículo)
- Relatórios de feedback
- Tarefas especiais que você executou (planilhas eletrônicas, informativos de imprensa, artigos para boletins, relatórios etc.)
- Cartas de recomendação (endereçadas "A quem possa interessar") de empregos de férias, empregos meio-período, estágios etc.
- Material visual de qualquer emprego — fotografias do trabalho que você realizou, gráficos, apresentações em PowerPoint etc. "As pessoas adoram esses recursos visuais!", diz Joan. "E eles valorizam o portfólio se forem coloridos", completa.

**6. Experiência com trabalho voluntário/serviço comunitário**

Segundo Joan, essa seção "demonstra um compromisso voltado para a comunidade e enfatizará seus valores, sua motivação pessoal e sua consciência social". Como nas demais seções anteriores, você pode incluir aqui cartas de referência, relatórios de feedback, listas de habilidades desenvolvidas por meio do trabalho voluntário que podem ser transferidas para outros contextos de atividade, prospectos ou brochuras de eventos dos quais participou, exemplos de tarefas específicas e fotos de eventos.

**7. RP**
Você recebeu alguma nota na imprensa — uma matéria no jornal escolar sobre o seu gol da vitória? Algum artigo no jornal local sobre a bolsa de estudos que você ganhou ou o projeto comunitário que liderou? Websites escolares com uma foto ou citação sua? Aqui é o lugar para qualquer cobertura de mídia que você tenha recebido, por menor que lhe pareça. Mostre que você é "conhecido" na sua comunidade, seja ela sua cidade natal, sua escola ou a web.
Este é um espaço excelente para incluir material impresso de qualquer conteúdo on-line significativo que você tenha criado na Dica 15, "Brilhe na web".

**8. Conclusão**
Essa última seção do portfólio é opcional. Joan recomenda concluir com uma declaração que posicione você em relação ao emprego ao qual está se candidatando. Isso significa que terá de mudar essa página final toda vez que mostrar o portfólio a uma empresa ou contato de networking diferente. Joan chama essa seção de "Por quê?" — por que você é a pessoa certa para o emprego ou a empresa em questão. Ela deve ter o formato de um ou dois parágrafos, talvez com alguns tópicos sobre as principais razões pelas quais deveriam contratar você.

Não se preocupe, repito, se não tiver tudo que foi listado anteriormente. Seu portfólio é exclusivo, e ninguém terá todos os itens sugeridos por Joan. Ainda que ele seja fininho, é útil organizar toda a sua experiência e desempenho em um só lugar. Veja como Joan recomenda utilizar o portfólio depois de montá-lo:

- **Só o utilize em contatos pessoais.** O portfólio não é um currículo que se pode distribuir por e-mail — é um documento de vendas que necessita de você para apresentá-lo. Algumas pessoas podem considerá-lo maçante se não for acompanhado de alguém real, ao vivo. Seja criterioso sobre o modo e a hora de introduzi-lo na conversa. Não é uma ferramenta para o dia-a-dia, mas uma arma secreta para as oportunidades melhores e mais desejadas. "É a sua cartada final", diz Joan.
- **Salve tudo.** O trabalho de alimentar o portfólio não termina nunca. Continue a acrescentar informações a ele ao longo da sua carreira. Joan o utilizou recentemente para conseguir uma boa promoção.
- **Crie um sumário.** Escreva a ordem em que introduziu os itens para não ter de começar do zero toda vez que quiser montar um novo portfólio.
- **Faça cópias profissionais.** "Procure uma boa copiadora para obter resultados de primeira!", aconselha Joan. Se algum documento ou recorte de jornal estiver meio apagado ou difícil de ler, tire fotocópias coloridas. Em vez de um fichário com argolas, você pode também mandar encadernar o conjunto. Quanto mais profissionais as oportunidades de emprego, mais profissional o portfólio deve ser.
- **Publique o portfólio na web.** Se quiser, escaneie cada documento e monte seu portfólio em um website — há infinitas possibilidades. Essa é uma excelente opção se você estiver procurando emprego relacionado com webdesign ou tecnologia de internet — é outra maneira de demonstrar suas habilidades.

Sei que parece muito trabalho montar um portfólio, mas, uma vez pronto, ele será uma incrível ferramenta de vendas que poderá ser usada pelo resto de sua vida profissional. Portanto, não se acanhe — vá em frente e mostre do que é capaz!

# 8. BUSQUE OPORTUNIDADES

É ISSO AÍ, LEITOR. CHEGAMOS AO GRANDE MOMENTO do nosso trajeto. Você está organizado. É profissional. Sabe melhor o que quer. Tem sua rede de contatos. Adquiriu experiência. Aumentou sua vantagem. Montou seu currículo. Está ansioso pelo próximo passo.

É hora de procurar oportunidades no Mundo Real. Vamos lá!

Você está pronto.

## 68. Siga todo arco-íris que aparecer

Assim como cada pessoa sonha com uma carreira diferente, cada uma tem um caminho distinto para encontrá-la. O próximo estágio dessa transição que leva da escola para o mercado de trabalho é de crucial importância: trata-se de saber como e onde conseguir emprego.

Quando eu era menina, adorava assistir ao filme *A noviça rebelde* quando era exibido, uma vez por ano, na tevê (sim, o mundo antes do DVD e dos vídeos). Tinha também o disco do filme (isso mesmo, um álbum de vinil!), por isso sabia a letra de cada canção. Minha favorita, claro, era "Sixteen going on seventeen" [Dezesseis, quase dezessete][1].

---

[1] Composição de Richard Rodgers e Oscar Hammerstein II. No filme, a música é cantada pela filha mais velha da família Von Trapp, que está prestes a fazer 17 anos; e por seu namorado, que tem quase 18. A letra fala dos desafios enfrentados por uma jovem inocente e inexperiente ao travar os primeiros contatos com o mundo masculino adulto. [N. E.]

Sei que parece antiquado, mas toda vez que penso em plano de carreira me lembro do grande número de madre Abbess, "Climb Ev'ry Mountain" [Escale todas as montanhas], em que ela nos recomenda seguir todo arco-íris que encontrarmos, até descobrir nosso sonho.

E madre Abbess provou ter razão no filme: se Maria (papel desempenhado por Julie Andrews antes de seus dias em *Diários de princesa*) conseguiu passar de noviça a governanta para finalmente se tornar a mãe dedicada de sete crianças, então qualquer caminho é possível. Brincadeiras à parte, há uma lição importante aqui: nem sempre é fácil descobrir qual é o seu sonho (no caso, a carreira dos seus sonhos), e você talvez tenha de pesquisar muito para encontrá-lo. Mas não desista, porque ele está em algum lugar aí fora. E você nunca sabe se o caminho certo é na montanha, o riacho, o arco-íris, um website ou o amigo de um amigo — por isso, explore-os todos.

Trazendo essa analogia de volta à realidade, eis aqui mais algumas experiências que coletei nas minhas pesquisas. Perguntei aos entrevistados como conseguiram encontrar seu primeiro emprego, e as respostas que obtive foram tão diferentes quanto eles próprios. Repare como são diversos os caminhos que podem levá-lo ao primeiro emprego e, espero, a iniciar sua trajetória rumo à realização dos seus sonhos. Algumas dessas estratégias podem parecer difíceis como escalar uma montanha, mas outras são tão fáceis quanto pedir ajuda a um amigo ou dar um simples telefonema:

- "Um amigo da família me incentivou a ligar para o diretor do escritório local de um deputado e pedir conselhos sobre como conseguir um emprego na política. Foi o que eu fiz e, embora ele não tenha sido muito prestativo, enviei-lhe um bilhete de agradecimento juntamente com meu currículo. Logo depois disso, ele deixou o cargo, mas seu suplente encontrou meu bilhete e currículo sobre a mesa e me chamou para uma entrevista."
- "Por meio dos pais de um amigo da faculdade."
- "Procurei uma agência de empregos, fui encaminhado para uma entrevista e contratado na hora."

- "Recrutamento no campus. Fui entrevistado por um funcionário de RH na faculdade."
- "Consegui meu primeiro emprego depois da escola por intermédio de um website, mas passei por várias entrevistas naquelas férias — encontrei oportunidades em sites, listas de emprego no campus, um head hunter etc. Mas a que finalmente deu certo partiu de um currículo que enviei por conta própria, com uma carta de apresentação cheia de entusiasmo."
- "Vasculhando os classificados."
- "Fazendo contatos com amigos da família e pessoas que conheci nos estágios de férias."
- "Por meio de uma feira de empregos na escola."
- "Candidatei-me a todas as vagas para iniciantes que encontrei em sites específicos."
- "Por um anúncio no jornal."
- "Por meio de um conhecido do meu irmão mais velho que dividiu com ele o aluguel de uma casa de praia."
- "Referências indicadas por professores."
- "Uma amiga que encontrei em um programa para jovens jornalistas, depois de me formar, me falou do emprego. Ela trabalhava lá."
- "Fui ao departamento de orientação profissional da faculdade perguntar o que fazer com um diploma de História. O chefe do departamento disse: 'Ei, precisamos de um assistente para o escritório de orientação de bacharéis. Você teria interesse no emprego?', e eu aceitei!"

O que significa essa lista extensa? Nunca se sabe de onde pode surgir uma boa oportunidade de emprego, por isso é preciso explorar cada possibilidade e abrir-se para qualquer caminho que se apresente. Ou seja, recorrer *somente* ao recrutamento no campus, ou *somente* aos sites de emprego na internet, ou *somente* aos seus pais, ou *somente* aos classificados, ou *somente* à sua iniciativa é colocar-se em desvantagem. Expanda a sua busca em todas as direções e sentidos que estiver disposto a percorrer.

> **[MÃOS À OBRA]**
> Leia a lista anterior e circule, sublinhe ou destaque todos os meios de conseguir emprego que você desconhecia ou nos quais nunca havia pensado. Acrescente então essas estratégias ao seu arsenal de idéias para a busca de emprego.
>
> ☐ Feito!

## 69. Aceite doces de estranhos

Participar de feiras de oportunidades de emprego e de eventos de recrutamento é bem mais do que desfrutar os pratos repletos de balas que inevitavelmente encontramos em cada estande (já disse que adoro doces?). A verdade é que os eventos de recrutamento são muito importantes por vários motivos. Eis algumas dicas valiosas para investir no circuito das feiras de oportunidades de emprego:

1. **Conheça seus possíveis empregadores.** Nunca deixe de fazer a lição de casa e saiba quais empresas terão estandes na feira da qual pretende participar. É um grande erro chegar lá e caminhar pelos corredores à procura de uma oportunidade interessante. Nada irrita mais os recrutadores do que estudantes que entram no estande e perguntam: "O que a sua empresa faz?" É tarefa sua saber isso e conhecer as oportunidades oferecidas no website da companhia. A maioria dessas feiras publica o nome dos expositores na internet, portanto não há justificativa para não estar preparado. Quando um recrutador perguntar em que tipo de emprego você está interessado, esteja pronto para dar uma resposta precisa, baseada no que pesquisou: "Estou interessado no programa para parceiros da sua divisão de banco de investimentos", ou "Li muito sobre a função de assistente de vendas e gostaria de conhecer melhor as diferenças que existem nessa função, de acordo com a categoria de produto".

Responder "Estou aceitando qualquer coisa" é o mesmo que dizer "Não fiz minha lição de casa".

2. **Apresente-se.** Lembra-se da Dica 29, "Saiba apresentar-se aos outros"? Pois bem, essa é a hora de fazer uma brilhante autoapresentação de vendas. Quem é você, quais são suas principais habilidades e experiências e o que está procurando? Você terá muito pouco tempo para vender seu trabalho, por isso pratique várias vezes antes de chegar lá.

> ❯ NA REAL ❮
>
> "Muitos estudantes vêem nas feiras de oportunidades de emprego uma ocasião para saber quem está contratando e que tipos de ofertas existem por aí, em vez de aproveitar o momento para causar uma boa impressão nos funcionários da empresa e nos responsáveis pelo RH. Quem dera eu soubesse antes como vender meu trabalho e conseguir bons contatos nessas feiras, em vez de ficar perambulando pra lá e pra cá só olhando as empresas nas quais eu gostaria de trabalhar."
>
> KATRINA STROUP
>
> **PRIMEIRO EMPREGO DEPOIS DA FACULDADE:**
> COORDENADORA DE MARKETING DA PULTE HOMES
>
> **EMPREGO ATUAL:**
> GERENTE DE MARKETING NA SERVICESELECT DO TEXAS

3. **Combine as Dicas 1 e 2.** O melhor truque é apresentar-se e dizer por que deseja trabalhar naquela empresa com a qual está conversando. Por que eles se lembrariam de você, dentre todos os candidatos que aparecerão por lá ao longo do dia? Esta é a estratégia recomendada por Nu Huynh, que dá consultoria sobre recrutamento em faculdade para o Principal Financial Group: "Durante uma feira ou evento de recrutamento, o Principal procura candidatos que saibam

se apresentar bem — pessoas sociáveis, profissionais, assertivas e motivadas. Ter experiência prática e qualificações faz toda diferença. Os candidatos podem se sobressair na multidão se estiverem seguros do que querem e de por que desejam fazer parte da nossa equipe. Em sessenta segundos, devem ser capazes de comunicar sua experiência, em que aspectos ela é relevante e como poderiam agregar valor à nossa empresa". Siga essa recomendação criteriosamente e seu currículo poderá ser o primeiro da pilha.

4. **Mostre o que sabe.** Os recrutadores ficam muito bem impressionados com candidatos que realmente conhecem sua empresa, por isso prepare algumas perguntas específicas e perspicazes para fazer ao recrutador, caso ele lhe conceda uns minutos a mais. Indague sobre o lançamento recente de determinado produto, o novo executivo sênior anunciado no noticiário da semana, a nova divisão criada ou o programa de treinamento de gerentes que entusiasmou vários ex-alunos da sua escola. Mostre que você está por dentro das notícias e conhece sua área e a empresa. (E, claro, não mencione notícias negativas!)

5. **Chegue cedo.** Isso demonstra entusiasmo, foco e profissionalismo. É natural que os recrutadores se sintam mais dispostos de manhã. Um aviso: nada de entrar no estande com uma xícara de café nas mãos, por mais cedo que seja. Você corre o risco de entorná-lo, o que seria muito embaraçoso!

6. **Leve currículos personalizados para as empresas que pretende procurar.** Lembre-se da Dica 64 e providencie currículos distintos para diferentes funções e setores de atividade. Para não fazer confusão, recomendo que guarde os currículos em pastas separadas e claramente identificadas, de preferência de cores diferentes, para evitar que você se engane e entregue o currículo errado para o recrutador.

7. **Mantenha sempre a melhor conduta.** Saiba que os recrutadores observam tudo com o canto dos olhos. Eles vão perceber se você entrar em todos os estandes e conversar com cada recrutador — o

que enfraquecerá muito o efeito de sua apresentação. Vão reparar se você ficar de bate-papo no celular, mascar chiclete ou ficar tagarelando com um amigo enquanto espera na fila, em vez de manter-se quieto, revisando seu currículo ou conversando educadamente com outros convidados. Vão perceber se você sorri ao entrar no estande e se estende um vigoroso e confiante aperto de mãos. Essas pessoas passam o dia todo em pé — um pouco de gentileza pode levar longe.

8. **Pergunte qual é o próximo passo.** Antes de deixar o estande da empresa, não esqueça de perguntar o que você deve fazer em seguida, se seria adequado procurar de novo aquele recrutador ou alguma outra pessoa do RH. Peça um cartão comercial e, se o recrutador concordar em dá-lo a você, reserve alguns minutos para anotar no verso os pontos específicos da conversa, para você se lembrar de mencioná-los em algum contato futuro. Se o recrutador der alguma recomendação ou instrução (como postar seu currículo no cadastro da empresa, procurar algum departamento específico ou registrar-se para uma entrevista no campus), faça exatamente o recomendado e envie um e-mail a ele dizendo que seguiu suas instruções. Mostrar que você ouviu e seguiu as orientações é muito mais eficaz do que simplesmente mandar uma mensagem em seguida dizendo: "Foi um prazer conhecê-lo".

9. **Fortaleça a interação com a empresa.** As feiras de oportunidades de emprego são apenas um dos aspectos da procura de emprego focada. Se encontrar uma ou mais empresas em que gostaria de trabalhar, não deixe de comparecer a qualquer evento relacionado com elas. A feira de empregos é apenas uma introdução à empresa, não uma interação que começa e termina ali. É bom aumentar a sua visibilidade. "Não fique só na dependência da feira de empregos ou do evento de recrutamento", diz Nu Huynh, do Principal Financial Group. "Em qualquer época, nossa organização tem centenas de oportunidades de emprego. Assim, quem está procurando uma colocação deve candidatar-se on-line e continuar

a consultar o website da empresa para ver se há novas vagas. Os candidatos que vão a feiras de empregos podem demonstrar interesse extra pelo Principal freqüentando outros eventos no campus relacionados com a empresa, incluindo sessões de informação, apresentações, reuniões patrocinadas pela organização etc. Em cada evento, procure entrar em contato com o recrutador ou representante da companhia."

10. **Não coma balas.** Eu estava só brincando quando falei das balas. Encher a mão de guloseimas ou ficar muito atento a todos os pequenos brindes distribuídos nessas ocasiões pode distraí-lo de sua principal missão, que é impressionar o empregador e conseguir cruzar a porta. Se necessário, vá a uma doceria depois da feira e comemore o dia de sucesso.

## 70. Não pense apenas nas grandes empresas

Nos Estados Unidos, as empresas dirigidas por mulheres empregam 19,1 milhões de pessoas, mais do que as quinhentas empresas listadas pela *Fortune* empregam ao redor do mundo. E as pequenas empresas contratam uma proporção maior de trabalhadores mais jovens, trabalhadores mais velhos e funcionários que trabalham meio-período. Você provavelmente deve saber que muitas empresas conduzidas por mulheres e minorias, além de várias pequenas empresas (muitas delas propriedade de mulheres ou minorias), não têm programas de recrutamento formal em escolas.

Essas estatísticas são apenas a ponta do iceberg diante da quantidade de oportunidades de emprego existentes fora das grandes corporações que oferecem programas de recrutamento no campus. Os programas corporativos são excelentes e têm seu lugar garantido na busca de empregos para iniciantes (como você pode constatar pelo número de especialistas em recrutamento corporativo que mencionei ao longo deste livro), mas são apenas um dos caminhos possíveis para encontrar oportunidades de emprego.

Lançar sua rede nesse mar de possibilidades e seguir "todo arco-íris" que aparecer significa também levar em conta as oportunidades oferecidas por diferentes tipos de empregador. Os donos de pequenas empresas, e principalmente as empresas de mulheres e minorias, são uma mina inexplorada de oportunidades de emprego para iniciantes. Qualquer estratégia inteligente deve incluir uma pesquisa entre essa variada e crescente comunidade de empresas.

**Segundo o IBGE, em 2002 o Brasil contava com 4.918.370 empresas em atividade, 99,2% das quais compõem o conjunto das micro e pequenas empresas. As microempresas empregam 36,2% dos trabalhadores; as pequenas empresas, 21%; as médias, 9,8%; e as grandes, 33%.**

Onde encontrar essas oportunidades? A maioria dos donos de pequenas empresas que conheço, na hora de contratar, recorre às referências indicadas por sua rede de contatos pessoais e profissionais. Quando publicam oportunidades de emprego na internet, geralmente é em parceria com associações ou balcões de emprego da comunidade, não nos grandes sites nacionais. Esse é apenas mais um exemplo de como o networking e a afiliação a uma associação podem realmente valer a pena para os jovens. Lembre-se de consultar os balcões de emprego da associação a que você pertence, ou quaisquer outras organizações da região em que está procurando emprego, para encontrar essas oportunidades "escondidas".

**No Brasil, infelizmente são poucas as organizações de mulheres executivas. Consulte o site www.espacomulheresexecutivas.com.br. No caso das microempresas, entretanto, há muita informação disponível, especialmente na rede Sebrae (www.sebrae.com.br), que dá apoio a micro e pequenos empresários e é uma boa fonte de pesquisa.**

O fato é que, para encontrar emprego em empresas menores, você talvez tenha de procurar em diferentes lugares, mas isso em nada altera as estratégias para ser contratado. Embora a maioria dessas empresas não tenha departamento de recursos humanos, elas podem ser tão exigentes, eficientes e sensíveis ao profissionalismo quanto as grandes corporações. Mesmo para se candidatar numa companhia pequena, você precisa estar preparado. E fique tranqüilo: o trabalho numa pequena empresa pode proporcionar todas as habilidades e experiência prática que o qualificarão, no futuro, a trabalhar em organizações maiores, se assim desejar.

### SUCESSO NA PRÁTICA

Brittany Albright formou-se em 2006 pela Northeastern University, em Boston. Seu primeiro emprego foi um estágio de seis meses, em 2003, como assistente de marketing na Impression Impact, pequena empresa presidida por uma mulher. Desde então, ela continuou a trabalhar para a Impression em regime de meio-período, incluindo dois outros estágios em período integral de seis meses cada um. Veja a seguir o relato de Brittany e o que ela recomenda às pessoas interessadas em trabalhar em pequenas empresas:

**LP: Como conseguiu seu emprego?**
**BA:** Por intermédio de um contato recíproco. Minha tia trabalhava para uma empresa cliente da Impression Impact, por isso ela e Nancy Michaels [presidente da Impression Impact] se conheciam. Ela perguntou se Nancy estava contratando. Por acaso, Nancy estava procurando um assistente e já tinha empregado estagiários antes. Entramos em contato uma com a outra, e ela me pediu para encontrá-la na manhã seguinte, às oito, no local onde ela daria uma palestra. Descobri mais tarde que se tratava de um teste — para saber se eu me apresentaria às 8 da manhã com tão pouca antecedência. É claro que eu fui. Ouvi Nancy falar, conversamos um pouco e houve empatia entre nós, o que achei muito importante. Ela me ofereceu o emprego e aceitei (assim como encarar três horas de viagem em transporte público para ir e voltar, mas valeu a pena).

**LP: Quais são as vantagens e desvantagens de trabalhar numa pequena empresa?**
**BA:** Vantagens:
- Responsabilidade
- Trabalho mais desafiador/interessante
- Condições de gerar impacto real na empresa

- Contato próximo com executivos de alto nível e bem-sucedidos
- Ambiente de trabalho mais informal e relaxado
- Horário de trabalho flexível e possibilidade de trabalhar em casa
- Grande potencial de aprendizado
- Excelente oportunidade de acrescentar experiência ao currículo e de conseguir referências, cartas de recomendação e outros tipos de ajuda de uma chefia disposta a apoiar você a avançar na sua carreira

Desvantagens:

- Embora eu goste de ter muitas responsabilidades, às vezes é estressante, especialmente para quem prefere ter uma rotina com responsabilidades específicas. Numa empresa pequena, as coisas mudam o tempo todo, e a gente tende a se envolver em tudo, por isso você precisa estar preparado e disposto a fazer o que for necessário e assumir responsabilidades.
- É provável que o trabalho seja mais independente do que em equipe. Em alguns aspectos, a empresa pequena é bastante voltada para o trabalho em equipe, pois todos são cruciais, mas, por ser pequena e contar com menos recursos, muitos projetos precisam ser tocados de maneira autônoma.
- Os benefícios podem ser menores.
- O salário é geralmente mais baixo, porque os orçamentos são menores.
- Você não tem o nome de uma grande empresa para realçar o seu currículo.

**LP: Que conselho você daria aos estudantes e recém-formados que pensam em trabalhar numa empresa pequena?**
BA: As empresas pequenas que estão atravessando uma fase de crescimento costumam contratar muitos empregados novos. Se a empresa demonstrar forte potencial mas o salário não for tão alto quanto você gostaria, sugiro que indague sobre a possibilidade de optar por ações da companhia. Elas podem ser muito vantajosas.

> Dependendo do tamanho da empresa, há muitas oportunidades de trabalho autônomo, o que pessoalmente me agrada, mas não é para todo mundo. Você terá de assumir projetos mais desafiadores e terá mais responsabilidades, muitas vezes com pouco ou nenhum treinamento, o que pode ser meio assustador mas, de forma alguma, será maçante. É preciso gostar disso. É importante também ser bastante flexível, já que talvez tenha de se encarregar de projetos extras, trabalhar com prazos apertados ou ajudar outras pessoas no que estão fazendo. Estar disposto a fazer de tudo é essencial.
>
> Por fim, mas igualmente importante, não perca a oportunidade de ter o seu chefe, ou o dono da empresa, como mentor, professor e amigo.

### 71. Busque o melhor

Se você tem forte identificação com determinado grupo étnico, gênero, causa ou estilo de vida, talvez se interesse por procurar oportunidades de emprego em empresas particularmente reconhecidas por dar preferência a funcionários como você. Como trabalhei na Working Mother Media, organização que produz listas de melhores empresas para trabalhar, sei que é motivo de orgulho para as empresas figurar em tais rankings, e que elas ficam satisfeitas de atrair empregados que chegaram até elas por causa de tais listas.

**No Brasil, algumas revistas, como a *Exame* e *Você S/A*, publicam listas das melhores empresas em diversas categorias: qualidade do ambiente de trabalho; qualidade na gestão de pessoas; responsabilidade social e ambiental; melhores empresas para mulheres; melhores empresas com política de diversidade. Uma edição especial da *Exame*, o *Guia de Sustentabilidade*, relaciona as empresas que produzem sem agredir o meio ambiente e promovem políticas sociais para a comunidade. Veja mais informações em: http://vocesa.abril.com.br/melhoresempresas/; http://portalexame.abril.com.br/servicos/melhoresempresasparatrabalhar/ e http://portalexame.abril.com.br/static/aberto/gbcc/.**

Se gostaria de trabalhar em uma empresa que figura em uma dessas listas, leia todas as informações sobre ela que constarem na lista em que ela aparece. Então, quando se candidatar a um emprego, mencione na carta de apresentação as realizações da companhia (e algumas informações específicas que chamaram sua atenção, por exemplo, programas de mentoreamento para mulheres, iniciativas de sustentabilidade ambiental, afinidade com grupos minoritários etc.), para mostrar que está por dentro do assunto e que esse é um dos motivos de se candidatar a uma vaga nessa empresa. Isso mostra que você fez a sua lição de casa e pretende contribuir para que, no futuro, a empresa melhore sua posição nesse ranking (ou seja, você os deixará orgulhosos).

Tente também participar de eventos e visitar websites relacionados com essas listas. Muitas empresas utilizam esses rankings para recrutar candidatos, e várias das organizações que os produzem realizam eventos com a presença das empresas ganhadoras. Também criam websites que muitas vezes trazem links para ofertas de emprego exclusivas nessas empresas. Trata-se de uma oportunidade extraordinária de networking e de emprego.

Afinal, quem não quer trabalhar para os melhores?

## 72. Que tal ser funcionário público?

Outro empregador muitas vezes negligenciado e nada pequeno (ao contrário, é gigantesco) é o governo. Os estudantes e recém-formados estão em posição privilegiada quando se trata de conseguir emprego nesse setor: segundo o Departamento de Gestão de Pessoal do governo federal dos Estados Unidos, cerca de metade de todos os funcionários públicos se qualificará para a aposentadoria nos próximos cinco anos. Uma média de 21 mil novos empregos *por dia* são publicados no website do departamento, em www.usajobs.gov.

Que tipo de emprego o governo americano oferece? Basicamente qualquer coisa em que você pensar — de engenheiros a cientistas, editores, administradores, diplomatas, guardas florestais, assistentes sociais e agentes federais.

No Brasil, a grande maioria dos funcionários públicos consegue emprego prestando concursos. Diversas empresas (www.folhadirigida.com.br, www.pciconcursos.com.br e www.concursospublicosonline.com são alguns exemplos) mantêm sites em que as vagas oferecidas são atualizadas periodicamente.

## 73. Trabalhe para mudar o mundo

"Dedique um ano a transformar vidas. Dedique um ano para mudar a sua vida."

Esse é o lema do City Year, programa da organização internacional AmeriCorps que reúne jovens de 17 a 24 anos em unidades de serviço juvenis, para um ano de "rigoroso serviço comunitário em período integral, desenvolvimento de liderança e participação cívica".

No Brasil, o Ministério da Justiça, por meio da Secretaria de Estado dos Direitos Humanos, mantém um programa de serviço civil voluntário. A iniciativa ainda é nova, mas pode vir a se tornar importante para o combate à desigualdade.

Para mais informações sobre o voluntariado no Brasil, consulte a Dica 46. Uma das principais referências do setor é o Portal do Voluntário: www.portaldovoluntario.org.br/site/.

Trabalhar em período integral como voluntário é uma ótima opção para qualquer pessoa interessada em fazer serviço comunitário por um ou dois anos e receber por isso (ainda que a quantia seja pequena). Incentivo todo mundo a levar em conta esses programas. A vida é longa, e é difícil trabalhar o dia inteiro nesse tipo de serviço quando se tem família ou se está mais velho e com menos energia. É uma boa alternativa especialmente para estudantes e recém-formados que ainda não sabem ao certo por onde começar a carreira. De fato, quando perguntei a Evan Hochberg, diretor nacional do Community Involvement para a organização de serviços profissionais Deloitte & Touche USA LLP, o que ele recomendaria aos estudantes e recém-formados que não têm idéia do que pretendem fazer da vida, ele respondeu:

"Diga a eles para darem algo em troca — para trabalharem como voluntários, porque assim aprenderão muitas habilidades. O trabalho voluntário não tem de se limitar ao altruísmo; pode ser uma valiosa oportunidade para a aquisição de habilidades e o desenvolvimento profissional."

É mesmo um sábio conselho. Se não tem certeza do que deseja fazer (ou mesmo que tenha), pense na possibilidade de trabalhar um ano como voluntário.

Concluir um ano de serviço no final da adolescência ou aos 20 e poucos anos pode abrir um caminho favorável para você pelo resto da vida. Você vai conhecer várias pessoas diferentes, aprender a trabalhar em equipe, expandir seu conjunto de habilidades e, enquanto isso, mudar algum recanto do mundo. Esse ano de serviço também causará boa impressão no currículo, seja lá o que for que você decida fazer depois. E você terá uma infinidade de experiências singulares para contar durante as entrevistas de emprego.

Algumas organizações permitem inclusive que você adie uma oferta de emprego por um ou dois anos para se dedicar a programas como o Teach for America ou o City Year. Assim, essa é uma opção que você pode considerar mesmo enquanto se candidata a empregos em período integral.

### SUCESSO NA PRÁTICA

Conheça a história de dois participantes do City Year, que contam aqui o que aprenderam com a experiência e como ela afetou seu plano de carreira e sua vida de maneira geral:

Matthew Little
Onde se formou: Universidade de Memphis
Cargo atual: Coordenador de programas para o ensino fundamental e o ensino médio no Nashville State Community College

No final do ensino médio, eu queria muito ir para a faculdade, mas ninguém da minha família tinha recursos financeiros para encarar essa despesa. Durante as férias, visitei minha tia em Boston e expliquei a ela a minha situação. Ela mencionou o City Year, e por sorte encontramos um membro do grupo na fila ao lado da nossa, no Council for Voluntary Service (CVS). Depois de conversar com ele sobre o programa e a oportunidade de cursar a faculdade durante o serviço comunitário, decidi me inscrever.

Além de me possibilitar entrar na faculdade, o City Year me ajudou a definir meu plano de carreira. Sabia que queria trabalhar com crianças, mas não sabia como. Quando entrei no City Year, fui escalado para uma escola primária na periferia onde era raro encontrar uma criança que não tivesse um pai na cadeia, com uma equipe de pessoas muito diferentes de mim. Comecei a ficar preocupado: não sabia se poderia ajudar, se conseguiria sequer me relacionar com os companheiros de equipe.

Essas preocupações deram lugar a oportunidades: oportunidades de criar um currículo de pré-letramento para as crianças do jardim-de-infância, de oferecer reforço aos alunos do primeiro e do segundo anos em um grupo de lição de casa, e de co-dirigir sete acampamentos de férias gratuitos que atenderam mais de 2 mil estudantes na região de Boston. Isso tudo me serviu de inspiração: inspiração que veio de meus alunos, alunos que chegaram a mim com notas péssimas e saíram do reforço com notas máximas. Fui inspirado pelas crianças do jardim-de-infância, que antes não conseguiam ler nem as letras na lousa mas, no final do ano, já eram capazes de ler histórias para mim. Essa experiência me fez perceber que eu queria passar o resto da vida ajudando os alunos.

Chris Brown
Onde se formou: Universidade Valparaiso
Cargo atual: Membro graduado do Programa Reynolds de Empreendedorismo Social da Universidade de Nova York (ex-diretora da National Foundation for Teaching Entrepreneurship – NFTE)

Meu pai, piloto de combate aposentado, ao sentar ao lado de uma voluntária do City Year durante um vôo, ficou tão impressionado com o que essa jovem lhe contou que me telefonou e pediu que eu corresse atrás. Antes de concordar com qualquer coisa, passei algum tempo lendo sobre a organização e fiz uma visita durante sua conferência anual, chamada cyzygy, em Washington. Fiquei surpresa com o alvoroço dos casacos vermelhos e das botas Timberland batendo no chão, enquanto corriam pelo campus da Universidade Howard. Havia um grande senso de propósito e disciplina, acompanhado de uma vocação comum para servir e de um espírito de união que pairava no ar.

Além disso, não pude deixar de notar que as pessoas carregavam walkie-talkies, tomando decisões executivas e mobilizando milhares de pessoas em projetos de serviço, todas mais ou menos da minha idade e vindas de diferentes caminhos da vida. Enquanto muitos dos meus amigos na época estavam embarcando em negócios próprios, seguindo o boom da tecnologia, eu encontrei um empreendimento para deixar minha marca.

O que foi mais útil para mim profissionalmente, além do discernimento que adquiri com meus líderes — que ainda são meus mentores —, foram as ferramentas práticas para formar equipes, gerenciar projetos, conduzir pesquisa e avaliação sistemática, e ao mesmo tempo reunir-me com estudantes, diretores, patrocinadores empresariais e governamentais. O City Year me ensinou uns dos melhores modelos para gerenciar meu tempo e meus recursos e alavancar recursos escassos em um setor público competitivo.

Durante três anos, dirigi programas para uma organização que reúne minhas duas grandes paixões: desenvolvimento dos jovens e empreendedorismo. Em Nova York, supervisionei aproximadamente cem parcerias com escolas e comunidades que trabalham com cerca de 4.500 jovens que desejam começar seu próprio negócio. Todo dia eu trabalhava com parceiros do setor privado, membros da diretoria, diretores, líderes de comunidade e jovens empreendedores. Não houve um único dia em que não lançasse mão de uma ferramenta ou recurso que aprendi durante meu ano de serviço.

> E certamente foi isso que aconteceu quando me transferi da NFTE para meu atual desafio como membro graduado do Programa Reynolds de Empreendedorismo Social da Universidade de Nova York. O programa é voltado para atrair e cultivar a próxima geração de líderes no serviço público. Em inúmeras ocasiões, eu me vali das habilidades intelectuais e operacionais que desenvolvi como membro do voluntariado da City Year. Sinto-me agora, mais do que nunca, numa posição especialmente vantajosa para usar essas habilidades e alavancar essa oportunidade acadêmica, enquanto exercito minha visão de mudança social em escala muito mais ampla.

## 74. Envolva-se em um projeto

Quem está procurando emprego às vezes precisa ser criativo. Se está tendo dificuldades para encontrar uma colocação no setor em que você gostaria de ingressar, mas tem se saído bem nas suas atividades de networking, pode ser uma boa estratégia oferecer-se para trabalhar em algum projeto — sem remuneração ou ganhando por hora — para um profissional que você conhece. É uma excelente maneira de adquirir experiência, aprender habilidades, receber feedback e até mesmo impressionar as pessoas a ponto de ser contratado no futuro.

Para isso, basta solicitar: "Gostaria de adquirir experiência na sua área enquanto procuro um emprego efetivo. Você teria algum pequeno projeto em que eu possa ajudar?" Essa estratégia costuma funcionar melhor quando você procura pequenas empresas, organizações sem fins lucrativos ou empreendedores. Você também vai encontrar projetos na internet. Os departamentos de universidade também publicam oportunidades desse tipo. Durante a pós-graduação, consegui um bico como free-lancer para escrever um boletim para uma empresa de cosméticos, que se revelou uma ótima maneira de ganhar experiência em escrever e entrevistar. Minha mãe também contratou estudantes para trabalhar na sua pequena empresa. Pergunte aos seus professores favoritos se já ouviram falar de oportunidades assim. Você nunca sabe quando um pequeno projeto, bem executado, pode levar a uma grande oportunidade.

> ### SUCESSO NA PRÁTICA
> Karlin Sloan, hoje proprietária de uma firma de consultoria sobre liderança, a Karlin Sloan & Company, decidiu aos 20 anos que queria trabalhar com consultoria. "Sabia que era isso que eu queria, mas não tinha idéia de como entrar no meio", conta. "Então, me ofereci para fazer um projeto para uma amiga da minha mãe que dirige uma empresa de consultoria para butiques. Ela queria alguém que criasse um programa de treinamento. Peguei o esboço que ela passou, desenhei o modelo e, com base nele, produzi o material.
> "Ela ficou tão entusiasmada com o resultado que me contratou em período integral! Não achei que houvesse vaga disponível. Queria apenas ganhar experiência e ter um retorno dela para saber se eu estava fazendo o certo. Acho que ela me deu o emprego não só porque fiz o que havia me oferecido para fazer, mas porque fui além. Essa mulher se tornou minha mentora e fez enorme diferença na minha vida."

## 75. Saiba usar a web

Muitas pessoas, especialmente os profissionais mais jovens, cometem o erro de gastar tempo demais procurando emprego na internet. Na verdade, suas chances de conseguir um emprego por meio do networking são muito, muito maiores. Como mencionei antes, a maioria das vagas é encontrada por intermédio do networking, portanto apenas uma parte da energia que você investe na procura de emprego deve ser gasta na web.

Caçar emprego pela internet é uma excelente maneira de pesquisar os tipos de oportunidade disponível, e com certeza dá certo para algumas pessoas. O truque é ser esperto e estratégico com respeito a onde procurar.

**Onde procurar:**

Estes são, brevemente descritos, alguns dos melhores lugares para buscar empregos para iniciantes on-line:

- **Sites de emprego voltados para estudantes e recém-formados.** É um modo de estreitar sua busca e não ter de filtrar todos os inúmeros empregos que exigem mais experiência do que você tem. **No Brasil, consulte os seguintes sites: www.infojobs.com.br, www.curriculum.com.br, www.catho.com.br, www.empregos. com.br e www.manager.com.br. Todos têm um programa de alerta diário de vagas, muitos deles gratuitos. Com esse recurso você não precisa procurar vagas todos os dias.**
- **Sites de associações profissionais.** A maioria dessas associações tem quadros de emprego, que geralmente incluem oportunidades em pequenas e grandes empresas.
- **Sites de empresas.** Enquanto se informa sobre as várias companhias em cujas fileiras você gostaria de se alistar, procure vagas nos respectivos websites. Essa é uma excelente maneira de focar a sua busca — e, ao mesmo tempo, pesquisar o histórico da empresa.
- **Craigslist.org.** Você já me viu mencionar esse ótimo recurso algumas vezes. Esse website comunitário é a ferramenta de recrutamento preferida de muitas empresas menores que não têm dinheiro nem tempo para publicar suas vagas nos sites nacionais, maiores. **O Craiglist começou a atuar no Brasil em 2008, mas em poucas cidades, geralmente grandes capitais. Consulte o seguinte link: http://saopaulo.pt.craigslist.org/.**

Lembre-se de que os empregos listados na internet representam apenas uma fração das oportunidades disponíveis por aí. Nunca, nunca mesmo limite sua procura de emprego à tela do computador.

## 76. Não restrinja suas opções

Tomara que as últimas dicas tenham aberto sua cabeça para novas possibilidades de encontrar oportunidades de emprego reais, mas pode ser que você esteja pensando: "Muito bem, Lindsey, agora você me fez pensar em mais opções ainda. Como vou decidir o que fazer, encontrar oportunidades e conseguir um emprego que me satisfaça?"

Não tema. É bom — na verdade, excelente — ter opções.

Lembrei-me disso recentemente, quando uma aluna do Smith College me perguntou se deveria se candidatar a um programa de estágio em relações públicas para estudantes de pós-graduação em Nova York, a uma bolsa de estudos para cursar a pós-graduação fora ou a um emprego na empresa de uma ex-aluna da escola.

Minha resposta foi "Sim" para todas as opções.

Quer esteja na faculdade ou prestes a se formar amanhã, seguro da direção que vai seguir ou sem a menor idéia do que fazer, com vontade de se dedicar a uma paixão criativa mas sem saber bem se esse é o momento, uma coisa é certa: não há razão para *não* manter abertas todas as opções nessa fase da sua vida. Embora realmente tome tempo pesquisar diversas oportunidades, você não tem nada a perder por deixar as portas abertas. Enquanto tiver tempo para seguir uma variedade de indicações, faça isso.

Muitas pessoas se preocupam com o possível dilema de receber várias ofertas, mas não consigo pensar em um resultado melhor. No fim, você terá de escolher, mas não há motivo para excluir opções até o momento de decidir. Eis por quê:

- Se você for igual à maioria das pessoas, provavelmente tem mais de uma paixão. Nesse estágio inicial da sua vida, não há razão para limitar a busca a uma única área de interesse, até que chegue a hora de tomar uma decisão. Enquanto ainda está na fase exploratória de ganhar experiência, ampliar seus contatos e procurar oportunidades, não há razão para não lançar longe a sua rede.
- Amanhã você não será o mesmo. Alguns empregos, programas de estágio e oportunidades de estudar no exterior levam tempo para

- ser processados — é preciso se candidatar com um ano de antecedência —, e você pode ter mudado de opinião quando chegar a carta de admissão ou recusa. Não se prenda a um programa meses antes de ter de fazer a sua escolha.
- Todas as oportunidades são oportunidades de networking. Cada vez que pesquisa um emprego, participa de uma entrevista e se candidata a um programa, é uma chance de entrar em contato com as pessoas que estão do outro lado. É claro que você não vai querer se candidatar a programas que não lhe interessam (seria uma perda de tempo para você e os organizadores do programa), mas não há necessidade de restringir suas opções. Lembre-se de que uma oferta de emprego este ano pode levar a outra no futuro, desde que você se mantenha em contato.
- Não dá para prever se a oferta de emprego vai naufragar. Infelizmente, algumas ofertas dão para trás no último minuto, por isso é sempre bom ter um plano de reserva (ou dois, três, quatro).

É mais ou menos como prestar o vestibular: dificilmente alguém pensaria em se candidatar a uma só faculdade. Não é diferente com a carreira. Lance a rede longe e não se obrigue a escolher cedo demais.

Quando chegar o momento de fazer isso — e espero que este livro resulte em muitas oportunidades de emprego —, lembre-se de que você conta com uma rede de apoio para ajudá-lo a decidir que caminho tomar: família, amigos, orientadores escolares, contatos da sua rede profissional, treinadores, mentores, líderes de associações e, é claro, seus instintos. Você não está sozinho, e sua trajetória profissional será longa e variada. Não tenha medo de ter muitas opções. Ao contrário, abra-se para essa fase empolgante da sua vida e lance mão de toda ajuda e orientação à sua disposição.

# 9. PREPARE-SE PARA AS ENTREVISTAS

E AGORA CHEGAMOS AO MOMENTO PELO QUAL VOCÊ ESTEVE esperando: preparar-se para uma entrevista de verdade com um ser humano de verdade que pode levá-lo a um emprego de verdade em uma empresa de verdade, recebendo um *holerite* de verdade.

(Farei uma breve pausa para que você absorva a idéia.)

> **❯ NA REAL ❮**
>
> "Prepare-se antes de se reunir com alguém. É fácil pesquisar na internet — informe-se sobre a pessoa, os produtos que ela gerencia, sua companhia, tudo. Informação nunca é demais."
>
> EVAN D. GOTLIB
>
> **PRIMEIRO EMPREGO DEPOIS DA FACULDADE:**
> ASSISTENTE DE VENDAS PUBLICITÁRIAS NA REVISTA *DETAILS*
>
> **EMPREGO ATUAL:**
> DIRETOR DE VENDAS CORPORATIVAS DE UMA IMPORTANTE EMPRESA DE MÍDIA

Por sorte, se você seguiu as dicas até aqui, já teve várias interações com profissionais da área que lhe interessa, de modo que isso não será muito assustador. E, o que é ainda melhor, as pessoas têm passado por entrevistas de emprego há séculos, por isso há uma infinidade de informações disponíveis sobre como se preparar para elas e convertê-las numa oferta de trabalho. Recomendo que você leia livros e consulte websites para reunir o máximo de informação que puder sobre entrevistas e como se sair bem nelas. O que ofereço aqui é minha percepção dos aspectos mais importantes, segundo me disseram os gerentes de contratação com quem conversei.

Bem-vindo ao meu guia do especialista em entrevistas de emprego.

## 77. Pesquise sobre a empresa

Cada dica deste capítulo incentiva você a se preparar para cada aspecto da entrevista, a começar pela pesquisa da empresa. Você conhece o velho lema dos escoteiros: "Esteja preparado"? Hoje, em plena era da informação, isso se traduz no seguinte: não faça nada antes de pesquisar primeiro na internet.

Karen Bochner, psicóloga organizacional de uma importante empresa de mídia, aconselha: "Faça a sua parte o melhor que puder". Não desperdice a oportunidade de uma entrevista com perguntas sobre a empresa que podem ser respondidas com uma consulta ao seu website.

A principal queixa dos entrevistadores são os candidatos que não sabem nada sobre a companhia. Dedique de trinta a sessenta minutos para ler o website de uma organização antes da entrevista. Conheço a dona de uma pequena empresa que pergunta aos candidatos a emprego, logo de início: "Você chegou a visitar nossa página na internet?" Se a resposta for negativa, ela encerra a entrevista ali mesmo.

"Esteja preparado", repete Nu Huynh, consultor de recrutamento em faculdade do Principal Financial Group. "Venha para a entrevista sabendo que direção pretende seguir e aonde quer chegar. Visite o website da empresa e conheça suas atividades, o processo de entrevista, os planos de carreira, as vagas disponíveis etc. Os candidatos que fazem a lição de casa — ou seja, que pesquisam nossa empresa e têm uma compreensão geral do nosso negócio — se diferenciam pela iniciativa."

Como conseguir esse diferencial? O que exatamente você deve procurar no website de uma empresa? O recrutador executivo Don Leon, diretor sênior da Stephen-Bradford Search, recomenda a seguinte estratégia:

1. **Pesquise a equipe de gerentes.** Isso é importante por duas razões: (1) Ao conversar com as pessoas de uma organização, você precisa conhecer os principais nomes e fatos relativos aos seus líderes. Qualquer detalhe singular é importante, também; pode ser que a empresa tenha um novo presidente, ou seja presidida por uma mulher ou um estrangeiro. Tudo isso afeta a companhia, sua cultura e seus empregados. (2) A biografia dos gerentes traz informações essenciais que podem ajudar você a encontrar um tema de conversa ou oportunidades de networking. Por exemplo, você pode ficar sabendo que o gerente de marketing se formou na mesma universidade em que estuda, o que poderia facilitar para você conseguir um estágio ali. Ou que o diretor executivo da entidade sem fins lucrativos que está pesquisando começou a carreira no programa de voluntários do qual você tem participado durante as férias. Você nunca sabe o que vai encontrar quando começa a procurar.

2. **Leia todos os informativos para imprensa recentes.** O que poderia ser mais útil do que ler exatamente que informações a companhia deseja divulgar ao público? Os informativos para imprensa, ou *press releases* (encontrados às vezes sob um link chamado "Notícias", "Sala de imprensa" ou "Mídia"), informam sobre o lançamento de novos produtos, fusões, executivos contratados recentemente, últimas campanhas de mídia, demonstrativos financeiros (no caso de empresas públicas), ações comunitárias etc. Você aprenderá muito sobre as prioridades da organização e se é um lugar que teria orgulho de representar. Contudo, tenha cuidado: os informativos para a imprensa têm o propósito de dar às notícias uma aura positiva; portanto, não leve todas as informações ao pé da letra.

3. **Faça uma pesquisa geral sobre a empresa (ou seja, procure-a no Google).** Simplesmente digite o nome da companhia no Google ou em qualquer outro buscador da internet e veja o que aparece, além das informações que você encontrou no site da organização. Isso lhe dará uma visão mais equilibrada da empresa. Pode ser que encontre artigos da mídia com uma opinião não tão positiva acerca da companhia, comentários sobre o seu desempenho na bolsa de valores ou sobre seus produtos e serviços, além de informações sobre ex-funcionários. Tudo isso vai ajudá-lo a decidir se quer ou não trabalhar na empresa e o municiará com dados importantes que podem ser mencionados em entrevistas ou reuniões informais.

Certa vez me aconselharam a passar pelo menos uma hora pesquisando cada um dos seguintes itens antes de comparecer a uma entrevista de emprego:

1. O setor de atividade da empresa
2. A empresa propriamente dita (seguindo todas as valiosas dicas acima)
3. Os maiores concorrentes da empresa
4. A função específica à qual você está se candidatando

Essa é uma excelente estratégia para organizar a pesquisa antes da entrevista e verificar se determinada vaga realmente lhe convém.

Sei que isso talvez o surpreenda, mas você pode fazer parte da pesquisa pessoalmente. Se quiser trabalhar para um banco, visite uma agência da instituição no seu bairro. Se quiser trabalhar como comprador para uma cadeia de varejistas, faça compras em suas lojas. Se quiser trabalhar no marketing de uma fabricante de eletrônicos, experimente os produtos dessa empresa. Se quiser trabalhar numa emissora de tevê, assista aos programas da rede e saiba fazer comentários sobre os seus favoritos. Todas as informações que reunir com essas experiências pessoais serão úteis na hora de decidir se a missão da empresa corresponde aos seus interesses e valores, e proporcionará material e observações para ser compartilhados durante a entrevista.

[MÃOS À OBRA]
Seguindo as instruções desta dica, pesquisa uma organização em que gostaria de trabalhar. Consulte a biografia dos gerentes, leia os informativos para a imprensa e informe-se sobre os concorrentes. Veja como se sente depois de uns trinta minutos: está mais entusiasmado ou menos entusiasmado com a idéia de ingressar nessa companhia?
Quando simular a entrevista para se preparar para a situação real (veja a Dica 82), imprima algumas páginas do website da empresa e peça ao seu entrevistador fictício que lhe faça perguntas sobre os pontos-chave, como o nome do presidente, os principais produtos, as notícias recentes e o nome do departamento em que gostaria de trabalhar.

☐ Feito!

## 78. Valorize-se

Enquanto faz suas pesquisas e se prepara para as entrevistas, você pode de repente se sentir como um Davi diante de Golias. É verdade que os candidatos a primeiro emprego não têm lá muita influência, mas você tem valor e os empregadores realmente precisam de você. Nunca perca isso de vista. Você tem valor, e parte da preparação para a entrevista consiste em se conscientizar desse valor, ainda que sem perder a modéstia.

Alguns candidatos nem sequer pensam em desenvolver suas habilidades de negociação por acharem que já é sorte suficiente receber uma oferta de emprego. De acordo com Carlo Frohlinger, advogada e co-fundadora da Negotiating Women, Inc. (www.negotiatingwomen.com, que oferece cursos de negociação a distância voltados especialmente para mulheres), e meu próprio e abalizado conhecimento do assunto, isso é um erro.

Carol diz que os recém-formados são valorizados no mercado de trabalho e têm condições de negociar em favor do que pretendem. Mais importante que isso, talvez, é que você tem condições de rejeitar as ofertas que não quer. Mas, antes, precisa acreditar em si mesmo e saber do seu valor. Pedi a Carol alguns conselhos sobre como fazer para reconhecer o próprio valor e fortalecer a autoconfiança ao iniciar o processo de entrevista. O restante desta dica é uma cortesia da Carol e se aplica tanto a homens como mulheres.

Muito antes de receber uma oferta de emprego e começarem as negociações formais, é importante saber negociar o que você quer. Quando subestima o valor do seu conhecimento, das suas habilidades e do seu talento, você limita o seu poder de negociação. Você pode, por exemplo:

- perder oportunidades de entrevistas para empregos para os quais esteja qualificado
- candidatar-se a um emprego que não combina com você
- aceitar uma proposta de remuneração inferior ao que você merece

Por ser estudante ou recém-formado, você talvez pense que os empregadores têm todas as cartas na mão e seu poder de barganha é pequeno. Tome cuidado para não superestimar a vantagem deles. É verdade que você é novo no mercado de trabalho, mas também é verdade que esse mercado procura o potencial que você oferece, aliado à sua formação e experiência. Só o que *você* precisa fazer é acreditar nisso, para então conseguir convencer os outros.

## O que fazer para aumentar seu poder de negociação: escreva um "currículo invisível"

Eis o que você precisa anotar — use seu caderno para fazer o registro (só você vai ler esse currículo, por isso não se preocupe com a formatação):

1. **Liste suas habilidades.** Pense de maneira abrangente, mesmo que considere algumas de suas habilidades irrelevantes para o ambiente de trabalho. Você é bom no videogame? É capaz de levar várias tarefas ao mesmo tempo? É um editor particularmente bom?
2. **Liste suas características positivas.** Seja específico e cite exemplos. Se tiver dificuldades, pergunte-se: "O que as pessoas que mais me admiram diriam sobre mim?" Por exemplo, "esforçado", "disposto a ficar na biblioteca até que o trabalho esteja não só terminado, mas burilado", "bom ouvinte, o tipo de pessoa em quem os outros confiam".
3. **Liste os desempenhos dos quais se orgulhou.** Inclua aqui suas realizações pessoais assim como as que listou no currículo. Pense nos amigos que ajudou em situações difíceis, na melhora que conseguiu obter nas médias, no serviço comunitário de que participou.
4. **Liste os maiores erros que cometeu.** E, mais importante ainda, o que aprendeu com eles.
5. **Converta suas habilidades, características, desempenhos e aprendizados em moeda que tenha valor na área que escolheu.** Por exemplo, se sabe que a cultura da empresa em que gostaria de trabalhar valoriza as pessoas que resolvem as coisas sem ter de receber muita orientação, dê destaque àquele estágio que fez nas férias, em que teve de solucionar as coisas enquanto seguia em frente. Por exemplo, "Como eu era a primeira pessoa a estagiar na equipe de vendas da Empresa XYZ, não havia uma descrição formal do que eu deveria fazer. E todos eram muito ocupados! Então, na sexta-feira, mandei um e-mail para o meu chefe com uma lista das coisas que eu planejava fazer na semana seguinte. Aprendi então que não preciso de muitas instruções para ser produtivo. Eu diria que sou proativo." Reconhecer que você tem iniciativa, numa empresa que precisa de alguém assim, é útil para você e para a empresa.

Quando começar a perceber quanto valor você realmente pode agregar para uma organização, aplique esse conhecimento na procura de emprego:

- Reveja seu currículo invisível enquanto avalia possíveis funções
- Pense quais de seus atributos "menos relevantes" você poderia destacar na carta de apresentação
- Use o currículo invisível para identificar coisas específicas das quais você poderia "se gabar" durante as entrevistas

E, quando surgir a oferta de emprego, use-o para se lembrar de que você é o candidato mais qualificado para a função. Seu poder de negociação está diretamente relacionado com sua autoconfiança.

## 79. Aprenda a equilibrar trabalho e vida pessoal

Outra parte da pesquisa "interna" a ser feita durante a etapa de se preparar para as entrevistas consiste em refletir sobre a questão do equilíbrio entre vida pessoal e trabalho. De acordo com a Universum, empresa de pesquisa que realiza estudos com alunos de todas as áreas do ensino superior americano, os estudantes hoje em dia — de ambos os sexos — classificam o equilíbrio entre vida pessoal e trabalho como o principal atributo que procuram num emprego.

Mas aí é que está: se o equilíbrio entre vida pessoal e trabalho é importante para você — porque, afinal, você pretende se casar e ter filhos, porque quer ter a oportunidade de fazer cursos à noite, porque quer tirar uma licença no futuro para viajar pelo mundo, ou porque simplesmente deseja dedicar algum tempo a si próprio —, então é preciso planejar isso. Não pense que todo empregador ficará feliz em lhe conceder uns dias de folga ou permitir que você trabalhe em casa de vez em quando. E, apesar de parecer muito cedo para se preocupar com esse tipo de questão, muitos dos profissionais que entrevistei para este livro disseram que gostariam de ter atentado para esse equilíbrio antes. Pense nisso antes de enfrentar uma entrevista — não deixe para depois que estiver empregado.

A boa notícia é que hoje em dia a questão do equilíbrio entre trabalho e vida pessoal ganhou destaque. É muito maior atualmente o número de mães que trabalham fora e de trabalhadores que procuram um estilo de vida flexível, assim como também é maior a percepção geral acerca dos perigos do estresse e do excesso de trabalho para a saúde das pessoas. Isso significa que muitas empresas promovem políticas voltadas para esse equilíbrio e as discutem abertamente durante as sessões de recrutamento e as entrevistas de emprego, inclusive no seu próprio website.

É claro que nem todas as empresas são adeptas da flexibilidade e dos esquemas de trabalho alternativos. Se essa questão é importante para você, inclua-a na sua Lista Bem Grande e comece a se informar mais a esse respeito, conversando com pessoas que têm experiência nisso e incorporando-a entre os elementos a pesquisar sobre a empresa na etapa de preparação para a entrevista. Se deseja um ambiente de trabalho flexível no seu primeiro emprego, é um erro pensar que tudo será como você imaginou. Com um pouco de pesquisa e planejamento, você pode encontrar um ambiente de trabalho adequado.

Você talvez se pergunte: "Como conseguir um emprego flexível sendo iniciante?" A verdade é que isso é totalmente possível. Cali Williams Yost, especialista em estratégias de como equilibrar vida pessoal e trabalho, conta a seguinte história:

"Um gerente de 50 e poucos anos me contou recentemente a história de um jovem que trabalhou para ele por dois anos, depois da faculdade, como consultor júnior de uma grande empresa de contabilidade. Um dia, esse jovem o procurou, porque era um corredor de maratona e não estava tendo tempo de treinar. Apresentou então um plano detalhado, que lhe permitiria chegar às 11 da manhã nas sextas-feiras, com todos os detalhes do que ele teria de fazer para dar conta do trabalho e por ter essas horas de folga durante a semana. A primeira coisa que o gerente pensou foi: 'Ele só pode estar brincando!' Mas então percebeu que o jovem tinha pensado tanto sobre aquilo, que se tratava de algo tão importante para ele, que provavelmente se demitiria se o gerente dissesse não. Assim, o gerente concordou. Há seis meses a estratégia tem sido um sucesso!"

Note que o jovem esperou até ter um histórico na empresa; ele não pediu flexibilidade no primeiro dia. Se a flexibilidade é fundamental para você, comente sutilmente sobre isso durante a entrevista com o possível empregador. Eis a recomendação de Cali:

"Tente escolher empresas que levam em conta essas questões. Se você se antecipar no pedido, eles podem pensar que você não quer dar duro. Existem muitos gerentes à moda antiga aí fora, para quem o empregado tem de estar no local de trabalho. Em vez de dizer "Quero trabalhar menos", sugiro perguntar o seguinte: 'Como a companhia vê o trabalho a distância?' Pergunte quais são os parâmetros da flexibilidade no horário ou do trabalho em casa e se há casos na empresa de pessoas que trabalham fora do horário convencional. Procure perceber se as pessoas trabalham o tempo todo ou se têm alguma liberdade de horário. Sua intenção é saber se há espaço para a flexibilidade. Você não vai requisitar isso logo no começo, mas saberá se existe a possibilidade de conversar a esse respeito."

Se essa questão lhe parece importante, siga exatamente o conselho de Cali: escolha empresas que se preocupam com ela. Pesquise em listas como as 100 Melhores Empresas para Trabalhar. Descubra quais organizações são abertas para conversar sobre o equilíbrio trabalho–vida pessoal e, ao se preparar para a entrevista, pesquise e avalie a cultura da empresa nesse sentido.

### CRÉDITOS EXTRAS

Veja a seguir duas outras dicas de Cali Williams Yost para jovens profissionais interessados em encontrar um emprego com equilíbrio trabalho–vida pessoal:

- **Tome decisões baseadas na sua realidade atual.** Você não precisa buscar ajustes hoje que só serão adequados na sua vida daqui a vinte anos. Considere o seu momento atual e saiba que o ajuste trabalho–vida pessoal vai mudar muitas vezes ao longo da sua vida. Você talvez queira resolver isso agora, enquanto é jovem — relaxe! Estabeleça sua base, viaje, construa o valor intangível do bom desempenho. Então, quando sua realidade mudar, apóie-se nesse valor e apresente uma proposta. Você ficará surpreso de ver quantas vezes os empregadores se mostrarão dispostos a aceitá-la.

- **Seja paciente.** Lembre-se de que mesmo em empresas listadas entre as melhores a flexibilidade é uma conversa, não um benefício. Não é algo que se assinala no formulário de benefícios. Você precisará ter histórico suficiente para que o seu gerente entenda como você trabalha: você tem iniciativa, é confiável, é automotivado? Seu gerente não pode responder a isso de imediato. Antes de mais nada, ele precisa saber qual é a resposta para essa pergunta.

## 80. Compre um terno escuro

A todo momento me surpreendem as histórias de horror que ouço sobre o que os jovens vestem em situações profissionais, de feiras de emprego a entrevistas formais. De acordo com um levantamento feito em 2006 pela National Association of Colleges and Employers (Nace), quase três quartos dos empregadores pesquisados disseram que a aparência de um candidato a primeiro emprego teria forte influência na sua opinião acerca dele. A aparência conta. E muito.

**No Brasil, valem os mesmos parâmetros de etiqueta. Um teste feito em 2005 pela revista *Você S/A* mostrou que candidatos com cabelo desgrenhado, roupa mal cortada e excesso de maquiagem nem sequer foram avaliados em entrevistas de emprego. No dia seguinte, vestidos adequadamente, receberam o aval de outros head hunters. Segundo uma pesquisa feita pelo Grupo Catho com 1.356 recrutadores, o azul-escuro é a cor preferida dos entrevistadores, enquanto cabelo comprido em homens e decote excessivo em mulheres acendem o sinal vermelho imediatamente.**

Assim, qual o traje adequado para que um estudante ou recém-formado interaja no Mundo Real? Vou lhe dar uma escolha profissional, segura e cautelosa: é melhor pecar pelo excesso de formalidade e usar um terno escuro.

As próximas orientações deveriam ser seguidas em qualquer situação profissional relacionada com a carreira — empresário-sombra, entrevistas informais, eventos de associações, feiras profissionais e, acima de tudo, entrevistas de emprego formais:

- **Pergunte.** Não há problema algum em ligar para o telefone central da empresa, ou para um assistente administrativo do RH, e perguntar o que é melhor vestir para uma entrevista de emprego. Simplesmente diga: "Estou indo para uma entrevista e não tenho certeza de qual roupa seria mais adequada. Você poderia me dizer?" (Não é preciso dar seu nome e, geralmente, ninguém pergunta.) Pode ser que lhe digam que não é bom ir de terno se a entrevista for num centro de reabilitação de viciados, ou que todos na empresa em questão usam terno diariamente. Se ligar e perguntar, não há chance de errar.
- **É sempre melhor roupa demais que de menos.** Na dúvida, use um terno. Mesmo que o código de vestuário do escritório seja o casual corporativo. Ainda que seja o dia mais quente e úmido do verão. Ainda que seja o dia mais frio e tempestuoso do inverno. Ainda que tenha quebrado a perna. Isso é particularmente importante se você tiver cara de criança (acredite em mim, eu tenho covinhas). Diane K. Danielson, presidente e fundadora do DowntonWomensClub.com, explica o seguinte: "Se você é jovem e se veste como tal, vão achar que é um estagiário pelo resto da sua vida". Isso se aplica a homens e mulheres. Se descobrir, na entrevista de emprego, que foi um exagero usar terno, você sempre pode tirar o casaco. (As mulheres devem evitar tops sem mangas por baixo do terninho, para não ficar com roupa de menos se decidirem tirar o casaco.) A única vez em que me desviei da

regra da formalidade foi em 28 de outubro de 2004, o dia seguinte ao que o time de beisebol favorito do meu pai, o Boston Red Sox, venceu o primeiro campeonato mundial depois de 1918. Eu tinha uma importante reunião com um cliente naquele dia e estava usando um boné do Red Sox com o terninho. Pensando bem, esse é outro bom aditivo na regra da formalidade: você pode quebrá-la uma vez a cada 68 anos.

- **Com o pretinho básico não tem erro.** A escolha indefectível, em qualquer situação, para homens e mulheres, é o terno preto. O preto é sempre profissional (mesmo no verão). Não é um desastre se você acidentalmente derruba algo nele e, se por alguma razão estiver com roupa demais ou de menos, será mais fácil misturar-se à multidão. Todo jovem profissional deve ter pelo menos um terno preto básico. Se o seu dinheiro é curto, o terno preto tem a vantagem adicional de que o preto confere uma aparência melhor aos tecidos mais baratos (como poliéster) do que as cores mais claras. Se odeia usar preto, então vá de azul-escuro, marrom ou cinza-escuro.
- **Passe a roupa.** Nada como os vincos na roupa para fazer você parecer ainda mais jovem e inexperiente. Cuide para que toda a sua roupa esteja muito bem passada. Se não sabe passar roupa, tenho certeza de que sua mãe ou seu pai teriam prazer em lhe dar umas aulas.
- **Quanto menos exposição, melhor.** Quer ter certeza de estar mal vestido numa situação profissional? Exponha demais sua pele. Mulheres, nunca, jamais é aceitável usar um top que mostre a barriga, e a maioria dos ambientes de trabalho torce o nariz para calçados com dedos de fora. Antes de vestir qualquer camisa para trabalhar, levante os braços e verifique se ela se mantém dentro da calça ou se é suficientemente comprida para cobrir seu abdome. Do contrário, guarde-a para o fim de semana. Idem para uma saia que não chegue pelo menos na altura dos joelhos. As saias também pedem meias finas. Se perceber, no primeiro dia de trabalho, que não há problema em ficar com as pernas de fora ou usar sandálias (e

pode ser que sim, principalmente nos climas mais quentes), então você pode tirar a meia no banheiro. Mas desaconselho totalmente ir a uma situação de entrevista com pernas ou dedos de fora. Rapazes, espero que não seja necessário dizer para não exibir a barriga. Mas quero lembrá-los de usar meias de cano alto para não mostrar nenhum recanto da pele se por acaso cruzarem as pernas durante a entrevista.

- **Use roupas sob medida.** A maioria dos astros de cinema não se sairia bem em entrevistas de emprego profissionais. Roupas largas, folgadas, fazem você parecer um garotinho, e roupas apertadas ou curtas demais são igualmente inadequadas para o ambiente de trabalho. Se precisar de ajuda para saber se suas roupas caem bem, pergunte a um adulto da sua confiança, ao vendedor da loja ou a um alfaiate.
- **Use acessórios com cautela.** Acho perfeito um jovem usar uma gravata diferente (mas decente — nada de personagens de seriados da tevê) numa entrevista em alguma agência de publicidade badalada, mas recomendo o modelo mais conservador possível (e camisa branca) se a entrevista for na IBM. O mesmo se aplica às mulheres e seus lenços de pescoço, brincos, xales ou broches — são excelentes maneiras de mostrar certa ousadia, mas cuidado com entrevistas em empresas mais tradicionais.

Vejamos mais algumas dicas sobre acessórios para cada sexo, tendo em vista a formalidade. Mais uma vez, sempre pesquise o ambiente de uma empresa para saber o que é adequado. Aliás, essas instruções não caíram do céu. São erros de verdade que candidatos iniciantes cometeram no Mundo Real:

**Homens**
- Use sapatos sociais e engraxe-os antes da entrevista. Não estrague um terno-e-gravata executivo com um deselegante sapato com sola de borracha.

- Faça a barba no dia da entrevista e verifique se as unhas estão aparadas.
- Bonés nem pensar.

**Mulheres**
- Cuidado com jóias que causam distração — brincos que balançam, braceletes que fazem barulho, anéis excessivamente grandes que ferem os dedos das pessoas no aperto de mãos.
- Tudo bem usar maquiagem, mas não exagere.

**Ambos os sexos**
- Se a entrevista for numa empresa conservadora, é bom esconder tatuagens e retirar os piercings.
- Tire os óculos de sol da cabeça ou do colarinho.
- Sandálias de dedo nunca!
- Não leve comida nem bebida para a entrevista. Provavelmente oferecerão café ou água, então não se sobrecarregue com garrafa de água ou embalagem de café para viagem.
- Não exagere no perfume. Já ouvi muitos entrevistadores se referirem a um candidato como "O rapaz da colônia" ou "A garota do perfume".
- Como dizem os comissários de bordo, desligue e guarde todos os aparelhos eletrônicos. Não os deixe nem no modo vibratório — até mesmo esse pequeno ruído pode causar distração durante uma entrevista.
- **Preste atenção na roupa de cima.** De nada adianta caprichar na roupa da entrevista e depois estragar sua aparência com uma capa de chuva desalinhada ou um sobretudo surrado comprado em um brechó. Se a entrevista for num dia chuvoso ou frio, cuide para que o casaco, o chapéu, o xale, seja lá o que for, combine com a imagem profissional que você deseja projetar.
- **Tenha um espelho no bolso.** Mesmo que o seu traje esteja perfeito, é melhor dar uma olhadinha de novo para ver se não tem resto de

comida nos dentes, uma bolha de gel no cabelo, marcas de caneta em lugares estranhos ou qualquer outra falha visual de última hora. Uma das piores sensações do mundo é entrar no banheiro depois de uma entrevista de emprego e perceber uma enorme mancha de batom no rosto, do beijo de boa-sorte que sua mãe lhe deu de manhã.

- **Ignore esse conselho se precisar.** Alguns leitores podem estar irritados a esta altura. "Como você se atreve a me pedir para usar terno?!", "Meus piercings expressam minha individualidade e me recuso a tirá-los!" Tudo bem. Sem problema. Se quiser usar jeans todo dia ou tingir o cabelo com cores diferentes, então você terá de trabalhar em um ambiente em que isso seja aceitável — e há muitos por aí. Mas não espere encontrar emprego no setor corporativo.

Em qualquer interação profissional, o objetivo é que suas roupas fiquem em segundo plano. Evite situações em que algum elemento da sua aparência cause uma primeira impressão maior do que a que você causa. Quando se olhar no espelho e ficar em dúvida se algum item do seu vestuário não está muito casual, muito amassado ou muito decotado, é provável que esteja. A melhor aposta é ter um ou dois trajes confiáveis, que você sabe serem adequados para uma entrevista de emprego ou um evento profissional — e mantenha-os sempre limpos e passados.

Já é bastante difícil conseguir um emprego. Não perca oportunidades por causa da roupa que está usando.

## 81. Não esqueça das boas maneiras

Sinto muito, mas tenho de relatar outro momento "Os jovens de hoje!" Recentemente, li um artigo em que um professor se referia duramente aos jovens como "geração fast-food". "Como esperar boas maneiras à mesa se o restaurante mais formal a que já foram é o McDonald's?"

Não há nada de errado com o McDonald's ou qualquer outro restaurante casual, mas no mundo profissional você provavelmente vai encontrar algumas situações em que a entrevista de emprego é feita durante uma refeição formal. Quero dizer com isso que você se sentará a uma mesa guarnecida com toalhas e guardanapos de pano. E não se engane: se for convidado para um almoço de negócios com possíveis empregadores, eles vão observar seus modos e como você interage numa circunstância social.

Antes de se ver numa situação dessas, você precisa ter a experiência de jantar num ambiente assim e saber como se comportar. Odeio dizer, mas tudo que aprendeu na sala de jantar com sua família pode não servir de nada. Felizmente, as "regras" de etiqueta no jantar são bem definidas, e você pode praticá-las em qualquer lugar — no quarto, na mesa de casa e até mesmo no McDonald's.

Li vários textos sobre etiqueta e identifiquei dez dicas e truques úteis que são básicos para parecer um adulto à mesa. Se estiverem claras para você, pode ter certeza de que será reconhecido como um jovem de boas maneiras:

1. Quando todos estiverem sentados à mesa, imediatamente coloque o guardanapo no colo. Ao usá-lo, toque levemente a boca com ele; não o esfregue. E nunca o utilize como lenço. (É uma tremenda grosseria.)
2. Com respeito aos talheres, comece usando-os de fora para dentro. Por exemplo, use primeiro a faca do lado externo (geralmente a menor) para as entradas. Se houver talheres colocados horizontalmente na frente do prato, são para a sobremesa.
3. Depois de usados, os talheres não devem tocar de novo a mesa. Por exemplo, sempre descanse a colher de sopa e a faca da manteiga na molheira ou no prato, nunca diretamente sobre a mesa.
4. Como me ensinou minha amiga Diane K. Danielson, fundadora do DowntownWomensClub.com, lembre-se da sigla PRA quando não souber ao certo qual item da mesa corresponde ao seu lugar. O prato

de pães fica à esquerda da refeição, e a água, à direita: Pão, Refeição, Água. Em geral, todas as comidas ficam à esquerda (inclusive o prato de salada) e todas as bebidas, à direita (copo de água, taça de vinho, xícara de café).

5. Espere que todos sejam servidos antes de começar a comer. No entanto, se alguém que ainda não foi servido incentivá-lo a comer, tudo bem começar primeiro. Mas vá devagar para não terminar bem antes dos demais.

6. Agradeça ao garçom toda vez que ele lhe servir. Essa simples cortesia causa boa impressão — e, se você já trabalhou como garçom em algum momento, deve saber que esse tipo de gentileza é muito bem-vindo.

7. Ao passar para outros convidados à mesa itens como cesta de pão, manteiga, temperos para a salada, molheira, açúcar etc., faça-o pelo seu lado direito. Se estiverem ao seu alcance, pegue-os e comece a passá-los pela mesa. Não se sirva primeiro. Se alguém pedir o sal ou a pimenta separadamente, sempre passe o galheteiro com os dois juntos. Toda vez que passar alguma coisa com cabo ou alça, como a molheira, por exemplo, estenda-a com a alça voltada para a pessoa, assim ela poderá pegá-la facilmente.

8. Para servir-se de pão e manteiga, coloque primeiro uma porção de manteiga no prato do pão, parta-o em pequenos pedaços e vá besuntando cada pedaço à medida que for comendo. Não passe manteiga no pão todo.

9. Massas em fios longos devem ser enroladas ao redor do garfo, mantendo-se a ponta do garfo em contato com o prato. Massas como espaguete nunca devem ser cortadas com faca ou garfo. Evite encher demais o garfo com massa a ponto de não caber na boca. Na verdade, se eu fosse você, evitaria ao máximo comer espaguete numa refeição de negócios. Dá muito trabalho.

10. Se estiver muito nervoso e deixar cair o guardanapo ou algum talher no chão, não o pegue. Sinalize para o garçom que você precisa de um novo.

Se não souber ao certo o que fazer durante uma refeição formal, observe as pessoas ao seu redor para ter dicas de como se comportar (e reze para que elas saibam o que estão fazendo!).

Não queira se destacar dos outros à mesa de refeição. Por exemplo, se for vegetariano e a única opção de prato for filé, então afaste a carne um pouco para a lateral do prato e coma os acompanhamentos. Tampouco se mostre muito seletivo; se houver algum alimento de que não gosta, como brócolis na salada, evite afastar toda a verdura para a lateral do prato.

Finalmente, lembre-se do básico dos básicos: não fale com a boca cheia e mantenha os cotovelos fora da mesa. Na verdade, a etiqueta perfeita não é tão importante quanto apresentar-se como uma pessoa madura e bem-educada. Os empregadores não estão tão interessados numa impecável demonstração de boas maneiras quanto na sua capacidade de representar a empresa com classe e confiança.

[MÃOS À OBRA]
Nesta semana, pratique as dicas acima durante as refeições, mesmo que estas sejam informais. Habitue-se às boas maneiras de tal modo que possa se comportar com naturalidade durante uma situação profissional. E, se a sua escola oferecer curso de etiqueta (que geralmente acontece num restaurante local, com comida de graça!), não deixe de se inscrever. Adquira o máximo de experiência e treinamento que puder nessa área.
Note também que as dicas desta seção se baseiam nas regras de etiqueta de uma refeição normal, mas elas podem variar de acordo com o tipo de culinária servida ou a região do país, e, é claro, tudo muda se você estiver no exterior. Se quiser mais informações sobre esse assunto, ou como se comportar numa situação mais exigente (por exemplo, diante de um prato de lagosta, sushi, culinária etíope etc.), procure livros de etiqueta.

☐ Feito!

## 82. Simule entrevistas

Agora que já fez sua pesquisa, preparou a roupa que vai usar e está pronto para enfrentar uma refeição formal, é o momento de falar sobre a entrevista em si: as perguntas a que terá de responder.

Sempre que dou um workshop ou palestras sobre procura de emprego, recebo inúmeras perguntas sobre como se sair bem nas entrevistas, e o meu conselho é sempre o mesmo: pratique, pratique, pratique. Você pode se antecipar à maioria das perguntas que serão feitas, por isso, quanto mais experiência tiver em respondê-las de maneira sucinta e precisa, quanto mais feedback receber sobre seu desempenho, melhor você vai se sair no Grande Dia. Não deixe que a entrevista real seja a primeira ocasião em que falará de sua experiência e seus objetivos profissionais.

Para tratar desse assunto, procurei pessoas que o conhecem bem: recrutadores e gerentes de contratação que entrevistam centenas de candidatos todo ano. Recomendo também que você leia livros ou consulte websites que listem as perguntas mais comuns em entrevistas e forneçam dicas sobre as melhores respostas. Prepare-se o máximo que puder, para enfrentar as entrevistas com a maior confiança possível.

Veja a seguir algumas dicas importantes sobre como se preparar para uma entrevista de emprego:

- **Deixe o entrevistador falar.** Segundo as estatísticas, quanto mais o entrevistador falar numa entrevista de emprego, maiores serão as chances de o candidato conseguir o emprego. Isso não significa que você deve ficar em silêncio e responder às perguntas com meias palavras; significa ser um bom ouvinte. Deixe que o entrevistador diga o que pensa e nunca o interrompa. Isso é especialmente importante no começo da entrevista. Deixe que o entrevistador dê o tom da conversa.
- **Saiba explicar por que fez as suas escolhas.** Os empregadores não querem saber só o que você fez — sobre isso eles podem se informar lendo o seu currículo —, mas por que fez certas coisas e como se sentiu sobre elas. A recrutadora Lauren E. Smith diz o seguinte:

"Posso descobrir muita coisa sobre uma pessoa com base no que ela decide me contar ou não me contar. Posso saber se ela deixa a vida simplesmente acontecer ou se é proativa. Percebo como ela raciocina. Quero saber por que escolheu tal faculdade, tal área de graduação e tal emprego que aparece no currículo. Você pode dizer que não foi uma boa escolha, mas quero saber por quê. Preciso conhecer suas razões."

- **Não demonstre hesitação**. Pense nisto: você chega na entrevista e diz que está interessado em trabalhar nessa empresa de contabilidade, mas também está procurando colocação num escritório de consultoria administrativa, e o candidato seguinte afirma ter sonhado a vida inteira em trabalhar com contabilidade e ser essa empresa a sua primeira escolha. Quem você acha que vai conseguir o emprego? Jamais diga que não sabe o quer, ainda que seja a verdade. Esse conselho vem de Don Leon, da Stephen-Bradford Search. "Seu trabalho na entrevista é conseguir o emprego", diz ele. "Depois você decide se vai aceitá-lo ou não. Durante a entrevista, trate esse emprego como a única oportunidade do mundo." Lembre-se: uma entrevista é como um exame — ou você passa ou é reprovado.
- **Pense PAR**. Don também recomenda falar de suas experiências no formato do Problema que você enfrentou (como arrecadar fundos para a turnê do seu quarteto de cordas pela Europa), da Ação que tomou (fazer um evento para levantar fundos e vender patrocínios a empresas locais ligadas à música) e do Resultado que obteve (arrecadar dinheiro suficiente para uma viagem de três semanas, pagando todas as despesas do quarteto). Quando estiver simulando a entrevista, peça ao seu entrevistador fictício que avalie se você está respondendo bem às perguntas nesse formato. O objetivo é que você cite exemplos que respaldem suas afirmações gerais. Por exemplo, "Sou um líder responsável" soa bem, mas será inócuo se você não puder comprovar isso com um exemplo PAR. Vejamos: "No penúltimo ano da faculdade, quando eu era o presidente do centro acadêmico,

uma das calouras teve um ataque de asma e precisou ir para o pronto-socorro. Todos os seus colegas entraram em pânico. Pedi que um deles se tornasse meu contato e a cada trinta minutos telefonava para ele dando notícias do estado da garota doente. Ela se recuperou e, quando voltamos ao alojamento, vários estudantes vieram me agradecer por mantê-los informados e permitir que demonstrassem sua preocupação com a amiga sem precisarem entrar em pânico. O reitor tomou conhecimento da situação pelos pais da garota, e recebi um prêmio especial de liderança no fim do ano letivo".

- **Antecipe-se a perguntas assustadoras.** Se a sua média final for baixa, ou se a área em que se graduou não tiver relação com o emprego que está tentando conseguir, ou se tiver alguma lacuna na sua formação, ou qualquer outro "sinal vermelho" no seu currículo ou em seu histórico acadêmico ou profissional, suponha que o entrevistador vai lhe pedir para explicar isso e prepare uma boa resposta. Recomendo praticar uma resposta concisa e positiva (por exemplo, "Nos dois primeiros anos, tive dificuldades com os requisitos básicos do curso, mas, como você pode ver, minhas notas melhoraram significativamente quando comecei a fazer outros cursos na minha área de especialização. O trabalho de conclusão de curso me fascinou e é o que mais se aproxima do emprego que estou procurando"). Teste suas respostas durante a entrevista simulada para ter certeza de que elas funcionam bem e de que o seu tom não é defensivo nem justificativo. Tudo bem ter manchas no passado, desde que saiba lidar com elas de maneira construtiva.

- **Prepare mais perguntas do que poderia fazer.** Nunca se sabe que tópicos serão abordados durante a entrevista; assim, quando o entrevistador disser "Tem alguma coisa que gostaria de perguntar?", sempre restará alguma. Isso é importante porque demonstra o seu interesse em saber mais e mostra que você está preparado. Não faça perguntas cuja resposta você possa obter no website da empresa ou na entrevista informativa. Eis algumas dicas para preparar boas perguntas:

- A melhor pergunta, segundo Don, é: "Como você começou neste ramo?" As pessoas adoram falar de si mesmas, então deixe o entrevistador contar a história dele.
- De maneira geral, evite perguntas que comecem com "Por que", diz Don, porque elas costumam colocar as pessoas na defensiva. "Quais são as razões de vocês abrirem essa vaga?" é melhor do que "Por que abriram essa vaga?" Perguntas começando com "Como" e "O que" são a melhor aposta.
- Pergunte algo relacionado com uma iniciativa, projeto ou notícia positiva que você descobriu ao pesquisar a companhia e lhe chamou a atenção. É uma boa maneira de demonstrar que você fez a lição de casa em vez de recorrer a uma pergunta típica: "Poderia me contar um pouco mais sobre a nova iniciativa ambiental da empresa e como ela está progredindo?"
- Mostre sua ambição e desejo de ter um impacto imediato: "O que, a seu ver, seria um desempenho excepcional para alguém nessa função durante os primeiros três a seis meses de trabalho?"
- Pergunte sobre a cultura da organização e que tipos de pessoas se saem bem nela. Lembre-se de que você quer ter certeza de que esse emprego é bom para você. Um exemplo: "Quais são as características e habilidades das pessoas mais bem-sucedidas da empresa?"
- Peça o emprego! No final da entrevista, é totalmente recomendável dizer: "Estou muito interessado neste emprego e adoraria trabalhar na sua empresa".
- **Pergunte sobre os próximos passos.** Para atenuar a tensão da espera de saber se você passará por outra entrevista ou receberá a oferta de emprego, pergunte no final da entrevista quais serão os próximos passos do processo. A maioria dos entrevistadores costuma informar se você receberá um retorno dali a uma ou duas semanas, se haverá mais entrevistas no processo, ou se será contatado diretamente pelo RH ou pelo departamento ao qual está se candidatando. Não seja muito impertinente com isso, mas tente obter alguma informação sobre o que acontecerá em seguida.

Para ter sucesso na entrevista, vou repetir uma última vez: pratique, pratique, pratique. Peça para alguém simular a entrevista com você, assim como pediria para repassarem o roteiro com você se estivesse para estrear uma peça. A maioria dos departamentos de orientação profissional filma as entrevistas simuladas, o que também pode ajudá-lo a melhorar algum tique na fala ou corrigir maus hábitos, como ter uma postura desengonçada ou gesticular demais com as mãos. E vista a roupa que planeja usar na entrevista para testá-la antes da ocasião real.

Quando entrar naquela sala para sua entrevista de emprego real, você terá a segurança de saber, bem no seu íntimo, que está totalmente preparado para deixar o entrevistador admirado como ele nunca esteve antes. A preparação é *tudo*.

### [MÃOS À OBRA]

Simule a entrevista com quantas pessoas você puder! Além disso, recomendo anotar suas respostas para as perguntas mais comuns, a fim de se familiarizar com elas e poder se lembrar de experiências e histórias que queira contar. Eis algumas perguntas para você aplicar na simulação. Mais uma vez, recomendo comprar ou emprestar de alguém um livro sobre como se preparar para entrevistas — assim você terá acesso a uma variedade maior das perguntas que podem surgir:

- Fale-me de você.
- Por que decidiu fazer essa faculdade?
- Como você se vê daqui a cinco anos? Daqui a dez anos?
- Por que está interessado nessa carreira?
- Você trabalha bem com as pessoas? Prefere trabalhar sozinho ou em equipe?
- Como o seu melhor amigo o descreveria?
- Conte-me de qual desempenho você mais se orgulhou.
- Qual foi a sua maior decepção e como lidou com ela?

- Cite um exemplo de alguma situação em que foi obrigado a expandir sua maneira de pensar.
- O que o qualifica para essa função?
- O que você considera necessário para ser bem-sucedido numa empresa como a nossa?
- De que maneira você acha que pode contribuir para a nossa empresa?
- Que livro você leu recentemente?
- Cite duas ou três conquistas que lhe trouxeram grande satisfação. Explique por quê.
- Por que decidiu procurar colocação nesta empresa?
- O que você sabe sobre a nossa empresa?
- O que você sabe sobre os nossos concorrentes?
- Quais são as duas ou três coisas mais importantes para você num emprego?

Existem muitas outras perguntas — há um livro que traz 250 —, mas esse é um bom começo. Mais uma vez, incentivo você a anotar as respostas, praticar com alguém do departamento de orientação profissional da escola ou com amigos e familiares, e perguntar ao seu entrevistado, durante a entrevista informativa, quais são as perguntas mais comuns na área em que você pretende trabalhar.

☐ Feito!

## 83. Nunca, nunca mesmo chegue atrasado a uma entrevista de emprego

Existem erros inevitáveis, que acontecem com as melhores pessoas, e erros que podem ser evitados. Chegar atrasado a uma entrevista de emprego se encaixa na categoria dos erros que certamente podem ser evitados. Não há desculpas para chegar atrasado a uma entrevista de emprego, embora isso aconteça o tempo todo, segundo as pessoas de RH com quem conversei.

O atraso é sinal de que você não está interessado no emprego ou não é profissional e respeitoso o bastante para chegar na hora. Sei que a vida tem dessas coisas: há engarrafamentos, o transporte público se atrasa, a fila na recepção dos grandes edifícios de escritório podem dar a volta no saguão etc. Tome todas as precauções que puder (por exemplo, faça o percurso de reconhecimento até o local da entrevista em vez de confiar nas indicações do guia de ruas, leve uma meia-calça de reserva caso a que estiver usando desfie no caminho), e então admita que os problemas que tiverem de acontecer no dia da entrevista vão acontecer, por isso reserve bastante tempo para chegar até lá. Leve uma revista (o jornal pode manchar seus dedos) ou um livro para ler se chegar cedo e precisar matar o tempo. Fique ouvindo música no carro, ou aproveite para respirar fundo algumas vezes e acalmar os nervos. Só não se distraia para não ter de sair correndo no último minuto! Como costumava dizer meu austero professor de música no colegial a respeito da pontualidade nos ensaios: chegar cedo é chegar na hora, chegar na hora é se atrasar, e se atrasar é imperdoável!

Está bem, basta. Fim do sermão.

## 84. Seja gentil com recepcionistas

Quando cheguei à minha entrevista para a bolsa de estudos do Rotary (depois de esperar no carro por quase uma hora, de tão cedo que cheguei!), encontrei um senhor sentado do lado de fora da sala de entrevistas. Ele estava lendo o jornal.

Não sabia se ele fazia parte de algum programa do Rotary, mas me aproximei e me apresentei. Ele me convidou para sentar perto dele e disse ser um membro aposentado do Rotary, que tinha se oferecido como voluntário para atender do lado de fora da sala os estudantes que chegassem. Eu disse que me chamava Lindsey Pollak, que estava ansiosa pela entrevista, e lhe perguntei sobre sua experiência no Rotary. Papeamos por uns dez minutos antes que a porta da sala se abrisse e me chamassem para entrar.

Algumas semanas mais tarde, quando recebi o telefonema comunicando que eu ganhara a bolsa, o chefe da comissão de entrevistas me contou que o senhor do lado de fora da sala tinha voto igual na decisão de quem receberia a bolsa. Eles queriam saber como cada candidato iria interagir com ele: iam ignorá-lo por ser uma pessoa de idade? Evitá-lo porque não sabiam o que ele estava fazendo ali? Cumprimentá-lo e enterrar a cabeça nas suas anotações? Gostaram do fato de eu ter puxado conversa com ele e perguntado coisas a seu respeito, em vez de ficar só falando de mim ou tentando arrancar informações dele.

Lição: A partir do momento em que entrar no edifício onde será entrevistado, ou toda vez que telefonar para esse escritório, você estará sendo avaliado. Seja gentil e educado com seguranças, recepcionistas, auxiliares etc. Toda interação — positiva ou negativa — que você tiver será provavelmente relatada ao gerente de contratação. Sei de muitas companhias em que o gerente de contratação pergunta a seus assistentes ou às recepcionistas que impressão tiveram de um candidato. Faz sentido: essas pessoas vão vê-lo e interagir com você todos os dias se conseguir o emprego, por isso eles querem saber como você agirá. Mostre que você é do tipo que sabe ser gentil e respeitoso com todo mundo, assim suas chances de êxito serão maiores. Mesmo que esteja nervoso, mesmo que o elevador demore, mesmo que a pessoa na mesa da recepção seja a cara da sua ex-namorada ou ex-namorado, comporte-se sempre da melhor maneira. Não se engane: quando se apresentar para uma entrevista de emprego, todos os olhares estarão sobre você.

## 85. Siga a maré

Embora a maioria das entrevistas de emprego siga um formato bastante típico, você nunca sabe o que pode acontecer no dia da entrevista. As pessoas têm suas manias, os entrevistadores têm dias bons e dias ruins, como todo mundo, e, em algumas áreas criativas, o entrevistador pode resolver *não* aderir ao programa de entrevistas costumeiro. Não há como prever o que vai acontecer quando você entrar na sala, por isso esteja preparado — quero dizer, mais do que preparado — para qualquer coisa. Alguns elementos da entrevista fogem ao seu controle (como o humor do entrevistador ou dos outros candidatos entrevistados no mesmo dia), mas muitos outros fatores estão totalmente sob seu controle, e as últimas dicas que vimos lhe darão as ferramentas necessárias para se sair bem.

Se o entrevistador fizer uma pergunta inesperada ou mencionar um emprego do qual você nunca ouviu falar antes, faça o possível para se manter atento e seguir a direção apontada pelo entrevistador (desde que seja apropriada e legal, é claro). Ouça atentamente o que ele está dizendo ou perguntando e responda com vagar, em especial se as perguntas forem inesperadas. Sinta-se à vontade para pedir esclarecimento sobre as perguntas que não entender ou mais informações sobre algo que é novidade para você.

Seguir a maré significa também permanecer fiel a si mesmo. Uma entrevista que não se desenrola como você esperava é um dado importante sobre como seria trabalhar para esse empregador. A entrevista é ainda uma oportunidade que você tem de decidir se o emprego lhe convém, por isso preste atenção a qualquer sensação estranha na boca do estômago ou qualquer coisa que indique como seria trabalhar para essa organização (por exemplo, se o entrevistador atender três telefonemas e checar o BlackBerry durante a entrevista, pode ser um sinal de que aquele ambiente é estressante). Seguir a maré pode significar riscar esse empregador da sua lista e continuar buscando algo que corresponda melhor a suas expectativas.

Mas esteja aberto para o inesperado, o surpreendente e o espontâneo. Às vezes, essas são as melhores oportunidades — e também as mais prazerosas. Certa vez, fui entrevistada por uma mulher que manteve a porta aberta enquanto conversávamos. Mais ou menos na metade da entrevista, uma colega passou pela porta e juntou-se à conversa. Ela e eu nos demos bem logo de cara, e ela me pediu para passar na sua sala quando eu saísse. Resultado: o primeiro emprego não era lá grande coisa, e a segunda mulher acabou me fazendo uma oferta!

## 86. Esteja disponível

Com que freqüência você verifica o seu e-mail? E a caixa postal do celular? Você ouve suas mensagens quando está de férias? Quanto tempo costuma demorar para retornar as ligações?

Essas perguntas são importantes quando se está envolvido na procura de emprego. Assim que começar a se apresentar lá fora e ser chamado para entrevistas, você precisará estar disponível para colher os frutos do seu esforço.

Fiquei surpresa quando ouvi Barbara Sucoff, consultora sênior/gerente de treinamento do Madison Consulting Group, me contar um episódio sobre isso. Barbara tem ampla experiência em treinar funcionários de todos os níveis, e já prestou serviços a algumas das principais corporações do mundo. Ela me contou que uma de suas clientes, que recruta candidatos em faculdades, lhe disse, durante uma temporada de contratação, que coisa mais a indignava. "O que mais a desaponta", segundo Barbara, "é quando um candidato que está prestes a receber uma oferta *nunca* retorna o telefonema para ela ou um dos vice-presidentes da empresa." Só isso já me deixou chocada, mas Barbara ainda acrescentou: "Isso também já me aconteceu mais de uma vez".

Uma coisa é não retornar o telefonema de uma garota ou garoto que não larga do seu pé, mas não dar retorno a alguém que está lhe oferecendo um emprego? Isso é loucura! Especialmente quando há uma oferta de emprego em jogo, você deve retornar todas as ligações em 24 horas (de preferência, no mesmo dia). O primeiro candidato a responder a uma oportunidade leva muitas vantagens, e várias oportunidades foram perdidas por pessoas que demoraram a responder. Retornar uma ligação ou uma mensagem de e-mail rapidamente é sinal de profissionalismo, respeito e competitividade — todos atributos positivos no mercado de trabalho.

**[MÃOS À OBRA]**
É perfeitamente normal não estar disponível 24 horas por dia, todos os dias (e os empregadores entendem que, se você ainda está na faculdade, vai passar muito tempo na aula ou na biblioteca),

mas você deve checar seu e-mail e seu correio de voz regularmente. Uma coisa que sugiro é programar-se para retornar todos os e-mails e recados telefônicos em determinada hora do dia. Não vai ser difícil encontrar tempo se você sempre passar uns trinta minutos por dia, digamos, das 15h30 às 16h, verificando as mensagens. Quando estiver mergulhado na procura de emprego, você provavelmente vai se programar para fazer isso duas vezes ao dia, para assegurar que está sendo responsivo na medida certa.

Ainda sobre esse aspecto, esteja atento às demais pessoas que têm acesso ao telefone e às suas mensagens. Se morar com sua família, cuide para que, quando algum deles atender ao telefone, tenha uma conduta profissional e depois lhe passe o recado com rapidez e eficiência. Se vive com alguém que não fala português, use outro número de telefone ou instale um sistema de correio de voz independente, assim você saberá se algum empregador lhe deixou recado.

Se sair de férias ou estiver impossibilitado por alguma razão, configure a resposta automática do seu e-mail explicando quando poderá retornar as mensagens ("Estarei fora até segunda-feira, 13 de fevereiro, quando responderei as mensagens. Obrigado."). Todos os números de telefone que você passou para os possíveis empregadores ou contatos de networking também devem ter uma mensagem de férias. Se estiver ativamente envolvido na procura de emprego e achar que a qualquer momento pode surgir uma oportunidade de entrevista ou uma oferta de trabalho, sugiro acrescentar à mensagem outro número, e-mail ou pessoa de contato.

Por último, cole um lembrete na tela do computador para não esquecer de mudar a mensagem do correio de voz e desligar a resposta automática do e-mail ao retornar das férias.

Não vá perder uma oportunidade por causa de uma mensagem que não recebeu ou uma resposta atrasada. Jamais.

 Feito!

## 87. Seja persistente

Depois da entrevista de emprego, pode levar um tempo até você saber onde está situado. Esse é um momento especialmente difícil, ainda mais porque a sua expectativa de tempo com respeito à oferta de emprego (agora) é muitas vezes diferente da expectativa de tempo do seu empregador (quando ele decidir). Sendo assim, como permanecer na mira do empregador, depois da entrevista de emprego, sem ser inoportuno?

Aprendi uma boa estratégia para isso quando era bem jovem. Minha mãe trabalhava por conta própria e tinha um escritório em casa. Quando éramos pequenos, meu irmão, minha irmã e eu costumávamos importuná-la o tempo enquanto ela trabalhava. Um dia, o meu irmão, que tinha então 5 anos, ficou batendo à porta do escritório, entrando e saindo, fazendo barulho, atormentando de todas as maneiras, até que minha mãe saiu do escritório e gritou: "Robert! Pare com isso! Se entrar aqui mais uma vez você vai se ver comigo!"

"Mas mamãe", ele disse, "só queria dizer eu te amo."

É claro que ela se derreteu toda, o abraçou e o deixou brincar no escritório o resto da tarde — ele tinha sido tão doce, e ela se sentiu péssima por ter gritado com ele.

E eu, naturalmente, fiquei chateada por não ter pensado naquela estratégia antes.

Robert, que hoje é advogado de um grande escritório em Nova York (coincidência? Não creio), tinha um grande talento para a persistência inteligente: se você persistir de maneira estratégica e expressiva, geralmente vai conseguir o que quer.

Então, qual é a versão profissional de "Mamãe, eu te amo"?

Veja as dicas a seguir. Recomendo ter em mente que todos os aspectos desse contato que você vai retomar com a empresa consistem no que *você* pode fazer por ela, *não* no que ela pode fazer por você. Trata-se da empresa, o tempo todo.

- **Escreva um bilhete de agradecimento no dia seguinte.** Como você sabe, os bilhetes de agradecimento são essenciais para qualquer pessoa que entreviste você para um emprego (se houver quatro pessoas na sala, então escreva um bilhete para cada uma). Não expresse no bilhete somente a sua gratidão pela entrevista; reitere que você realmente quer o emprego e está ansioso para contribuir com a organização desde já:

Olá, [Nome],

Queria agradecê-lo de novo pela entrevista de ontem para o cargo de _____. Só quero retomar contato e dizer novamente que estou muito interessado no emprego e adoraria fazer parte da sua equipe. Estou particularmente interessado em _____ [mencione um projeto ou trabalho específico para mostrar que você estava prestando atenção!]

Depois da entrevista, estive pensando nas coisas que discutimos e gostaria de compartilhar algumas idéias sobre como posso agregar valor à empresa: [Liste aqui algumas idéias que teve com base no que aprendeu sobre a vaga que a companhia precisa preencher!]

Sei que você é muito ocupado; só queria retomar contato, agradecer de novo e dizer que aguardo um retorno sobre os próximos passos.

Saudações,

[Seu nome completo]

- **Espere pelo menos uma semana antes de fazer novo contato.** Seja paciente. Às vezes leva esse tempo, às vezes mais, para que a empresa se decida, especialmente se ela for grande. Então você pode tentar uma das táticas a seguir:
- **Se não tiver retorno do empregador dentro do tempo especificado, tente enviar um e-mail.** Em vez de usar o telefone, mande um e-mail para o seu principal contato com uma breve mensagem de agradecimento. Pode ter formato semelhante ao do bilhete acima, com uma ou duas idéias que agreguem valor. Outra excelente estratégia é pesquisar novamente a empresa e salientar algum outro fato que o entusiasme a contribuir para o sucesso da companhia — um novo produto, a expansão para um novo mercado, um novo desenvolvimento na área.

- **Deixe uma mensagem de voz.** Se o e-mail não funcionar, uma boa idéia é telefonar à noite ou logo cedo, em um horário improvável que o contato vá atender. Essa é uma maneira legal de reafirmar seu interesse, mostrar entusiasmo (mantenha um tom de voz cordial e amistoso) e fornecer as mesmas informações do e-mail acima. Se o contato atender ao telefone, o melhor jeito de evitar ser inoportuno é perguntar antes de começar a falar: "Alô, aqui é John Smith, o estudante que você entrevistou duas semanas atrás. Podemos conversar por alguns minutos?" Essa pergunta simples demonstra enorme respeito pelo empregador, revela profissionalismo e aumenta as suas chances de encontrar um ouvido receptivo do outro lado da linha. A pessoa ou dirá sim, e então você pode usar as sugestões anteriores, ou lhe dirá qual é a melhor hora para ligar de novo.
- **Não aja com desespero.** Embora você deva ser persistente e mostrar o seu entusiasmo com a possibilidade de trabalhar para certa empresa, ninguém gosta de farejar desespero. Se não tiver certeza de como sua persistência está se manifestando, peça para um amigo escutar seus telefonemas de contato ou verificar sua mensagem de e-mail antes de mandá-la.

Finalmente, mantenha-se ocupado e continue procurando. Mesmo achando que se saiu muito bem na entrevista, saiba que nenhum emprego está garantido e você não vai querer apostar todas as suas fichas num só número. Retome o contato tal como mostrado anteriormente, continue a buscar outras opções e deixe as coisas seguirem seu curso. Dê um tempo, assista a um pouco de tevê, agende outra entrevista informativa, pesquise a biografia de alguém que lhe inspire, vá a eventos de networking, saia para caminhar. Faça o que for preciso para relaxar. Faz parte da persistência saber quando relaxar e deixar o processo se desenrolar. Se um emprego não der certo, há milhões de outras opções à sua espera.

# 10. ANTES DE ENTRAR NO MUNDO REAL

Ainda não estou pronta para me despedir. Antes de você embarcar no seu futuro fabuloso, gostaria de fazer umas últimas recomendações.

Toda carreira tem seus dias difíceis, e essas três dicas finais me mantêm andando quando preciso me recompor ou rever meus sonhos e objetivos. Esta última seção trata da importância de ser fiel a si mesmo e desfrutar a jornada da sua vida profissional, aonde quer que seja que seu caminho o levar. Espero que conserve esses pensamentos com você enquanto viaja da faculdade para a carreira e alcança sucesso no Mundo Real.

## 88. Peça ajuda sempre que precisar

Ninguém espera que você saiba tudo.

Nem este livro nem qualquer outro recurso que você consultar podem fornecer respostas a todas as perguntas que surgirão ao longo do seu planejamento de carreira e procura de emprego. E ainda que isso fosse possível, com o ritmo da tecnologia atual, novas situações e dilemas pipocam o tempo todo. Além disso, cada setor tem regras e protocolos próprios; e cada região do país, suas próprias regras. Com tanta variação, como você pode ter certeza de que está fazendo a coisa certa em determinada situação?

Na dúvida, pergunte.

Essa é uma estratégia infalível para pessoas que estão ingressando no mercado de trabalho e funciona também para profissionais estabelecidos. Nenhuma situação é corriqueira demais a ponto de você não poder pedir orientação ou confirmação de amigos confiáveis ou consultores. Se não sabe se deve chamar seu novo chefe de Donald ou Sr. Trump, pergunte a algumas pessoas do escritório qual é o tratamento apropriado (vou arriscar um palpite e dizer que provavelmente é Sr. Trump). Não tem certeza se a blusa que planeja usar na entrevista de emprego é muito decotada? Peça a opinião sincera de algumas pessoas. Preocupado que o e-mail de networking que está escrevendo talvez não esteja claro? Mande-o para alguns familiares ou amigos de sua confiança para ver se o aprovam ou corrigem antes de enviá-lo ao seu contato.

Usar alguns minutos ou horas para obter mais feedback e recomendações pode significar a diferença entre ganhar e perder uma oportunidade. Além do mais, você estará recebendo esse feedback de alguma fonte conhecida, e não do possível empregador.

Durante o planejamento de carreira e a procura de emprego, haverá muitas decisões que você não poderá tomar sozinho, e situações em que não saberá a resposta certa se não perguntar a alguém mais experiente.

Peça ajuda quando precisar. Todos nós precisamos de uma mão de vez em quando.

## 89. Torne-se um expert na busca da felicidade

Ainda não está satisfeito? Precisa explorar-se um pouco mais ainda? A verdade absoluta é que decidir qual carreira lhe deixará mais feliz é uma tarefa para a vida toda. Embora muitos treinadores, consultores, testes vocacionais, livros e websites possam guiá-lo na direção certa, o trabalho árduo de tomar as decisões cabe a você. A boa e a má notícia são que provavelmente, em várias etapas da vida, você vai revisitar esta questão: "Quem sou eu e o que vim fazer neste planeta?"

Pessoalmente, tento encarar isso como algo empolgante — a vida muda, nós mudamos, e nossa carreira pode crescer, se transformar e se expandir em infinitas e várias direções. Veja quantos astros de cinema começaram como garçons, quantos presidentes de empresa começaram na expedição e quantos empreendedores começaram como funcionários de uma companhia.

Se a carreira é uma parte importante da sua vida e você espera se expressar por meio do seu trabalho, então vale a pena investir tempo e esforço para continuar descobrindo seus pontos fortes e objetivos ao longo da vida. Por sorte, as livrarias e a internet estão abarrotadas de conteúdo. Ainda melhor, muitos livros de auto-ajuda são voltados para segmentos específicos da população — minorias, universitários da área de humanas, aventureiros, pessoas que querem mudar de profissão, para citar apenas alguns. Você provavelmente vai encontrar um livro adequado a suas necessidades, por isso folheie vários livros e pesquise resenhas na internet para se certificar de que a obra que escolheu tem conteúdo diretamente relacionado com a sua situação, qualquer que seja ela.

E há no mundo uma infinidade de pessoas com quem você pode conversar — para pedir conselho, idéias, feedback, informações, oportunidades e apoio. Falar e ouvir fará bem para você e sua carreira pelo resto da sua vida.

Se o desafio de escolher a carreira ideal deixa você empolgado, então dou toda a força para que você explore um pouco mais essa questão, em bibliotecas, livrarias, on-line, eventos presenciais. Há uma grande chance de encontrar o seu empregador vasculhando as mesmas prateleiras de livros de auto-aprimoramento, postando nos mesmos quadros de aviso on-line e participando das mesmas conferências e eventos. E, como você já deve ter adivinhado a esta altura, eu adoro essas coisas.

## 90. Não limite seu entusiasmo

Cada uma das dicas deste livro pode ajudá-lo a alcançar seus objetivos e sonhos profissionais e a encontrar um emprego que você adore. Mas há mais um elemento tático que o colocará no topo (sei disso por experiência). Com esse elemento, você provavelmente desfrutará muito mais o processo.

O seu entusiasmo (também conhecido como paixão, empolgação, amor genuíno pelo que faz).

Pense nisto: as pessoas querem contratar alguém que ande pelo local de trabalho com um sorriso no rosto, o desejo sincero de estar ali e a vontade real de contribuir. Se todos os candidatos estiverem no mesmo nível, o empregador contratará aquele que mais demonstrar querer a vaga, que é apaixonado pelos produtos da empresa, que na sua hora de folga não deixa de ler todos os boletins do setor e as publicações especializadas. Seja essa pessoa. Mostre que quer isso.

No fim, acho que conquistar o seu maior sonho profissional se reduz a enfrentar o medo e superá-lo: não tenha receio de revelar sua paixão, de dizer que realmente quer o emprego, de se apresentar a pessoas incríveis, de expressar que você tem grandes objetivos. Não tenha medo de ser um enorme sucesso. Todos podem realizar seu sonho de carreira, por mais incrível e maluco que seja. Vejo isso acontecer diariamente.

Não há nada a temer.

## NOTA DA AUTORA

Caro leitor,

Este livro traz a você noventa dicas que, espero, o ajudarão a fazer uma transição suave da escola para o mercado de trabalho. Mas tenho certeza de que há outras dicas que me escaparam — e aqui entra você! Existe alguma estratégia que você tenha utilizado e foi um verdadeiro sucesso? Alguma das recomendações que fiz não surtiu o efeito esperado? Há alguma dica que você gostaria de passar para pessoas na mesma situação que você? Visite o meu website e compartilhe suas idéias em: www.gettingfromcollegetocareer.com.

Obrigada e boa sorte!

*Lindsey*

# FONTES INTERESSANTES

Aqui você encontra sites que oferecem vagas de emprego, estágio, trainee, primeiro emprego, treinamento, consultoria e muito mais.

**Agieer Consultoria de Estágios**
www.agieer.com.br
Empresa voltada à prestação de serviços em processos de recrutamento, seleção e gestão de estagiários.

**Aiesec**
www.aiesec.org/brazil/
Rede global formada por jovens universitários e recém-graduados que, por meio do trabalho dentro da organização e de intercâmbios profissionais, estimula a descoberta e o desenvolvimento do potencial de liderança de seus membros para que impactem positivamente a sociedade.

**Banco Nacional de Empregos**
www.bne.com.br
Pesquisa gratuita de vagas em todo o Brasil, além de cadastramento gratuito de currículos.

**Catho**
www.catho.com.br
Banco pago de currículos, acessado tanto por quem busca como por quem oferece empregos.

**Centro de Integração Empresa-Escola (Ciee)**
www.ciee.org.br
Instituição filantrópica que oferece estágios a estudantes dos níveis médio, técnico e superior.

**Cia. de Talentos**
www.ciadetalentos.com.br
Empresa que promove seleção de programas de trainee e estágio para outras empresas.

**Classificados da *Folha de S.Paulo***
www1.folha.uol.com.br/folha/classificados/empregos/

**Classificados d'*O Estado de S. Paulo***
www.classificados.estadao.com.br

**Classificados do portal Globo.com**
http://g1.globo.com/Noticias/Concursos_Empregos/0,,9654,00.html

**Classificados do portal IG**
http://grandesnegocios.ig.com.br/index.html

**Classificados do portal Terra**
www.terra.com.br/empregos/

**Classificados do portal Zap**
www.zap.com.br/empregos/vagas/busca-de-vagas-simples.aspx

**Conselho Federal de Administração (CFA)**
www.cfa.org.br
Instituição que reúne informações para administradores.

**Conselhos Regionais de Administração**
Braços regionais do CFA, presentes em todo o país. O CRA-SP, por exemplo, tem o Conselho de Jovens Administradores, cujo objetivo é servir a jovens administradores como canal de entrada na vida associativa. Realiza eventos e presta serviços segmentados. Tem três linhas de atuação: acadêmica, vocacional (recém-formados) e profissional.

**Curriculum.com.br**
Site que disponibiliza mais de três milhões de currículos gratuitamente.

**Empregos.com.br**
Site pago de cadastramento de currículos e busca de vagas.

**Expo Carreira**
www.expocarreira.com.br
Feira de recrutamento que oferece empregos, estágios e programas de trainees, além de palestras a estudantes e recém-formados.

**www.infojobs.com.br**
Classificado de empregos on-line gratuito para os candidatos.

**Instituto Via de Acesso**
www.viadeacesso.org.br
Organização que promove atividades e programas de capacitação e orientação complementar de jovens e estudantes, por meio de cursos e workshops, estágios, empregos etc.

**Instituto Euvaldo Lodi (IEL)**
www.iel.org.br
Órgão do Sistema da Confederação Nacional da Indústria (CNI), traz oportunidades de estágio em todo o Brasil.

**International Association for the Exchange of Students for Technical Experience (Iaeste)**
www.ci.com.br/iaeste/
Organização que promove intercâmbio entre estudantes em mais de noventa países. O estudante pode passar de dois a seis meses fazendo estágio na sua área de estudo e recebendo remuneração suficiente para cobrir suas despesas básicas com alojamento e alimentação.

### Loite – Gestão estratégica de pessoas
www.loite.com
Prepara recém-formados e quem busca redirecionamento de carreira para a parte prática de processos seletivos, como: motivação de perfil pessoal, elaboração de CVs, treinamento para entrevistas individuais e exercícios em grupo.

### Manager
www.manager.com.br
Banco pago de currículos, acessado tanto por quem busca como por quem oferece empregos.

### Núcleo Brasileiro de Estágios (Nube)
www.nube.com.br
Promove a integração de estudantes, empresas e instituições de ensino.

### Revista *Você S/A* — Vagas de trainee e de estágios
http://vocesa.abril.com.br/trainees/
Área do site da revista *Você S/A* que oferece informações sobre vagas para recém-formados e estudantes.

### ROTD
www.rotd.com.br
Empresa que oferece suporte a pessoas e organizações, com foco em estruturação e implantação de programas de trainees, especialmente na área de recrutamento/seleção, cursos comportamentais e coaching individual. Realiza intervenções organizacionais para retenção e desenvolvimento de carreira.

### Salão do Estudante
www.salaodoestudante.com.br
Maior feira de educação internacional da América Latina, proporciona aos estudantes a oportunidade de conhecer instituições de ensino estrangeiras. Oferece diversas opções de curso – como ensino médio, MBA,

doutorado, estágios e curso de línguas – em países como Estados Unidos, Canadá, Inglaterra, Irlanda, Espanha, Alemanha, Austrália, Nova Zelândia etc.

**Secovi Novos Empreendedores**
www.secovine.com.br
Conselho do Sindicato das Empresas de Compra, Venda, Locação e Administração de Imóveis Residenciais e Comerciais que reúne jovens profissionais que atuam no mercado imobiliário do estado de São Paulo.

**Universia Brasil**
www.universia.com.br/carreira/estagioetrainee.jsp
Site que oferece vagas a trainees, estagiários e recém-formados.

**Vagas.com**
www5.vagas.com.br
Serviço gratuito que oferece vagas em diversas áreas. Tudo é feito on-line.

IMPRESSO NA GRÁFICA sumago
sumago gráfica editorial ltda
rua itauna, 789  vila maria
02111-031   são paulo  sp
telefax 11 **2955 5636**
sumago@terra.com.br